U0737519

当 代 社 科 研 究 文 库

税收负担
理论、方法与实证分析

郭 江◎著

中国言实出版社

图书在版编目（CIP）数据

税收负担：理论、方法与实证分析 / 郭江著 . --
北京：中国言实出版社，2014.3
　ISBN 978-7-5171-0413-1

　Ⅰ. ①税… Ⅱ. ①郭… Ⅲ. ①税负—研究—中国
Ⅳ. ①F812. 422

　中国版本图书馆 CIP 数据核字（2014）第 039721 号

责任编辑：周汉飞

出版发行	中国言实出版社
	地　址：北京市朝阳区北苑路 180 号加利大厦 5 号楼 105 室
	邮　编：100101
	编辑部：北京市西城区百万庄大街甲 16 号五层
	邮　编：100037
	电　话：64924853（总编室）64924716（发行部）
	网　址：www. zgyscbs. cn
	E - mail：zgyscbs@ 263. net
经　销	新华书店
印　刷	北京天正元印务有限公司
版　次	2014 年 9 月第 1 版　2014 年 9 月第 1 次印刷
规　格	710 毫米 ×1000 毫米　1/16　13. 75 印张
字　数	206 千字
定　价	42. 00 元　ISBN 978-7-5171-0413-1

前　言

　　在市场经济条件下，税收存在于经济活动的各领域，贯穿于商品与劳务的生产、交换、分配和消费的全过程，直接参与国民收入的初次分配和再分配，干预经济主体的收入水平，直接关系到政府、企业和家庭的切身利益。税收的核心问题是税收负担问题，税收功能的发挥，是通过一定的税负水平和差别税负影响和改变市场参数和经济预期来实现的。在社会主义市场经济条件下，税收负担水平一方面影响政府集中财力的多少，从而影响政府履行职能的财力保证和宏观调控功能的强弱；另一方面影响到微观经济主体的负担，从而调节和制约其经济行为。随着税制改革的深入和税收规模的快速增长，税收负担问题已成为社会关注和讨论的焦点。因此，进行深入系统的税收负担理论研究、量化方法研究和实证分析，对我国税收理论与实践都具有一定的现实意义。

　　在理论研究部分，本书认为，税收负担是指国家征税而给纳税人造成的经济利益损失（包括收入损失和福利损失），其反映的是一定时期内社会产品在国家与纳税人之间的税收分配数量关系。既然是一种分配数量关系，那么它就应包括分配的主体、分配的客体（或称分配对象）、分配的依据标准和分配的结果。为了能深刻理解和准确把握税收负担的真正内涵，我们有必要结合国民经济运行过程，对税收负担的主体及其特征、税收负担的客体及其特征进行全面、系统的分析，从而形成一定的税收负担概念体系。从宏观来看，由于政府收入结构的多元性、税制的非统一性、税务管理能力的差异性等都将作用于宏观税负的形成，因此，一定时期的宏观税负水平是诸多因素综合作用的结果。税收作为国民经济的外生变量，其任何变化都会对国民经济运行产生影响。一国政府在设计税制和制定政策并通过税收取得财政收入时，必须尽可能地发挥税收对社会经济的积极影响，将消极影响控制在最低限度，实现税收的合理负担，为此，必须遵循一定的税收原则。借鉴西方税收原则理论，依据我国经济所处发展阶段，本书认为，我国现阶段的税收制度应体现财政原则、效率原则、公平原则和适度原则，而这些原则构成了合理税负的本质要求。从理论上讲，合理税负应包括三个方面，即税收总量征收适度、税收负担公平和税负调节有效。其中，适度是实现合理税负的基础和前提，公平是实现合理税负的保证，效率是实现合理税负的目标。

在税负量化方法研究中，本书尝试借鉴国内外先进的税负量化分析方法，选择我国宏观税负量化分析方法，以指标体系法作为研究我国宏观税负的基本方法，形成了由模型分析法、弹性分析法、差异系数法共同构成的税负量化分析方法体系。本书在模型分析法中，利用宏观税负形成模型，分析在宏观税负的形成过程中，GDP及各构成要素对宏观税负的影响程度，并利用宏观税负的经济影响模型，分析在整个国民经济运行过程中，宏观税负对国民经济总规模及各要素的影响方向和影响程度；在弹性分析法中，用税基弹性反映税基变动对税负变动的敏感程度，揭示税负增长与经济增长的协调关系；在差异系数法中，设置税负差异系数法，以一个数值来全面反映税负差异的总体情况，便于税负差异的国际比较和动态分析；在指标体系法中，设置了包括3个子体系、13个指标在内的宏观税负指标体系。

进入实证分析阶段，本书以合理税负的基本要求——适度、公平、效率为主线，采用之前构建的量化方法，对我国改革开放以来的宏观税负水平、税负差异、税收效率及其影响因素进行系统分析。首先，对宏观税负水平及影响因素进行分析的结果表明：我国宏观税负呈现出先降后升之势，但与世界众多国家相比，我国小口径宏观税负仍处于较低水平；经济增长对税收收入增长始终具有正影响，物价变动对税收收入增长的影响有时为正有时为负，税收政策及税收征管近年来对税收收入增长具有正影响。依据我国税负水平实证分析结果，本书建模计算出了我国的最优宏观税负。其次，对我国宏观税负差异及影响因素进行的分析，主要是在不同地区、产业和所有制经济之间进行。本书在地区税负差异分析中，从税负差异变动趋势、税收收入弹性系数、税负差异系数三个方面对我国各省（市、区）、东中西三大经济区税负差异进行实证分析，计算税负差异系数；在不同产业税负差异分析中，从产业税收、产业税负、产业税收弹性三个层次逐步深入地进行了税负差异分析；在不同所有制经济税负差异分析中，重点进行国有企业与非国有企业税负差异、内资企业与外资企业税负差异分析。在此基础上，本书对形成我国税负差异的主要因素，即经济性因素和制度性因素进行了分析。最后，对税收效率及影响因素进行了分析。在税收的经济效率分析中，重点研究我国税收经济效率方面存在的问题，旨在找出提高税收经济效率的有效途径；在税收的行政效率分析中，采用征收成本率、人均征税额和税收成本收入弹性三个指标，分别对税收征管机构效率、纳税遵从效率进行实证分析。分析结果表明，人均征税额的持续增长，对我国税收行政效率提高具有主导作用。

在政策建议部分，本书针对我国税收负担在适度、公平和效率方面存在的问题，提出本书实现合理税负的政策建议：促进税收与经济协调发展，实现税负适度；促进税收结构平衡发展，实现税负公平；强化税收征管，提高税收行政效率。

由于本书成稿于 2006 年，此后再未修改，所以书中所用资料已显陈旧，所提政策建议也是根据当时情况分析提出的，现在出版此书实恐贻误读者，如果书中对税收负担的总体认识和所采用的分析方法能对读者有些许参考，也就足矣。

目 录
CONTENTS

导　言 ………………………………………………………… 1

　0.1　选题的意义 /1

　0.2　税负研究综述 /4

　0.3　本书的结构安排 /8

第一章　税收负担及其形成原理 ……………………………… 12

　1.1　税收负担的经济含义 /12

　1.2　税负主体及其特征 /14

　　1.2.1　分配主体与行为主体 /15

　　1.2.2　权力主体——国家 /16

　　1.2.3　义务主体——法人纳税人 /18

　　1.2.4　义务主体——自然人纳税人——家庭 /19

　　1.2.5　负税人 /20

　1.3　税负客体与国民收入流程 /21

　　1.3.1　国民收入流程与税负客体的确定 /22

　　1.3.2　税负客体的分类及其特征 /24

　1.4　我国宏观税负的形成原理 /30

1.4.1　一定时期的政府职责　　　　　　　　　　/ 31

1.4.2　公共商品的提供　　　　　　　　　　　　/ 32

1.4.3　一定时期的经济发展状况　　　　　　　　/ 32

1.4.4　非标准化税制实施的范围　　　　　　　　/ 34

1.4.5　政府收入结构　　　　　　　　　　　　　/ 35

1.4.6　税收征管能力　　　　　　　　　　　　　/ 35

第二章　合理税负的理论研究　·················　37

2.1　对西方税收原则的分析　　　　　　　　　　/ 37

2.1.1　西方税收原则的演进　　　　　　　　　　/ 38

2.1.2　西方税收原则的归纳及借鉴　　　　　　　/ 40

2.2　对我国税收原则的分析　　　　　　　　　　/ 50

2.2.1　对我国税制改革的简要回顾　　　　　　　/ 50

2.2.2　我国的税收原则　　　　　　　　　　　　/ 51

2.3　税负的影响因素　　　　　　　　　　　　　/ 57

2.3.1　经济性因素　　　　　　　　　　　　　　/ 57

2.3.2　制度性因素　　　　　　　　　　　　　　/ 59

2.3.3　征管能力　　　　　　　　　　　　　　　/ 61

2.3.4　政府职能范围　　　　　　　　　　　　　/ 61

2.4　合理税负的界定　　　　　　　　　　　　　/ 63

2.4.1　合理税负的内在要求　　　　　　　　　　/ 63

2.4.2　经济发展水平决定着合理税负标准　　　　/ 64

2.4.3　合理税负的数量界限　　　　　　　　　　/ 66

第三章　税收负担的量化方法研究　·············　68

3.1　模型分析法　　　　　　　　　　　　　　　/ 69

3.1.1　经济计量模型分析指标的选择　　　　　　/ 69

3.1.2　宏观税负形成模型　　　　　　　　　　　/ 70

3.1.3　宏观税负的经济影响模型　　　　　　　　/ 72

3.2　弹性分析法　/74

3.2.1　税基弹性在税收理论研究中的应用　/75

3.2.2　非税收弹性分析在税收理论研究中的应用　/77

3.3　差异系数法　/79

3.3.1　我国税负差异测度方法研究的现状　/79

3.3.2　税负差异测度方法的具体研究　/80

3.4　指标体系法　/83

3.4.1　税收负担指标体系的构建原则　/83

3.4.2　宏观税负指标体系的具体构建　/84

第四章　税收负担水平及其影响因素分析 ……………… 89

4.1　关于宏观税负与经济增长关系的实证分折　/89

4.1.1　马斯顿关于税负与经济增长关系的实证分析　/90

4.1.2　宏观税负水平的国际比较　/92

4.1.3　国内学者关于税负与经济增长关系的实证分析　/96

4.2　改革开放以来我国税收负担的动态分析　/97

4.2.1　小口径宏观税负水平分析　/97

4.2.2　大口径宏观税负水平分析　/99

4.3.3　大、小口径宏观税负差异的比较分析　/102

4.3　税收收入增长的因素分析　/105

4.3.1　税收收入增长的经济因素分析　/105

4.3.2　税收收入增长的政策因素分析　/113

4.3.3　税收收入增长的征管因素分析　/115

4.3.4　税收收入增长因素影响程度分析　/116

4.4　我国宏观税负适度规模的确定　/122

4.4.1　理论依据　/122

4.4.2　方法借鉴　/123

4.4.3　我国最优税负模型的选择及确定　/125

第五章　税收负担差异及其影响因素分析 ……………………………… 129

5.1　不同地区之间税负差异分析 …………………………………… /129

　5.1.1　税负差异变动趋势分析 ……………………………… /130

　5.1.2　税收收入弹性系数分析 ……………………………… /137

　5.1.3　税负差异系数分析 …………………………………… /140

5.2　不同产业之间税负差异分析 …………………………………… /142

　5.2.1　产业税收差异分析 …………………………………… /143

　5.2.2　产业税负差异分析 …………………………………… /144

　5.2.3　产业税收弹性差异分析 ……………………………… /145

5.3　不同所有制经济之间税负差异分析 …………………………… /146

　5.3.1　国有企业税负高于非国有企业税负 ………………… /146

　5.3.2　内资企业税负高于外资企业税负 …………………… /148

　5.3.3　股份制企业税收增长迅速 …………………………… /149

5.4　税收负担差异的经济因素分析 ………………………………… /149

　5.4.1　经济发展水平差异的影响 …………………………… /150

　5.4.2　经济运行质量差异的影响 …………………………… /151

　5.4.3　产业结构差异的影响 ………………………………… /152

　5.4.4　所有制结构差异的影响 ……………………………… /153

　5.4.5　国家价格政策的影响 ………………………………… /153

5.5　税收负担差异的制度因素分析 ………………………………… /154

　5.5.1　我国税收优惠政策存在的问题 ……………………… /154

　5.5.2　目标宽泛、管理松弛的税收优惠产生的负面影响 … /157

　5.5.3　我国的税收政策影响了税负差异 …………………… /158

第六章　税收的效率及其影响因素分析 ………………………………… 160

6.1　税收经济效率分析 ……………………………………………… /160

　6.1.1　税收宏观调控效率偏低 ……………………………… /161

　6.1.2　税收增长与经济增长不相适应 ……………………… /162

6.2　税收行政效率分析 ……………………………………………… /164

　　6.2.1　税收征管机构效率分析 ……………………………… / 164

　　6.2.2　纳税遵从效率分析 …………………………………… / 170

　6.3　税收行政效率的影响因素分析 …………………………… / 172

　　6.3.1　促使税收行政效率提高的因素分析 ………………… / 172

　　6.3.2　抑制税收行政效率提高的因素分析 ………………… / 173

第七章　实现合理税负的政策建议 …………………………………… 178

　7.1　促进税收与经济协调发展,实现税负适度 ……………… / 178

　　7.1.1　适度降低我国宏观税负 ……………………………… / 179

　　7.1.2　增强可持续税源建设 ………………………………… / 180

　　7.1.3　加强跨区域税收合作 ………………………………… / 181

　7.2　促进税收结构平衡发展,实现税负公平 ………………… / 183

　　7.2.1　结构性减税的必然与可行 …………………………… / 183

　　7.2.2　优化税制结构 ………………………………………… / 185

　　7.2.3　优化地区税负结构 …………………………………… / 187

　　7.2.4　优化产业税负结构 …………………………………… / 192

　7.3　强化税收征管,提高税收行政效率 ……………………… / 195

　　7.3.1　转变税收管理理念 …………………………………… / 195

　　7.3.2　严惩偷逃骗税行为 …………………………………… / 199

　　7.3.3　构建科学高效的税收征管体系 ……………………… / 200

主要参考文献 …………………………………………………………… 203

导　言

0.1　选题的意义

　　税收是国家凭借行政权力依法强制地、无偿地参与国民收入分配的重要手段。在市场经济条件下，税收存在于经济活动的各领域，贯穿于商品与劳务的生产、交换、分配和消费的全过程，直接参与国民收入的初次分配和再分配，干预经济主体的收入水平，直接关系到政府、企业和家庭的切身利益。

　　税收具有配置资源、公平社会分配、调节社会供求、稳定经济波动等重要功能，其分别表现为：

　　（1）通过税收收入效应和替代效应[①]实现其资源配置功能。征税可以影响市场供求和商品、劳务价格，改变纳税人或负税人在生产和经营、储蓄和投资、工作和休闲等方面的选择，从而影响整个社会的资源配置。具体而言，开征一种税或提高某种税率，必然会拿走纳税人的一部分收入，使其境况变差，纳税人会因税收而减少其收入，最终改变其决策。税收收入效应的大小取决于纳税人交纳的税金与总收入的比例，即平均税率水

---

　　① 税收的收入效应是政府课征一次性税收，使纳税人税后可支配收入水平下降，因此降低商品和劳务的购买量和消费水平。替代效应是政府对不同商品实行征税或不征税、重税或轻税的区别对待时，会影响商品的相对价格，使纳税人减少征税和重税商品的购买量，增加无税或轻税商品的购买量，即以无税或轻税商品替代征税和重税商品。税收是价格的组成部分，直接影响企业盈利水平以及个人的税后可支配收入。

平。税收的替代效应产生于政府实行的差别税收待遇，当政府对有些项目征税、对另一些项目不征税，对有的项目征高税、有的项目征低税时，纳税人必然用非应税活动或低税负活动替代应税活动或高税活动，以避免负税或负高税，从而改变社会的资源配置。

（2）税收公平社会分配的功能，是通过参与个人收入和财产的分配，即累进的个人所得税和财产税以及税收优惠政策来实现的。累进税制依据不同收入水平和财产数额设计不同的税率，实行能力负担，使收入水平较高者或拥有财富较多者承担较高的税负；税收优惠政策则通过较低的税率，向特定的纳税人少征一部分税款，通过税制设计上的安排，将资金从那些应该减少收入的人们手中以税收的方式征收上来，然后再通过医疗保险、贫困补贴等方式将资金转移给那些应该增加收入的人们。通过征收个人所得税、财产税等对个人财富进行调节，缩小社会成员的贫富差距。通过税收调节，剔除客观因素对企业利润水平的影响，为企业提供公平竞争的外部环境。

（3）税收是市场经济发展过程中国家宏观调控的重要手段之一，在特定时期内根据国家产业政策、区域经济发展的战略要求，制定差别税收政策，鼓励某些行业、某些地区加快发展，限制不符合国家产业政策、对人类健康与生态环境有害的经济活动，从而促进经济结构优化，促进国民经济协调快速健康发展。

（4）税收具有稳定经济波动的功能。在有效需求不足，存在超额失业、造成经济衰退时，政府通过减税，可以刺激需求增长，从而促进经济恢复和增长；在经济过热，出现高位通货膨胀时，政府常采用增加税收的方法，抑制过旺的私人投资和消费需求，防止经济过快增长。税收稳定经济功能的发挥具有乘数效应。政府税收的减少（或增加）会引起 GDP 增加（或减少），且存在一定的倍数关系，税收变动对 GDP 的影响程度，通常称之为税收乘数。税收乘数是负值，说明国民收入变动与税收变动的方向相反，税收乘数绝对值越大，税收变动对 GDP 变动的影响越强。

在市场经济条件下，税收的核心问题是税负问题。随着市场经济的发展，政府已从过去片面强调税收筹集财政收入功能，转向在保证政府公共物品（服务）支出基本需求的前提下重视税收的经济调节功能的发挥。税收对经济各项功能的发挥，是通过一定的税负水平和差别税负影响和改变市场参数和经济预期来实现的。宏观经济运行和促进经济增长必须要解决的一系列基本问题，无不与税收负担有着直接而又密切的联系。随着经济一体化进程的加快和经济全球化程度的提高，激烈的税收竞争更使税收负担设计成为各国参与世界经济竞争的一项重要政策变量。正因如此，税收负担问题也就成为各国税制改革和税收政策选择的一个核心问题。税收制度和政策的设置、调整最终都要落实到税收负担上来。合理的税收负担既是税收制度和税收政策调整与改革的出发点，又是评价其科学性、合理性的基本尺度。

社会主义市场经济体制的建立，使得税负问题同样成为我国税收制度建设的核心问题。税收负担水平一方面影响政府集中财力的多少，从而影响政府履行职能的财力保证和宏观调控功能的强弱；另一方面影响到微观经济主体的负担，从而调节和制约其经济发展。可见，税收问题归根到底就是一个负担问题。对于纳税人而言，无论征收的税率高与低、征收的税额大与小，都是从其收入中无偿地、强制地拿走的部分，即税收就是纳税人的负担。我国税收收入是财政收入的主体，税收收入占财政比重达到90%以上。新税制改革以后，宏观税负呈现出持续上升之势，使得税负问题受到了社会和经济税收理论学界的普遍关注。特别是《福布斯》发布的"全球 2005 年税负痛苦指数"，我国税负痛苦指数排名全球第二[①]。对此各界反应不一，有人认为《福布斯》计算所采用的方法不完全合理，我国的税收负担远不如其他一些国家高；也有人认为其计算方法虽有片面性，但我国税负较高已是一个事实。无论如何，我国税负的度量和评价再次成为社会关注和讨论的焦点。

合理的税收负担不仅是社会经济资源科学分配的重要因素，也是税收职能作用能否充分发挥的重要前提。研究税收负担的总水平，可以为确定税收总体的课征强度提供重要的数量依据，正确处理课征税款与培植税源

---

① 安体富，孙玉栋：《中国税收负担与税收政策研究》，中国税务出版社 2006 年版，第 113 页。

的辩证关系，确保国家财政收入能稳定、持续增长，有效地发挥管理社会经济活动的职能。研究税收负担的结构，可以更好地发挥税收在促进国家产业政策实现方面的宏观调控作用；准确地把握不同地区、不同所有制经济成分的税收负担差异，科学制定最合理的税收优惠政策，为国家经济发展服务，促进处于不同经济发展水平的地区之间、不同所有制经济成分之间优势互补和均衡发展。

0.2　税负研究综述

从理论研究的角度来看，税收经济学一直将税收负担作为研究社会经济资源在国家与其他主体之间合理配置的主要对象。但是，对税收负担的理论研究在不同时期又具有不同的特点。

传统的西方税负理论对税收负担问题已有较为深入系统的研究，研究的内容主要是阐述税负思想，探究税负的基本原则，提出进行税制设计和税负调整的政策主张。

古典经济学派的主要代表亚当·斯密在税收政策上反对国家对经济的任何干预，主张实行公平、中性的税收政策。在区域经济发展上，主张区域经济发展的绝对优势理论，认为不同区域经济的产业结构应该是只生产占有绝对优势的产品，并用以换回生产上不具有绝对优势的产品。

凯恩斯学派创立了国家干预经济理论，认为税收对总产出的乘数效应是负的，主张政府应当降低税负，刺激消费需求和私人投资。

供给学派认为较高的边际税率妨碍了经济活动的水平和增长率，因而主张大力削减边际税率。拉弗曲线更是成为里根政府重要的税收政策依据，它表明政府的宏观税负有一个临界点，在这一点上可以取得最大税收；而且取得同样的税收不一定要实行高税率，低税率也可以取得同样多的税收。但不同税率对经济的影响是不同的。

现代西方税负理论的研究已从纯粹的理论研究转向实证研究和量化分析。从现代大量研究税收与经济增长关系的文献来看，不同研究者的研究结果各不相同，就税收对经济增长作用的认识有着很大的区别。

Stokey 和 Rebelo（1995）[①] 对美国的数据研究表明，税收改革对于美国的经济增长率影响很小或没有影响，这一结论在理论上是稳健的，实证上也是一致的。类似的国别研究，如 Mendoza 等（1997）[②]对 18 个 OECD 国家的研究，Myles（2000）[③]对英国的研究，都表明税收对经济增长的影响不显著或是非常微弱。

一些学者通过国别研究得出了税收与经济增长负相关的结论。Bibbee 等（1997）[④]利用 OECD 国家的数据资料进行分析，结果表明无论是采用平均税率、边际税率还是平均直接税率，税收都与经济增长呈负相关关系。此外，Karras（1999）[⑤]对 11 个 OECD 国家的研究均表明较高的税率对于产出水平和经济增长率有着长期的负影响。

还有一些学者通过研究得出了税收促进经济增长的结论。Uhlig 和 Yanagawa（1996）[⑥]利用世代交叠内生增长模型的研究，Turnovsky（1996）[⑦] 和 Capolupo（1996）[⑧]的研究均表明税收具有正的促进经济增长的效应存在。Capolupo（2000）[⑨]在 Barro（1990）和 Lucas（1988）模型的基础上进行修

① Nancy L. Stokey and Sergio Rebelo. Growth Effects of Flat – Rate Taxes [J]. Journal of Political Economy, 1995, (103): 519~550.

② Enrique G. Mendoza, Gian Maria Milesi-Ferretti and Patrick K. Asea. On the Ineffectiveness of Tax Policy in Altering Long – run Growth: Harberger's Superneutrality Conjecture [J]. Journal of Public Economics, 1997, (66): 99~126.

③ Gareth D. Myles. Taxation and Economic Growth [J]. Fiscal Studies. 2000, (21): 141~168.

④ Alexandra Bibbee, Willi Leibfritz and John Thornton. Taxation and Economic Performance [R]. OECD Economics Department Working Papers, 1997, No. 176.

⑤ Georgios Karras. Taxes and Growth: Testing the Neoclassical and Endogenous Growth Models [J]. Contemporary Economic Policy, 1999, (17): 177~188.

⑥ Harald Uhlig and Noriyuki Yanagawa. Increasing the Capital Income Tax may Lead to Faster Growth [J]. European Economic Review, 1996, (40): 1521~1540.

⑦ Turnovsky. Fiscal Policy, Growth and Macroeconomic Performance in a Small Open Economy [J]. Journal of International Economics, 1996, (46): 41~66.

⑧ R. Capolupo. Endogenous Growth with Public Provision of Education [R]. Working Paper 1996, No. 38, University of York.

⑨ R. Capolupo. Output Taxation, Human Capital and Growth [R]. The Manchester School, 2000.

正，在他的新模型中，政府投资公共教育从而增加人力资本存量，为了平衡预算政府对产出征税。他得出的结论是由于征税是用于生产性的目的，所以促进了经济的增长。

学者们在研究税收负担和经济增长之间关系的同时，还进一步从税收结构的角度进行分析。国外学者通常是从对资本所得征税、对劳动所得征税和对消费征税的角度进行研究。对于资本税，学者们的分析比较一致，认为其存在着扭曲效应，降低了经济增长率。对于劳动税，学者们对其是否存在扭曲效应持不同观点，实证分析结果也各有不同。对于消费税，争论的焦点在于效用函数，如果效用函数不包括闲暇，消费税被划为非扭曲性税收。

Milesi – Ferretti 和 Roubini（1998）[①] 的研究表明收入税降低经济增长率，消费税对经济的影响取决于闲暇的定义。在实证研究中，Bleaney 等（2001）[②] 的研究表明消费税是非扭曲性税收，利用非扭曲性税收来为生产性消费融资，能够促进经济增长，而扭曲性税收则降低了经济增长率。Daveri 和 Tabellini（1997）[③]的研究则表明劳动税的扭曲效应要大于资本税和消费税。格雷纳（2000）[④] 利用数理模型得出结论，扭曲性税收（所得税）提高税率意味着对资本收益征收更高的税收，抑制了私人投资，从而减缓经济增长，非扭曲性税收（消费税）不影响私人资源的配置，对于经济增长率没有直接的影响。Zeng 和 Zhang（2001）[⑤]得出了同样的研究结论。

---

① Gian Maria Milesi-Ferretti and Nouriel Roubini. Growth Effects of Income and Consumption Taxes [J]. Journal of Money Credit and Banking, 1998, 30 (4): 721~745.

② Michael Bleaney, Norman Gemmell and Richard Kneller. Testing the Endogenous Growth Model: Public Expenditure, Taxation, and Growth over the Long Run [J]. Canadian Journal of Economics, 2001, 34 (1): 36~57.

③ Francesco Daveri and Guido Tabellini. Unemployment, Growth and Taxation in Industrial Countries, IGIER (Innocenzo Gasparini Institute for Economic Research), Bocconi University [R]. Working Paper, 1997, No. 122.

④ 格雷纳：《财政政策与经济增长》，经济科学出版社 2000 年版，第 113~134 页。

⑤ Zeng Jinli and Zhang Jie. Long – run Growth Effects of Taxation in a Non – scale Growth Model with Innovation [R]. Working Paper No. 0104, National University of Singapore, Forthcoming in the Economics Letter.

进入 21 世纪以来，随着经济全球化的加快发展，各国纷纷推出减税计划和方案，调低税负，形成了新一轮世界性的减税趋势和浪潮①。

我国将税负作为一个重要的税收理论和实践课题展开研究始于 1985 年②，之后，见诸于专业期刊的这类文章逐渐多起来。这一时期的研究集中于企业税负实证、税负政策原则、国际比较三个方面，此时的研究大多就税论税，尚未将税负置于国民收入流程中分析。

20 世纪 90 年代，税负问题的研究成为热点。90 年代初，我国经济界、理论界及财税部门的许多有识之士就认为，税收的运用和对税收的认识必然要有一个质的飞跃，积极投身于新税收理论研究之中，成立了《税收与经济》丛书编委会，动员各界深入开展社会主义市场经济理论和税收理论研究，繁荣社会主义市场经济理论和税收理论，为我国税制改革和税收发展提供必要的理论基础。1997 年，中国税务学会针对当时税收的难点、热点问题，确定了税收负担问题、增值税问题、出口退税问题三个研究课题，先后在西安和成都召开研究会，并以两次研讨会提供的论文为基础，出版了《税收负担研究》，认为税收负担问题是税制的核心问题，该课题从宏观与微观、国内与国外、规范与实证的对比分析中研究了我国当时的税负水平，确定了我国合适的税收负担水平，分析了税收收入占 GDP 比重下降、企业负担重与财政困难并存等问题的原因，并提出解决这些问题的建议。

21 世纪初，国内很多学者也就我国税收和经济增长之间的关系进行了大量的研究。刘溶沧、马栓友（2002）通过对我国数据的实证分析得出结论：增加对资本课征的税收负担会降低投资率和全要素生产率，但不影响供给，从而对经济增长具有负效应；增加对劳动课征的税收负担，会降低投资率，通过收入效应刺激劳动供给，但对技术进步没影响③。郭庆旺

---

① 安体富，孙玉栋：《中国税收负担与税收政策研究》，中国税务出版社 2006 年版，总序 11。

② 刘飞鹏：《税收负担理论与政策》，中国财政经济出版社 1995 年版，导言 3。

③ 刘溶沧，马栓友：《论税收与经济增长——对中国劳动、资本和消费征税的效应分析》，载《中国社会科学》，2002 年第 1 期。

（2002）通过对1994年我国税制改革以来税收收入变化的分析，研究了该时期我国税收负担对经济增长的影响，认为在不考虑财政支出增长效应的情况下，税收收入的连年超常增长是不利经济增长的[①]。安体富、岳树民和袁有杰（2002）从宏观税负的定义入手，通过对税收负担与经济增长相关系数的分析，认为我国宏观税负与经济增长呈负相关关系，且相关系数为 - 0.894[②]。马栓友和于红霞（2003）[③]、李永友（2004）[④]、李晓芳（2005）[⑤] 等人的研究表明，我国税收和经济增长呈负相关关系，税收负担对经济增长有显著的抑制作用。王维国和杨晓华（2006）利用面板数据，分析我国宏观税负与经济增长之间的关系，认为东部经济带平均宏观税负较高，对经济增长的抑制作用比较显著，而中部经济带和西部经济带宏观税负低于东部经济带，其税收对经济增长的作用不显著。

纵观国内外税负理论研究及实证分析的历史，税收负担理论研究尚有待向更深层次开展，对合理税负的内涵尚无统一的界定，税负的量化分析方法还有待于创新，实证分析的内容亦有待于进一步完善。因此，进行深入系统的税收负担理论研究和量化分析对我国税收理论与实践都具有重大的现实意义。

0.3　本书的结构安排

总体上讲，本书首先由导言部分提出研究税收负担问题的重要意义，

---

① 郭庆旺：《税收增长与经济增长的互动影响研究》，http://www.docin.com/p-8407118.html.

② 安体富，岳树民，袁有杰：《在加入 WTO 后的中国税收负担与经济增长》，载《公共经济评论》，2002 年第 9 期。

③ 马栓友，于红霞：《地方税与区域经济增长的实证分析——论西部大开发的税收政策取向》，载《管理世界》，2003 年第 5 期，第 36 ~ 59 页。

④ 李永友：《我国税收负担对经济增长影响的经验分析》，载《财经研究》，2004 年第 12 期，第 53 ~ 65 页。

⑤ 李晓芳，高铁梅，梁云芳：《税收和政府支出政策对产出动态冲击效应的计量分析》，载《财贸经济》，2005 年第 2 期，第 32 ~ 39 页。

并进一步对国内外税收负担研究状况进行综述，掌握税收负担研究的国内外动态。其次对税收负担进行理论研究和量化分析方法研究，在此基础上，对我国宏观税收负担进行实证分析。适度、公平、效率始终是贯穿于理论研究、量化分析方法研究和实证分析的三条主线。

具体而言，在税负研究综述部分，以研究时间为纵线、地域为横线进行研究。在理论研究部分，从税收负担的经济含义入手，逐步深入地研究税负主体、税负客体、税负的相关范畴，乃至我国宏观税负形成机理。在此基础上，对合理税负进行理论研究。在量化分析方法部分，借鉴国内外先进的税负量化分析方法，选择我国宏观税负量化分析方法，以指标体系法作为研究我国宏观税负的基本方法，以模型分析法和弹性分析法研究税负的适度问题，以差异系数法研究税负的公平问题。在实证分析部分，以合理税负的基本要求——适度、公平、效率为主线，分别进行了税负的适度分析、税负的公平分析和税负的效率分析，并提出实现税负适度、税负公平、税收效率的有益建议。更进一步，在适度分析中，借鉴前人研究成果的有益经验，对我国宏观税负变动趋势、影响因素进行分析，进而确定出我国最优税负；在税负的公平分析中，分别从不同地区、不同产业、不同所有制经济成分三个角度研究我国税负差异，计算出税负差异系数，全面反映我国地区税负差异程度；在税负的效率分析中，根据税收效率的本质要求，分别对税收经济效率和行政效率进行动态分析和影响因素分析。

全书分为三个部分共七章。第一部分为理论研究部分，包括第一章和第二章；第二部分为量化方法研究，包括第三章；第三部分为实证部分，包括第四章、第五章、第六章和第七章。

第一章，税收负担及其形成原理。借鉴不同学者对税收负担经济含义的界定，提出本文对税收负担的界定。本文结合国民经济运动过程，对税收负担的主体及其特征、税收负担的客体及其特征进行全面、系统分析，从而形成一定的税收负担概念体系。并深入探究了税收负担最终形成的作用因素，认为这些因素主要包括一定时期政府的职责、公共商品的提供、经济发展状况、非标准化税制实施的范围、政府收入结构和税务管理能力六个方面。

第二章，合理税负的理论研究。实现合理税负是一国政府在设计税制和制定政策、发挥税收对社会经济的积极影响的最终目标，也是本文研究税收负担问题的主要目标。在对各个经济学派税收理论中的税收原则归纳和借鉴的基础上，从我国实践出发，确定我国税收负担的基本原则及其相互关系。从我国税收基本原则的要求出发，探究税收负担的影响因素，认为影响税收负担水平的主要因素包括经济性因素、制度性因素、征管能力和政府职能范围等。依据合理税负的内在要求和税收负担的影响因素，对合理税负进行理论上的界定。

第三章，税收负担的量化方法研究。根据本文的研究目的，以指标体系法为基础，主要采用模型分析法、弹性分析法和差异系数法进行税收负担适度分析、公平分析和效率分析。在模型分析法中，利用宏观税负形成模型分析在宏观税负的形成过程中，GDP及各构成要素对宏观税负的影响程度；利用宏观税负的经济影响模型分析在整个国民经济运行过程中，宏观税负对国民经济总规模及各要素的影响方向和影响程度。在弹性分析法中，用税基弹性反映税基变动对税负变动的敏感程度，揭示税负增长与经济增长的协调关系。在差异系数法中，设置税负差异系数法，以一个数值来全面反映税负差异的总体情况，便于税负差异的国际比较和动态分析。在指标体系法中，设置了包括3个子体系、13个指标在内的宏观税负指标体系。

第四章，税收负担水平及其影响因素分析。宏观税负适度是实现合理税负的基础和前提。本章在借鉴国内外学者关于税负适度的实证分析的有益尝试后，采用本文确定的税负水平、税负增长率和税收弹性等指标，对改革开放以来我国宏观税负进行动态分析，结果表明，我国大、小口径宏观税负都呈现出先降后升之势，但与世界众多国家相比，我国小口径宏观税负仍处于较低水平。究其原因，经济增长、物价变动、税收政策及税收征管是其主要影响因素。采用因素分析法进行税收收入增长影响程度分析，结果表明，经济增长对税收收入增长始终具有正影响，物价变动对税收收入增长的影响有时为正有时为负，税收政策及税收征管近年来对税收收入增长具有正影响。最后，借鉴前人关于税负适度规模的研究成果，建模计算出我国的最优宏观税负。

第五章，税收负担差异及其影响因素分析。税收负担差异的存在导致了税负的不公平，税收负担的公平分析就是要研究我国宏观税负的差异状况及其原因，本文认为，我国宏观税负的差异主要包括税负的地区差异、产业差异和所有制差异。在不同地区税负差异分析中，从税负差异变动趋势、税收收入弹性系数、税负差异系数三个方面对我国各省（市、区）、三大经济区税负差异进行实证分析，计算税负差异系数。在不同产业税负差异分析中，从产业税收、产业税负、产业税收弹性三个层次逐步深入地进行了税负差异分析。在不同所有制经济税负差异分析中，重点进行国有企业与非国有企业税负差异、内资企业与外资企业税负差异分析。在此基础上，对形成我国税负差异的主要因素，即经济性因素和制度性因素进行分析。

第六章，税收的效率及其影响因素分析。从税收效率包括税收的经济效率和行政效率出发，分别对税收的经济效率和行政效率进行分析。在税收的经济效率分析中，重点研究我国税收经济效率方面存在的问题，旨在找出提高税收经济效率的有效途径。在税收的行政效率分析中，采用征收成本率、人均征税额和税收成本收入弹性三个指标，分别对税收征管机构效率与纳税遵从效率进行实证分析，结果表明，人均征税额的持续增长对我国税收行政效率提高具有主导作用。最后探究我国税收行政效率提高的促进因素和抑制因素。

第七章，实现合理税负的政策建议。总结实证分析的结果，针对我国税收负担在适度、公平和效率方面存在的问题，提出实现合理税负的尝试性建议：促进税收与经济协调发展，实现税负适度；促进税收结构平衡发展，实现税负公平；强化税收征管，提高税收行政效率。

第一章

税收负担及其形成原理

从经济学的角度分析，税收负担不仅关系到纳税人的经济利益，而且决定着政府在一定时期内对本国国民财富可支配程度的大小，以及对整个宏观经济的调控力度。对税收负担经济含义的不同理解，必然导致测度税收负担的方法、适度税收负担的判别标准等不同，因而，在对税收负担进行理论研究时，必须首先对税收负担的经济含义进行准确界定。

1.1　税收负担的经济含义

一般来说，税收负担是指纳税人因向政府履行缴纳税款的义务而承受的一种经济负担，对纳税人来说，表现为缴纳税款后自身可支配收入减少的一种经济现象；相对于政府而言，纳税人承担的负担不仅仅是税务部门依法征收的税收收入，还包括政府其他部门依据有关规定收取的各种"费"和基金收入。因此，广义上讲，税收负担还应该包括政府及其相关部门按照有关规定，向纳税人征缴的其他规费收入，即"非税收入"。而且从广义来讲，税收负担问题并不简单是多少和轻重问题，而包含更广泛的内容。不但要看税收占纳税人收入的比例，而且要联系到整个分配结构、税收收入的用途和税收对整个国民经济的影响。

社会公众对于税收负担的直观感受是，国家征税后自身可支配收入的减少。而经济学家由于观察和分析角度的不同，对税负形成了不同的界说：（1）税负是指纳税人在一定时期内所应缴纳的税款；（2）税负指纳税人或征税对象承受国家税收的状况或量度；（3）税收负担就是税收在不同人身上引起的社会福利后果与社会效率后果；（4）税负是所征税收的最后着落。但实际上，当人们谈到税负时，指的是纳税人是谁，以及所纳税款是多少。可见，观察和分析的角度不同对税收负担的内涵的理解和把握也不同。

究竟应该怎样认识和界定税收负担？笔者认为应从税负运动与国民经济全过程进行考察。首先从税负运动过程考察，税负运动的起点是国家向纳税人征税。税收既然是国家对纳税人所占有和支配的收入或财产的无偿征收，就必然减少纳税人在国民收入分配中所得的份额，对纳税人来说，就构成其税负。其次从税负转嫁过程考察，就单个纳税人而言，某些纳税人（商品生产者和经营者）可能转嫁其税收负担，但就社会整体来看，税负转嫁只能引起个体负担者之间的结构变化，国民总体负担不会改变。最后从税收与国民经济运行的动态关系考察，国家征税不仅调节社会各阶层的利益结构，而且对储蓄、投资、消费、劳动等产生直接的或间接的影响。如果征税对私有部门（个人和经济实体）的正常经营决策和行为发生扭曲作用，给国民经济发展造成损害，就会使纳税者所承受的牺牲超过所纳税金，造成福利损失，形成税收超额负担。因此，本书将税收负担定义为国家征税而给纳税人造成的经济利益损失（包括收入损失和福利损失），反映一定时期内社会产品在国家与纳税人之间的税收分配数量关系。国家向纳税人征税不仅改变了纳税人占有和支配社会产品的总量，也改变了各个纳税人之间占有和支配的社会产品比例，由此形成了国家同纳税人之间的税收分配数量关系。这种分配数量关系直接反映的，就是"谁"和"谁"就"什么"按怎样的标准进行分配以及分配的结果怎样的问题。

作为税收经济学范畴的研究对象，税收负担还具有更为深刻的含义，其体现在：（1）税收负担表现国家与纳税人之间的一种分配关系，即社会剩余产品在国家与纳税人之间的分配状况，体现生产的社会分配关系的某些方面，反映出经济基础的特定属性。（2）税收负担的主体是具有一定群体特征的纳税人集团，而不是单个纳税人或没有关联特征的纳税人的简单集合。纳税人只有与特定空间或特定社会活动行为联系起来，才能成为税收负担主体。（3）税收负担的物质源泉是纳税人掌握的可支配产品，即来源于纳税人生产经营活动所获得总产品扣除物质消耗和劳动者基本消费后的剩余部分。扣除后的剩余产品形成纳税人的可支配产品，并在可支配产品的基础上生成实有纳税能力。（4）税收负担所表现的基于纳税能力与实纳税额相互关系基础上的数量关系的基本表述形式，是实纳税额占当期纳税人可支配产品数额的比重。此外还有实纳税额占总产值比重、实纳税额占净产值比重等多种形式，但这些形式都是由基本表述形式派生出来的。

税收负担作为税收分配的数量表现有两种形式：一是绝对额，即纳税人应当支付给国家的税收款额，它反映的是国家通过征税而对纳税人形成的税收负担规模；二是相对额，即税收负担率，是纳税人的应纳税额与其计税依据价值的比率，它反映的是国家通过征税而给纳税人带来的税收负担的程度。

我们在考察税收负担水平时，可以从微观与宏观两个层次进行。在微观层次上，考察各个纳税人的个别税收负担，重点考察税收占纳税人的销售收入额、营业额、所得额或资产价值额的比例。在宏观层次上，把税收当作一个整体来考察，或者说考察整个国民经济的税收负担水平。这种反映一国总体税收负担水平的指标，我们把它称之为宏观税负。

既然税收负担表现国家与纳税人之间税收分配数量关系，那么它就应包括分配的主体、分配的客体（或称分配对象）、分配的依据标准和分配的结果。为了能深刻理解和准确把握税收负担的真正内涵，在此，我们有必要结合国民经济运动过程，对税收负担的主体及其特征、税收负担的客体及其特征进行全面、系统的分析，从而形成一定的税收负担概念体系。

1.2　税负主体及其特征

以国家征税为起点的税负运动过程，实际上是利益分配调整的过程。一方面，在存在多元利益主体的情况下，一定收入分配格局的形成，并非可由某一主体单方面地决定，即使是具有强制性的税收分配也是如此。另一方面，企业和家庭总是把税收看成是制约其以获利和福利、效应最大化为基本目的的经济活动的外生利益变量。不同的税制和税收政策会引起其不同的行为反应，因此，就有必要研究税收运动过程中，各行为主体及其相应的特征。

从总体上来讲，几乎所有的社会经济活动的主体，同时又是收入的主体，其中有些参与从收入创造到使用的收入流转全过程，而有些则只参与某一或某几个阶段。它们在收入流程中所处的地位、所起的作用千差万别，据以参与收入流转的依据或原则也各不相同。在现代西方经济学中，它们被划分为私人（包括企业和家庭）部门和公共（政府）部门。在国民经济核算中如果不考虑进出口因素的影响，根据同质性原则也将收入主体划分为家庭、企业和政府。这种划分同样适合于税负运动主体的研究。

1.2.1 分配主体与行为主体

在一般的税收理论著作中，通常强调税收是以国家为主体对社会剩余产品的强制扣除，即强调税收分配中国家主体性这一形式特征，这无疑是必要的，有利于区分税收与其他分配范畴和其他财政分配。但不能因此而忽视企业和家庭等分配主体在社会剩余产品分配中的行为及其特征，为了完整地反映和分析国家、企业和家庭在税收分配中的经济关系，有必要区分分配主体与税收行为主体。

分配主体是指收入分配过程中，具有独立而特殊经济利益目标的利益主体，可分为两类：一类是凭借资本、劳动、土地等经济权力并直接参加生产过程的分配主体，企业和劳动者属于此类；另一类是凭借政治权力参与收入分配的主体，如国家（为以后行文规范统一起见，我们以后在不需要特别区分的地方，均将其称作政府或政府经济部门）。在考察分配主体的行为特征时，不可忽视其经济制度背景，在西方国家，生产资料属于私有，其国民收入作为资本、劳动、土地等生产要素的报酬支付，最终属于资本家、工人、土地所有者的收入，企业本身不构成分配主体。而在公有制条件下，家庭基本上不拥有生产资料，即使是股份制经济下，虽然少数人拥有企业股本，但不会改变以公有制为主体的所有制格局。这样，在公有制经济中，国民收入分配不像西方国家那样在初次分配中全部直接成为个人收入，而是要分成国家公共收入、企业收入和个人收入。故在公有制条件下，企业成为独立的分配主体。

税收行为主体是指具有特殊经济利益目标，并在税收分配过程中采取一切可能行为追求其目标的参与者。从税收的法律关系来看，税收行为主体可分为以下三类：（1）权利主体，税收是国家凭借政治权力以法律形式参与社会产品的分配，国家是税收分配的权利主体。（2）义务主体，为纳税人，是税法规定的直接负有纳税义务的单位或个人。（3）负税主体，为负税人。它是税款的最终实际承担者。

从税收的来源考察，无论是商品课税、所得课税，还是财产或行为课税，在正常情况下，其收入来源最终只能是国民收入，财产只是收入的存量形态，因此，税收行为主体首先是分配主体，只有具有独立经济利益并进行独立经济核算的单位和个人，方可能成为纳税人。但并非所有的分配主体都是税收行为主体，分配主体没有发生应税经济行为和没有应税收入所得及财产时，就不是税收行为主体。例如，享受政府社会保障的丧失劳动能力者，是分配主体，却不是税收行为主体。

1.2.2　权力主体——国家

在税收分配活动过程中，国家作为行为主体的行为及其特征取决于国家这一分配主体的利益目标和职能状态。按照从抽象到具体的逻辑思路，我们先撇开由具体人员构成的政治机构的特殊利益，从抽象意义上分析国家，这样，国家所追求的利益是全民利益，而不是某一地区、某一企业、某一个人或某一届政府的特殊利益。这种利益概括起来，即是在促进国民经济持续稳定增长和社会进步的基础上，最大限度地保证全体人民日益增长的物质和文化消费的需要。我们将其规范为社会福利最大化，社会福利是经济中一切个人的效用函数的"总和"，而且是长期利益。

以社会福利最大化为基本行为目标，国家在税收分配过程中的行为可以从两个方面考察。首先，从分配目的进行考察，国家通过税收分配，实现收入公平分配。按照福利经济学的观点，在很大程度上，影响经济福利的是国民收入的大小和国民收入在社会成员中的分配情况，降低收入分配不均的程度，是福利最大化的必要条件。然而，在市场经济中，个人收入分配表现为资本、土地、劳动等各种要素的报酬。由于个人之间在上述要素占有上的不平等，以及各自赚钱能力的差别，市场机制调节的收入分配是不平等的，造成贫富差距。这不仅会导致社会福利损失，而且阻碍经济稳定增长。因而，需要国家运用税收分配进行调节，通过对不同收入者的差别课税，并对低收入者给予补贴和提供社会保障，缩小收入差距。其次，从资源配置目的进行考察，资源配置的状态直接制约着经济稳定增长的能力，而经济稳定增长是社会福利增加的现实基础。由于市场缺陷和失效等多种原因，使得市场机制调节的资源配置不能达到最佳效率状态。政府运用税收杠杆调节资源配置，一是通过税收分配集中一部分资源配置到公共商品方面。在这里，税收实际上是公共商品的生产成本或价格，因而，在总体上，税收分配的总量应该与公共商品供给总量相平衡。二是在建立统一而公平的税收制度的基础上，通过差别税收分配、税收激励等手段，调节资源配置，使其达到优化状态。

然而，在现实经济中，正如公共选择学派所论述的那样，国家是一个"政治机器"，即政府。以剥削阶级国家为例，它是一个由具体人员构成的政治机构（或官僚机构），并不是代表社会公众利益的，而是有其特殊的利益目标，例如包括管理方便、统治长久、高等特权利益等等。这样，税收分配的政府决策可能更多地是为了竞选成功，或者为了达到现存政府机构的目标。特别是政府机关人员的个人消费与社会集团消费存在"替代"的情况下，会产生增加税收膨胀政府支出（政府消费）的行为倾向，从而与公众福利产生矛盾。退一步，即使从纯技术操作的角度来说，政府机构并非是先知先觉，在信息不完善以及各种约束条件下做出的税收分配决策，也难以保证社会福利最大目标的实现。再联系公共支出来考察，由政府机构提供公共商品与由企业或个人提供商品和劳务之间存在着三个方面的差别：（1）在政府机构中，公共商品的提供缺乏竞争。（2）政府机构不以赢利为目的，难以降低公共商品的成本，其余留资金转入下一年开支，不利于促进其节省开支。（3）公共服务通常不是以价格形式出售的，因此，社会成员对政府机构的评价不像市场价格那样敏感。政府机构的上述特征使其容易用政府机构的特殊利益目标取代公众利益目标，或者用公众利益目标掩饰其自身的特殊利益目标，而且在税收分配中政府机构具有政权的强制力量，其结果是税收增加、政府规模膨胀。有鉴于此，有必要强化对政府在税收分配中的行为约束。

1.2.3　义务主体——法人纳税人

税法规定的法人是指依法成立并能独立行使法定权力和承担法定义务的单位。不同的税种都具体规定了不同的法人纳税人，总括起来包括各类企业、行政单位、事业单位和其他单位。在现实经济中，企业是最主要的法人纳税人，企业交纳的税收占全国税收总收入的85%以上，因而我们主要分析企业法人。

在社会主义市场经济条件下，企业作为经济法人进入经济过程，其特征主要有：（1）企业拥有包括国家在内的出资者投资形成的全部法人财产权，成为享有民事权利、承担民事责任的法人实体。（2）企业是由劳动者、出资者和经营者集合而成的利益集团，有其自身独立的特殊利益，利润最大化是企业所追求的基本目标。（3）企业以其全部法人财产，依法自主经营、自负盈亏，具有较强的预算约束。（4）出资者按投入企业的资本额享有所有者的权益，即资产受益、重大决策和选择管理者等。

企业作为经济法人的性质和地位，决定了它必然将税收分配作为影响其生产经营获利的重要的外生变量，并做出灵敏的行为反应。从纯经济原理上分析，国家对企业的各种征税，最终是对企业收益所得的减除，在利润最大化动机的驱动下，企业必然采取各种方式减少其利润损失，这是企业在税收分配中的基本特征。不同的企业因其所处的地位和面临的税收环境不同，对税收的处理方式也就行为各异。归结起来，常见的行为方式有以下六种：一是争取税收优惠照顾，争取的办法多种多样，有的企业是通过调整企业生产、投资和技术等，合法享受税收优惠政策；有的企业则通过各种社会关系，争取照顾；个别企业弄虚作假，套取照顾。二是"节税"，或者调整生产经营方向和结构，生产经营那些税率较低或减免税产品；或者将资金投向税负较低的地区。三是进行生产要素的替代，用税收成本较低的要素替代税收成本较高的要素。四是调整要素投入和产量。五是转嫁税负，通过提高商品价格或降低资本品价格，将税收负担转给他人承担。六是非法偷税、漏税。

1.2.4 义务主体——自然人纳税人——家庭

税法中所规定的自然人一般是指公民或居民个人。但在分配理论中，有的使用"家庭"概念，有的使用"劳动者"概念。严格意义上讲，家庭与劳动者是不能等同的，后者是包含在前者之中的构成因素，两者在收入分配过程中具有不同的职能和作用：家庭以主体状态存在，作为最基本的社会单位发挥作用，而劳动者以要素状态存在；家庭是完整的消费者，劳动者只是它的一个组成部分；家庭参与整个分配过程，劳动者作为生产要素只参与企业的初次分配过程；劳动者没有积累的职能，只参与收入分配，而家庭不仅参与收入的分配，而且参与财富的分配。因此，在我们的分析中，主要以家庭作为分配主体的考察对象，只在某些需要特别明确的地方，才将劳动者视作分配主体。

家庭的经济利益目标，是实现收入最大化和消费最大限度的满足。在传统体制下，家庭行为非常简单，就是提供劳动以取得满足家庭消费需要的收入，家庭很少有储蓄，也不能进行生产投资。改革以来情况发生了变化，特别是市场经济改革，进一步推动了家庭行为的多样化。家庭的经济行为大体可分为四类：（1）提供劳动。作为最基层的社会单位，家庭的一个重要职能是进行劳动力再生产。劳动是社会生产过程中重要的生产要素，在存在劳动分工和劳动交换的经济中，家庭提供劳动的直接动机是获取收入。在我国现阶段，劳动收入（包括工资、奖金和经济收入）仍然是家庭收入的主要来源。国家对劳动收入课征所得税，会对劳动行为发生影响——或者为维持原有收入水平而增加劳动，或者以闲暇替代劳动。（2）储蓄行为。随着家庭收入的增加，其收入支付消费开支后有剩余，或市场上没有最佳的消费品或服务而将收入的一部分储存起来，于是出现了储蓄行为。储蓄的目的是为了增加收益或消费效益。国家对家庭课征所得税和财产税，会引起储蓄行为的变化。（3）资产持有方式的决策行为。在市场经济中，家庭也不再满足获取储蓄利息收入，越来越倾向于通过投资获取更高报酬。现阶段私人企业不断发展，投资于企业债券、股票和房地产的人越来越多。这类行为对国家的征税反应更加灵敏而强烈。（4）消费行为。消费是收入与价格的函数。国家对个人征收的所得税会减少居民的可支配收入，直接影响家庭消费；国家对企业征收的间接税，会通过税负转嫁机制而影响家庭的消费结构。

以上我们从收入最大化目标考察了家庭对国家征税的行为反应。在现实经济生活中，家庭作为分配主体，不仅关心其收入绝对量的多少，而且重视其在国民收入分配中的相对份额，有时甚至把收入公平分配放在更重要的地位。正因如此，很多时候在税收分配过程中，税负不公比国家增加税负对家庭行为的影响更大。

1.2.5　负税人

负税人是指税收的实际负担者。在市场经济中，纳税人向国家缴纳税收以后，通常采取各种方式转嫁其税收负担。税负在经济过程中经过一系列转嫁环节，最终归属于负税人。负税人处于税负运动过程的终点，因而只能被动地、全额地接受纳税人转嫁过来的税负。例如，国家课征消费税，商品供应者把税款加在消费品价格上，消费者购买含税消费品，只能连同价格和税款一并支付。但从国民经济过程动态地考察，消费者承担税收以后，其实际消费水平就会降低。为了保持其消费水平不降低，消费者会要求增加工资，或者减少应税商品的购买量，或者改变消费结构。法人负税人的行为反应极为复杂。企业是我国国民经济中最主要的纳税义务主体，大约 85% 以上的税收收入是由企业缴纳的。我国在第二步利改税后，形成了以流转税和所得税为主、财产和行为课税为辅的复合税制，共 31 个税种，其中对企业征收的税种就有二十多个。1994 年新税制改革，税种由原来的 31 个简并为 17 个，对企业课征的税种仍有十多个。

1.3　税负客体与国民收入流程

　　税负客体即税收分配的客观载体，它与税负主体相对应。从理论上说，税收来源于经济，经济决定税收。因此，能构成一定时期税收来源（简称税源）的社会产品总和就是税负客体。而一定时期社会产品的形成总是一定时期国民经济运行的结果。因此，有必要把对税负客体的分析置于国民经济运行过程之中进行。

　　对税负客体的理解包括宏观和微观两个方面。从宏观角度来讲，税收来源于经济，经济决定税收。因此，能构成一定时期税收来源（简称税源）的社会产品总和就是税负客体。税负客体就是一国国民经济在一定时期新创造的社会产品总和。也就是说，一国国民经济在一定时期新创造的社会产品是该国一切税收负担的客观载体，如果没有新创造的社会产品，税收就失去物质基础，也就没有了税源。一定时期新创造的社会产品总和的价值衡量指标通常用国内生产总值（GDP）来反映。因此，一定时期的 GDP 的规模、质量和结构决定着税收负担的规模和结构。从微观角度来讲，由于国民经济运行的复杂性和税收价值分配的特点，使税收分配有可能渗透到国民经济的各个环节和各个方面，使税负运动完全融合于国民经济循环之中，当然也融合于整个国民收入分配的流程之中。税收理论的发展，特别是多税种的复合税制的广泛推行，使这种融合变为现实。而不同的税种要规定不同的课税客体，在税收制度中一般称之为课税对象或课税物件，这也就是我们微观上讲的税负客体。它是一个国家征税的目的物，即课税的客观依据，指对什么东西征税。如个人所得税是对个人所得征税，财产税是对财产征税，酒税是对酒征税。可见，由于税种的不同形成微观上的不同税负客体。在研究税负问题时，为了便于对比和分析往往对具体的课税对象，依据其同质性或相近性进行归类，也就形成了对税负客体的分类。

1.3.1　国民收入流程与税负客体的确定

要解决税收在哪个环节征收、对什么征收的问题，即如何确定具体的税负客体，必须从国民收入的流程分析入手。

为了能更清晰地反映税负运动的特点，我们先假定整个国民经济部门由私人经济部门和公共经济部门两大部门构成，同时，将公共经济部门（即政府部门）看成是公共产品的生产者，这样就可以得出两大部门的经济关系：（1）私人经济部门向公共经济部门提供其提供公共产品所需要的各种经济资源；（2）公共经济部门运用从私人部门得到的资源，生产出公共产品；（3）私人经济部门向公共经济部门上缴税收；（4）公共经济部门向私人经济部门购买商品和劳务，提供转移支付。

可见，两大经济部门之间的分配形式主要是上缴税收和转移支付。需要指出的是，由于公共产品和私人产品相比具有非排他性、非竞争性等特征，许多公共产品的提供不遵从市场法则，因而在公、私两大经济部门的循环流量关系中存在着许多复杂的外生性注入量和漏出量，不能简单地将企业与家庭之间的流量循环分析套用于公、私两大经济部门之间的流量循环。

在两部门分析中，我们将企业和家庭抽象为私人经济部门。事实上，企业经济行为和家庭经济行为存在显著的差别。前者主要是生产经营者，后者主要是消费者。为了更准确地反映和分析税负运动与国民收入循环的内在联系，在舍象掉国际收支的情况下，得出一个包含企业、家庭和政府部门（即公共经济部门）在内的国民收入循环流程（如图1-1所示）。

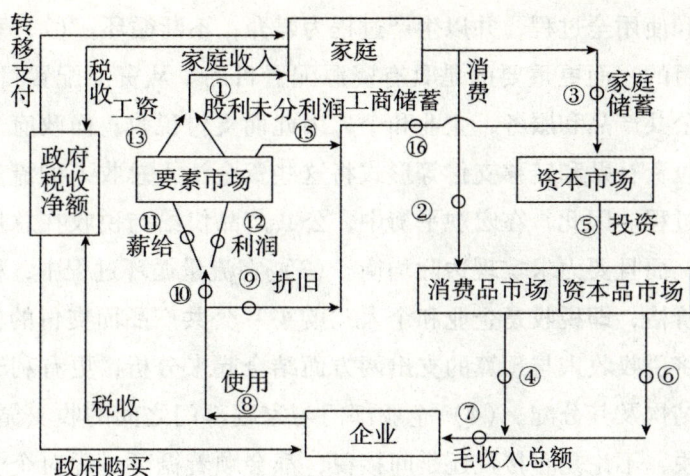

图1-1 税负与国民收入流程

图1-1税负与国民收入流程的运行原理为：家庭作为生产要素的占有者通过提供要素获取家庭收入①，要素收入扣除缴纳的税收，加上政府的转移支付，形成家庭可支配收入，通过家庭的支出安排，形成个人消费支出②和家庭储蓄③。用于购买消费品的消费支出流入市场后成为企业收入④。储蓄通过资本市场形成投资⑤，而后又成为生产资本品的企业收入⑥。工商企业的毛收入⑦由企业支配扣除一部分用于弥补原材料的消耗后形成企业的生产总值⑧，其中一部分用于折旧⑨，其余部分就是净产值⑩，又要在要素市场上以薪给⑪购买劳务，以利润、利息等⑫购买资本和其他投入要素。这些要素的供给者又以工资⑬、股利、利息、租金等形式⑭成为家庭收入（1），一部分未分配利润⑮加上折旧基金构成企业的储蓄⑯，并与家庭储蓄一起形成投资资金，再购买资本品。在国民收入的流转过程中，处处伴随着税负的运动及其影响：在①处征个人所得税；在②处征消费税；在④处征营业税；在⑦处对企业毛收入征产出税；在⑩处征利润税；在⑪处对薪给征税；在⑫处对公司所得征税；在⑬处对工资收入征税；在⑭处对股利等征税；在⑮处对保留利润征税等。

将国民收入流程分析与税负运动分析结合起来，可以得出以下四点结论：（1）税负运动内在于国民经济运行过程，参与国民收入价值形成、实现、支配和使用全过程，并以生产过程为媒介，不断循环。（2）税收不只具有分配目的，而更重要的是具有资源配置目的。从资源配置目的来看，政府提供公共产品和服务，企业和个人因此而支付税收；而政府又通过市场采购、投资补贴和转移支付等形式将这些资金注入总收入的流量，重新回到循环过程。因此，在宏观平衡中，公共产品供给与税收在总量上必须保持均衡，而且要力求实现边际均衡。（3）在流量循环过程中，税收的作用近似于价格，即税收是企业和个人"购买"公共产品而支付的价格。从动态角度将税收收入与预算的支出两方面结合起来分析，更有利于分析税负规模、结构及其分配。（4）企业部门与家庭部门之间的收支循环表明，国家的征税，不论是直接税还是间接税，都会顺着循环过程对企业行为和家庭行为发生一系列连动影响。

1.3.2　税负客体的分类及其特征

尽管税负运动内在于国民经济运行之中，参与国民收入价值形成、实现、支配和使用全过程，但仍可以根据课税对象的性质对税负客体进行归类，这种分类与税种的分类具有一定的一致性。一般来讲，税种可以从不同的角度、采用不同的标准进行分类，但最基本的税收分类必须按税收客体即课税对象的性质来划分。本文根据税收参与国民收入价值形成、实现、支配和使用过程中，课税客体的价值形态和价值构成的不同，将税负客体划分为纳税主体所得额、商品流转额和纳税主体财产额三类。

1. 所得额作为课税客体的课税特征与税收功能

所得额是对一定时期新创造的价值经过分配形成的经济主体的收入所得。从宏观经济角度分析，一定时期各经济主体的所得之和就是国民收入，以所得额为课税客体进行的课税就是所得税。所得税是以个人所得和公司（企业）利润为课税对象的税种，一般包括个人所得税和公司（企业）所得税。在理论上，所得税的功能效应有以下特征：

在财政功能方面，所得税具有较强的收入潜力。与商品税一样，所得税具有税基广泛、税源充足、征集普遍、收入弹性大的优点，因此，政府可以通过拓宽税基、调整税率来满足财政需求。但是，所得税财政功能的发挥需要有一定的经济基础，发展中国家人均收入水平低，低收入阶层范围大，收入主体在扣除费用和生存需要后，净所得额有限；同时，不少发展中国家把所得税的重心放在公司（企业）方面，使得所得税税基容易受到经济周期波动和效益状况的影响，这些因素使其比较不易保持政府税收收入的稳定。因此，如果仅仅从财政角度考虑，利用其他税种可能更为合适些。

在经济功能方面，所得税具有税收再分配、资源配置、调节宏观经济功能，其具体体现在：（1）在实现社会公平分配上，所得税有着优越的收入再分配功能。尤其是综合所得税，能够比较准确地反映收入主体的纳税能力，加上采取适度的累进税率，使所得税能够贯彻量能负税的准则。但是，由于发展中国家更侧重于追求经济的发展，对社会公平目标的追求相对不太强烈，这种状况决定了所得税被接纳的程度较弱。（2）在促进社会资源的有效配置方面，所得税的效率特征在税收理论中存在相反的结论。从中性意义上讲，由于所得税的征税点位于所得的获取环节，距离市场较远，而且在多数条件下，所得税税负一般不易转嫁，税收增减变动对物价的直接影响不大，因此所得税对资源配置的影响是间接和微弱的。另外，所得税以纳税主体的收入高低为征税依据，累进程度强烈的所得税会抑制纳税人的工作、储蓄、投资和经营的积极性，特别是当储蓄行为对实际收入的弹性十分敏感的情况下，更是如此。从这点上看，所得税的效率特征是比较差的。一般认为在促进市场资源配置、优化产业结构的作用上，所得税不如商品税。发展中国家的市场发育程度不高，市场信号不准确，需要通过商品税来调节经济运行，因此不能像发达国家那样接受所得税。（3）在宏观经济调节方面，累进所得税制具有"内在稳定器"的功能，能够在一定程度上自动调节经济，减轻经济波动。并且，由于所得税的变化能够直接影响纳税人的可支配收入，因而对消费、投资、储蓄、生产要素的供给等产生迅速而全面的影响，基于所得税与经济活动之间的这一联系，各国通常把它当成进行宏观经济调节的主要工具，赋予其"相机抉择"的功能。

在税制执行方面，所得税的重复征税问题不像商品税那样尖锐严重，并且不太容易发生税负转嫁现象。但所得税制度复杂，税基模糊，计算繁琐，稽征成本较高，要求具备较高的税收管理水平。因此，税收漏洞存在的可能性较大，管理上存在的缺陷较多。对于发展中国家来说，虽然已经推行的税收制度本身在设计上是完美的，但由于受到货币核算体系不发达、公民素质和纳税意识较差、征管水平不高等基础问题的困扰，其在发展国家中所能产生的积极效应受限，因此只能在有限程度上被接受。

2. 商品流转额作为课税客体的课税特征与税收功能

商品流转额是指一定时期各经济主体的生产成果经过交换、流通环节后实现的价值额，它既可以是总价值，也可以是新增加价值。以商品流转额为课税客体课征的税种称为流转税或商品税。商品税是以商品流转额或劳务收入额为对象课征的税种，一般包括增值税、营业税和消费税等税种。与其他课税体系相比商品税的各种形式具有如下特征：

在财政功能和税制执行上，商品税较为容易稽征与管理，税源相对稳定，是一种较为有效的税收收入来源。商品税的课征主要是直接面向为数较少的厂商课征，而不像所得税的课征那样，面对的是为数众多的个人。商品税一般采用从价定率或从量定额计征，在计算手续上通常比所得税和财产税简单，且容易征收，因此便于管理。而且，商品税以商品流转额、营业收入为课税对象，课税环节放置在交易流通阶段，这样，只要发生应税流转额就发生了纳税义务，就要按商品流转额的数量和规定税率向国家缴税；同时，商品税征税多少与成本费用无关，只要企业生产不间断进行，经济发展基本稳定，以商品税形式取得的财政收入也是稳定的。

商品税在税收负担方面具有累退性，收入越低者税负相对越重，难以体现公平负担的原则。商品流转税一般采用比例税率，从表面上看，对一般消费品征税，消费数量多的人多负税，消费数量少的人少负税；对奢侈品课征的高额消费税，大多由富者负担。因此，似乎有理由认为，商品课税部分地符合税收公平的原则。但事实上，个人消费商品数量的多少与个人收入并不成正比，富者的消费性支出占其收入的比例较小，贫者的消费性支出占其收入的比例较大。因此，商品课税就表现出一定的累退性：收入越少，税负相对越重；收入越多，税负相对越轻。此外，许多国家对生产资料实行免税或轻税，因此，即便在全部消费品都课税的情况下，由于需求弹性大小不同的作用，课税所引起的涨价速度，往往生活必需品最快，日用品次之，奢侈品最慢，因此商品课税的税负更多地落在低收入者身上。

商品税的负担普遍，并且具有隐蔽的性质。所得税与财产税一般只对有所得或有财产者课税，无所得或无财产者则不课税；同时，课税还往往附有免税数额规定，对在规定标准之下的所得或财产免于课税，因此，税收负担面相对较窄。而商品税能够灵活地作用于生产、交易和消费各个环节，能够根据需要进行设置，针对性强。并且在形式上，商品税虽然由商品生产者或销售者缴纳，实际上所纳税额要附加于商品卖价中，转嫁给消费者负担。而消费则是人人都需要的行为，因此，商品税课征的结果是人人负担了税收。此外，由于在许多条件下，商品税的缴纳者与税收实际负担人是分离的，负税人一般难以确切了解自己所承受的税负，因此商品税是较为隐蔽的一种课征。与此相对应，增加商品税一般不易引起人们的注意和反对，政府课税的阻力较小。不过，由于商品税所具有的隐蔽性，导致了实际负税人难以确切了解自己所承受的负担，这恰恰就是商品税的缺陷之所在。而且，商品税直接改变商品的价格，改变着消费者与厂商的市场选择，扭曲了社会资源的配置，所以干扰性强，中性差。

商品课税体系包括营业税、国内产品税、增值税和关税。增值税作为一个年轻的税种，在20世纪50年代发源于欧洲。短短的几十年间，增值税的范围迅速波及世界各国，风靡全球，这一发展速度在税制发展史上是独一无二的。增值税是在传统商品税制的基础上发展起来的，它的突出优点在于，能够实行多环节、多阶段的普遍征收，同时又能够避免重复课税、税负不均的弊端，比较符合中性、效率等税制要求。因而本节重点论述增值税的特征与功能。

增值税是对商品在生产经营过程中，按每个阶段实现的增值额，分阶段征收。从生产到零售各个阶段实现的增值总额，就等于最终销售的价值总额，分阶段征收与最终一次收的税额是一样的。由此，增值税显示出一系列优越的功能特征：（1）解决了重复征税问题，有利于税负的公平。增值税的多少只与商品在生产经营中的价值增加额有关，而与商品流转环节的多少无关，这就解决了原来销售税重复征税和全能厂与非全能厂之间税负不均的问题，既能促进企业实行专业化生产，又不妨碍在专业化生产基础上实行联合生产，有利于企业结构的合理化和社会资源配置效率的提高。（2）增值税不仅保持多环节销售税普遍性和及时性的特点，而且在组织财政收入方面具有合理性和稳定性的优点。增值税的课税依据是流转额中的增值部分，大体相当于商品进入消费环节前的最终销售价格，其本身不受生产组织结构和经营环节的变化而减少或增加企业的税收负担，具有消除避税利益和制止避税动机的功能，因此在组织财政收入方面比较稳定。（3）增值税一般采用抵扣法计算征收税款。这种计征方法要求有健全的发货票制度，并且将税款单独开列，按购货发票载明的投入要素已纳税额对产出价值应纳税额进行抵免，购销单位之间会因税款抵扣而形成相互制约的关系，既有利于促使企业加强经济核算，又有利于征收机关的交叉审核，使偷、漏税的可能性受到限制。（4）促进国际贸易和国际经济一体化。在国际贸易发展和国际经济一体化过程中，跨国商品如何实现公平税收负担，是一个难题。同一种商品在流经不同国家时，面临着不同的税收主权和税制，承受着不同的税负，形成不同的价格。而在增值税制下，对出口商品可以设计零税率，使商品以不含税价格进入国际市场，这样可以消除税收对商品价格的影响，实现公平竞争。这既有利于加强出口商品在国际市场上的竞争力，又有利于保护国内市场，对进口商品按照进口国国产商品相同的税率征税，这样又可以实现无歧视性商品课税，从而有利于商品的国际流动和竞争，推动经济全球化和一体化。

　　不过，增值税也存在着内在的局限性，主要有以下三个方面：（1）增值税具有累退性质。为了满足中性要求，增值税建有广泛的税基，税率上力求采取有限或单一的比例税率，这使其不能适应不同经营规模、不同性质商品、不同经营环节和不同经济地区的差别状况，实行量力赋税。因此，不同收入阶层在商品购买和消费中，实际承担的税负在他们的收入比重中呈现出递减态势，收入越高的阶层负担的税收比例反而越低，从而在事实上形成了一种累退性。（2）税负易于转嫁，税负归宿不确定。增值税本身构成商品销售购买支付额，与其他商品课税一样，纳税人可以通过调整价格，转移税收负担。研究表明，抵扣式的计税制度，使税负向前运动转嫁给消费者，会诱发通货膨胀。税负在流通领域的转移，使它在现实中的最终归宿受到各种市场因素的牵制而难以确定，税收的经济社会效应也变得难以捉摸。（3）税收征管困难。增值税是一个精巧的税种，需要细致的管理和服务。它以增值额为征税对象使它失去了传统商品税简便易行的优点，增加了征管工作量和成本。其抵扣办法虽然提供了购销双方交叉审计、相互监督的机制，同时也产生了巨大的避税逃税利益，容易诱发虚报抵扣税额、伪造倒卖增值税专用发票等犯罪行为。增值税征管上的巨大难度已经成为世界各国，尤其是发展中国家面临的棘手问题。

3. 财产额作为课税客体课税的特征与税收功能

财产是各经济主体经过积累形成的归其所有或支配的财产物资，以其为对象课征的税就是财产税。财产税是以纳税人的财产价值为课税对象的税种，一个完整的财产税制是由对财产、对遗产和对赠予等的课税所组成，因此，财产税类一般包括财产税、遗产税和赠予税等税种，其功能效应有以下一些特征：

从财政功能看，财产税的收入比较稳定，因为根据现存财产的价值课税，一般不受社会经济变动的影响，课征对象相对稳定，因此对其课税，税收收入较为稳定，这是其优点。但是，由于财产课税难以普遍，比如说对不动产和如家具之类少数动产课征较易，而对于其他动产诸如证券票据、贵重物品等价值大者，查实困难，有些国家对这些动产不予课税，因此一般说来，财产税的收入小，而且缺乏弹性，不能随着财政需要的多寡缓急提供资金。

从经济功能看，财产税是根据财产或资本的实际数量或实际价值（纳税人的财产或资本的存量）课征的，而如果纳税人使用其占有的财产，那么就一般不与他人发生经济联系，故没有机会和条件转嫁其税负，因此，财产税具有不易转嫁的特点。另外，对那些不使用的财产课税，又可以促使该财产转移到生产过程中，成为一种生产资源，有利于资源的合理配置，也有利于矫正社会的奢侈浪费之风。此外，财产税在某种程度上，还可以避免过度投机行为。

在税制管理方面，财产税有悠久的历史，曾作为主要的税种，各国人民都有缴纳该税的习惯，因此较之开办其他新税种，省力易行。但是，财产税的管理问题也不少：（1）估价难以确定。财产税一般都是从价计征，而这一价值是估定的，但估定价值的工作是很困难，往往会出现随意估断，甚至会出现徇私舞弊等现象。（2）不同类型的财产为了征税而分为不同的级次，税率和估价比率（估价对市价的比率）可以随着分级不同而改变。如果估价比率不等，在每个财产等级之内，就会出现税收的不平等待遇；如果估价比率随财产的价值、年龄、类型等变化，这会不符合纵向公平准则。

财产税违背纳税能力原则。因为财产不足以作为测度纳税人的纳税能力，在商品货币经济体系中，个人的财富并不完全表现于财产，而主要是所得，但所得的来源和形式多种多样，财产多者也许不能说明其现有所得多，而所得多者，其财产可能很少，故不以财产作为测度纳税能力的依据。

综上可见，财产税固然有其优点，但其缺点也是显而易见的，甚而西方有许多经济学者把它看做是现行税制中最坏的税种。总的说来，财产税在现代税制中是不宜作为主体税种而存在的，但可将它作为辅助税种，用以补充税制系统的不足。

1.4　我国宏观税负的形成原理

宏观税负是指一定时期私人部门因国家课税而放弃的资源总量，通常可用一定时期的政府课税总额或政府课税总额占同期 GDP 的比重加以表示。在市场经济条件下，宏观税负也从总体上代表着政府对整个社会财富的占用程度及在经济中的地位，并因此而成为所有财税问题的核心问题。近年来，我国社会各界对宏观税负问题予以了高度关注，但所采用的研究方法，更多的是根据税负的高低涨落及其他国家的情况来判断我国宏观税负的轻重。显然，这并没有为税负状况的合理判断提供有价值的理论与方法。笔者认为，研究我国宏观税负问题，首先就应研究其形成机理，即哪些因素的作用决定其最终形成，这是其他问题赖以解决的基础。

一般来说，在市场经济条件下，税收收入作为对政府提供公共商品所付财政成本的补偿，与财政支出有着本质的内在联系，二者互为因果。因此，从最基本的意义上讲，一定时期的税收收入量是以财政支出因素为基本前提的。同时，由于税收是对国民收入的再分配，因此，一定时期的税收收入量也与经济发展状况密切相关。但是，由于政府收入结构的多元性、税制的非统一性、税务管理能力的差异性等都将作用于宏观税负的形成，因此，一定时期的宏观税负水平是诸多因素综合作用的结果。这些因素主要包括一定时期政府的职责、公共商品的提供、经济发展状况、非标准化税制实施的范围、政府收入结构和税务管理能力等方面。

1.4.1　一定时期的政府职责

政府职责是政府内在职能的外在表现，它从总体上规定着政府非市场活动的范围。理论上而言，政府的职责或作用范围与市场的作用范围是互补的，但实际的选择中，二者关系的把握是复杂的、多面的，也是多变的。而且，受主客观条件的限制，人们对政府与市场关系的认识也是一个不断深化的过程，由此决定的政府职能运用的范围，即政府的职责也是不断变化发展的。因此，自人类有国家与政府以来，人们看到的一种表象是：不同的国家或政府，以及不同时期的同一国家或政府，其职责存在一定的差异。但总的来说，政府的职责是决定政府支出总规模的基础，因而也是研究宏观税负的逻辑起点。就我国而言，在传统计划经济体制下，政府职责范围的确定遵循"凡是政府能干的都由政府去干"的原则；而在市场经济体制下，其确立的基本原则是"凡是市场能干的都由市场去干，只有市场干不了或干不好的才由政府去干"。显然，这种政府职责范围的不同，对政府的支出范围、结构及对宏观税负的要求都是不同的。

1.4.2 公共商品的提供

由市场缺陷引致、由政治程序决定的政府对公共商品的供给范围，直接影响政府资金的需求量与需求强度，而且，不同的提供方式、提供效率也对财政支出，进而对宏观税负水平产生不同的影响。

（1）公共商品供给范围直接决定一定时期的宏观税负水平。这正如私人购买数量较多的商品需要多付费一样。但公共商品在不同的经济发展阶段、不同的国家乃至不同的社会文化背景下，其范围、规模及形态往往是不相同的。一般的发展趋势是：在物质形态不断发生变化的同时，其范围由小到大，其形态逐渐从有形扩展到无形。例如，现代市场经济中的公共商品已扩展到社会政治、经济、外交、福利、资源开发以及文化发展等各个方面，而且，在物质形态上也越来越多地由有形转为无形。这表明财政支出总量不是一成不变的。

（2）公共商品的提供方式也在较大程度上决定着宏观税负水平。即提供方式不同，提供成本不同，则所付价格不同。例如，公共商品由政府提供改为私人提供、政府收购，或由政府垄断经营改由私人部门供应，或使私人部门与公营部门公开竞争，都将直接影响宏观税负水平的高低。

（3）公共商品的提供效率决定着宏观税负水平。在政府对公共商品的供给范围、供给量经由政治程序决定之后，为提供公共商品，政府需要配备相应的机构和人员，并配置足以使机构和人员运转的资源，也就是说，公共商品的供应需要付出相应的成本。由于整个社会的可用资源是稀缺的，而高效政府与低效政府耗费同样的资源所实现的产出往往存在极大差异，因此，这必然使得消费者消费一定量的公共商品所付的价格也极不相同。换言之，这种成本越高，纳税人消费一定量公共商品所需付出的费用愈高，相应地，所需政府资金供给水平愈高。

1.4.3 一定时期的经济发展状况

在政府支出与税收收入的关系中，如果不考虑其他因素，那么，政府支出是自变量，税收收入则是因变量。但实际上，无论是政府规模，还是政府支出总量，以及相应的税收收入总量的最终确定，都不能脱离一定时期的经济发展水平，即公共需求的增长、税收收入的增加都与一定时期一国的国民收入水平有着很强的相关性，其主要表现在四个方面：

（1）一定时期的税收总量只能来源于同期所创造的社会产品。一般来说，经济发展所创造的物质产品剩余是税收得以产生的基础，税收规模的扩大必须以企业盈利的增加和人均 GDP 的提高为前提。正因如此，大多数发达国家税收占 GDP 的比重较高，而发展中国家这一指标相对较低。它表明，一定时期的税收收入总量要受到经济供给能力的现实约束。

（2）一定时期的税收结构受控于经济结构。产业结构的发展级次以及由低向高的变动趋势，与宏观税源的增长具有较高的相关性。在产业结构链条中处于高端的国家和地区，一般税负水平比较高；反之，在产业链条中处于低端的国家和地区，税负水平较低。当产业结构升级时，税收制度应进行及时的调整，使税源的分布与税收负担的结构相适应，从而达到不同产业间税负水平的相对公平，促进经济增长。由于不同产业适用不同的税种和税率，而各时期、各地区产业结构不同，当高税率的产业比重大时，税收总量就高；反之，当低税率的产业比重大时，税收总量就低。同样，不同所有制结构也影响着税收收入总量。

（3）一定时期政府支出总量的增加，本身就是经济发展所提出的必然要求。在市场经济发展和个人收入增长的初期，收入提高所引起的需求增长，主要集中于私人物品需求的增加，如个人普通消费品、耐用消费品及住房等等；但是，当收入进一步提高、经济进一步发展时，人们对于公共物品的需求便不断地增加起来，不仅是绝对额增加，相对比重也逐步提高。也就是说，随着经济发展、居民收入提高，人们对公共物品的消费需求也会逐步扩大，相应地，也逐渐愿意支付更高的"税价"，以获得公共商品消费的满足。因而，从长期来看，税收规模的发展扩大直接取决于经济的规模与发展。

（4）经济运行质量影响着宏观税负水平。在经济规模一定的前提下，高效益的经济具有更强的增值能力，能够带来更多的产值增值，可以提供更多的现实税源；相反，低效益的经济只能提供有限的税源，从根本上限制税收收入总量的提高。

1.4.4 非标准化税制实施的范围

一国一定时期的税制一般可分为两个部分：一是标准化法规条款部分；二是非标准化法规条款部分。前者以取得财政收入为基本目的；后者是指在执行税制标准化条款的过程中，政府为了引导某类经济活动或资助某些阶层，实施了背离上述标准化法规条款的许多附加规定，即各种税收优惠。

税收优惠政策旨在根据社会经济形势发展变化的需要，配合国家宏观经济政策和社会发展目标，通过让部分纳税人享受国家制定的各项税收政策，使国家经济与社会发展中针对某些产业、地区、行业和社会群体及个人给予的政策性鼓励和照顾措施能够及时有效落实到位，更加充分地发挥税收促进经济增长、调整经济结构、保持社会稳定等方面的作用。

但从另一方面考虑，税收优惠政策减少了政府可供支配的财政收入。税收优惠体现了政府的偏好，其目的不在于取得收入，而是放弃一部分收入，以发挥税收的调节作用，其实施的结果就是税收收入总量的减少。而且，由于税收优惠没有实际的支出程序，尽管在税收法律、法规中对享受税收优惠的对象、范围、条件和申报审批程序做了大量详细、严格的规定，但这种支出分散的特点，无疑会造成在实际操作中的随意性和宽严失度等问题，增加了税收征管难度，抑制税收实际征收率的提高，就这一意义上讲，税收优惠政策也减少了税收收入总量。税收优惠政策可能会导致国民经济不平衡发展。地区性税收优惠政策可能会吸引资金流向不需要倾斜的地区、产业或所有制经济成分，使本来需要资金的地区、产业、所有制经济成份资金缺乏，从而制约这些地区、产业、所有制经济成分的经济快速发展，最后可能导致国民经济的不平衡发展。

1.4.5 政府收入结构

政府收入包括财政收入、预算外收入、制度外收入和社会保障基金收入等。在政府支出范围、项目一定的情况下，政府收入结构或税收在政府收入中的地位对宏观税负产生重大影响，其主要表现在两个方面：

（1）税与费作为政府的两种财政收入形式，二者之间不仅可以相互转换，而且在为一定时期的政府支出提供资金来源的问题上，两者存在替代关系。一是在政府公共支出范围一定的情况下，税与费共同用于满足政府支出的需要。因为就一般的情形而言，税、费的划分与采用，更多的是通过由政府提供的混合商品能否设立排他装置确立的，在易于设立排他装置的混合商品由政府提供的量一定的情况下，费的收入量可替代税收收入量。二是一国不同经济发展阶段上，也存在一定程度的税费收入替代关系。一般来说，在市场经济发展的初级阶段，由于地方经济的区域性较强，而全国经济的总体性较弱，因而对地方性公共商品的需求必然较高，且对其实行排他性收费也相对比较容易，此时，费所占的比重通常相对地可以高一些；反之，费所占的比重相对地可以低一些。

（2）公债与税收作为延期税收与即期税收，二者之间也存在替代关系。因为对于政府来说，与私人的情况类似，借款也是筹措收入、弥补支出的一种可供选择的手段，作为一种政府行为，公债虽然以信用形式出现，但其实质属于财政范畴，本质上是一种延期的税收，因为公债最终仍要通过向公众征税才能清偿，公债使公众今后的税收负担替代了眼前的税收负担。正因为政府借款，使得政府一定时期内能够在不减少私人的实际财富的同时，为公共服务提供资金。因此，从总的方面来看，政府借款和税收是为公共服务筹集资金的两种方法，在一定时期政府公共支出量一定的情况下，二者之间存在替代关系。

1.4.6 税收征管能力

税收征管能力是指税务机关依法督导纳税人正确履行纳税义务，并对税收征纳全过程进行组织、监督和检查的工作能力，包括税收征管模式、税收执法力度、税收信息化水平等方面的综合水平。

税务管理与税收政策、税收制度的实施效果有着密切的关系，一国税收征管能力的大小，应该置于税制改革的中心来考虑。完善的税收征管措施和税收保全措施、税收强制执行措施、税收保证措施以及更为详细的税收征管工作的程序性规定，可以明确税收部门采取这些措施的权力、责任、范围和实施程序，使税收征管工作有法可依。税务征管人员的业务素质和政治素质制约着税收征管水平的提高。能熟练掌握税收业务知识、会查账、懂计算机、通晓外语的较高业务素质，并具有不以情代法、索贿受贿、徇私枉法的高尚政治素质的业务骨干，可大大避免逃税、骗税现象的发生，提高税收实际征收率。先进的征管手段、发达的税收信息网络，可增强增值税的交叉核对审查以及出口退税管理，提高税收征管工作效率。

但是，在许多发展中国家，也正是有限的税收征管能力成为税制改革的束缚。由于对法定的各个税种缺乏管理能力，使得发展中国家税制的表面现象与实际运行情况之间总是存在巨大的差异。因此，税务管理的水平不仅直接决定着税收制度所能形成的实际税收负担及其效应，而且，将直接影响一定时期税收收入的多少，从而在较大程度上决定着宏观税负的高低。其所以如此，是因为税务管理在任何国家都不可避免地在很大程度上反映一国本身特点。在经济发展程度不同的国家，纳税人、征税人的素质不同，税务官员考核的标准不同，税收法治化程度不同，都会导致税收征管能力的不同。在税收征管能力低下的国家，税收收入的理论规模与实际规模、纳税人的理论税负与实际税负都存在较大的差异。

第二章

合理税负的理论研究

税收作为外生于国民经济的经济变量，其任何变化都会对国民经济运行产生影响。一国政府在设计税制和制定政策并通过税收取得财政收入时，必须尽可能地发挥税收对社会经济的积极影响，将消极影响控制在最低限度，实现税收的合理负担。为此，必须遵循一定的规则，这些规则是人类在长期的税收分配实践中所总结出来的经验规律。古往今来，各个经济学派在他们的税收理论中，都贯穿了一条从经济到税收的主线，都自觉不自觉地贯彻了一定的税收原则。为了更好地认识现实经济生活中的税收原则问题，服务于税收促进经济增长和社会发展的需要，我们有必要对税收原则进行历史考察，借鉴其科学、合理部分，并从我国实践出发，确定我国税收负担的基本原则及其相互关系，为进行税收负担量化分析做充分的准备。

2.1 对西方税收原则的分析

经济决定税收，税收反作用于经济，其中税收反作用于经济指的是税收对经济的杠杆调节作用，其核心是通过税收负担来引导经济结构的调整，促进或抑制经济的发展。西方各个经济学派在探讨税收与经济增长的基本关系时，无一例外地都涉及了税收原则和税收负担原则。通过对西方有关学派税收原则的历史考察以及税收原则现代观点的研究，提出确定我国合理宏观税负水平的原则。

2.1.1　西方税收原则的演进

从历史上看，首先比较明确提出税收原则的是英国重商主义学派和德国新官房学派，第一次将税收原则提到理论高度，明确而系统地加以阐述者是英国古典政治经济学家亚当·斯密①，法国经济学家萨伊、德国新历史学派代表瓦格纳等也都提出了税收原则。威廉·配第明确提出征税必须依据一定的原则，他提出税收应贯彻"公平"、"简便"、"节省"三条原则。在他看来，所谓公平，就是税收要对任何人、任何东西"无所偏袒"，税负也不能过重；所谓简便，就是征税手续不能过于烦琐，方法要简明，应尽量给纳税人以便利；所谓节省，就是征税费用不能过多，应尽量注意节约②。德国新官房学派的代表人物尤斯蒂提出了六大税收原则③：（1）促进主动纳税的征税方法；（2）不得侵犯臣民的合理的自由和增加对产业的压力；（3）平等课税；（4）具有明确的法律依据，征收迅速，其间没有不征之处；（5）挑选征收费用最低的商品货物征税；（6）纳税手续简便，税款分期缴纳，时间安排得当。亚当·斯密提出"平等、确实、便利、最少征收费用"四原则：（1）平等原则，即"一切公民，都必须在可能范围内，按照各自能力的比例，即按照各自的国家保护下享得收入的比例，缴纳国赋，以维持政府"④；（2）确实原则，即"各公民应当完纳的赋税必须是确定的，不得随意变更"，这一原则旨在杜绝税务官员的任意专断征税，以及恐吓、勒索等行为，认为税收不确定性比税收不平等对公民的危害更大。（3）便利原则，即"各种赋税完纳的日期以及完纳的方法，须予纳税人以最大的便利"，强调税收征纳的手续应尽量从简；（4）最少征收

———————

①　刘普照：《宏观税负与经济增长相关性研究》，经济科学出版社 2004 年版，第 84 页。

②　威廉·配第：《配第经济著作选读》，商务印书馆 1981 年版，第 72 页。

③　王传纶，高培勇：《当代西方财政经济理论》，商务印书馆 1995 年版，第 227 页。

④　亚当·斯密：《国民财富的性质和原因的研究（下卷）》，商务印书馆 1997 年版，第 384 页。

费用原则，即"一切赋税的征收，须设法使人民所付出的，尽可能等于国家所得的收入"，强调在征税过程中，应当尽量减少不必要的费用开支，所征税收尽量归入国库，使国库收入同人民缴税的差额最小，即征收费用最小。萨伊提出了税收五原则：税率适度原则、节约征收费用原则、各阶层人民负担平等原则、最低程度妨碍生产原则、有利于国民道德提高原则。瓦格纳提出了"四项九端原则"①：（1）财政政策原则，即税收要以供给公共支出、满足政府实现其职能的经费需要为主要目的，也称为财政收入原则，该原则包括收入充分和收入弹性两个具体原则；（2）国民经济原则，即政府征税不应阻碍国民经济的发展，更不能危及税源，在可能的范围内，还应尽可能有助于资本的形成，从而促进国民经济的发展，该原则包括慎选税源和慎选税种两个具体原则。（3）社会正义原则，即税收可能影响社会财富的分配以至影响个人相互间的社会地位和阶级间的相互地位，因而税收的负担应当在各个人和各个阶级之间进行公平的分配，即这一原则又包括普遍和平等两个具体原则；（4）税务行政原则，这一原则体现着对税务行政管理方面的要求，具体包括确实原则、便利原则和最少征收费用原则。这三项原则与斯密的相应原则含义相同，但其最少征收费用原则，不仅要求税务部门的稽征费用要小，而且也应该尽量减少纳税人因纳税而直接负担或间接负担的费用开支。瓦格纳的税收原则要比斯密的税收原则完善得多。

　　在现代市场经济条件下，当代西方经济学界关于税收原则的理论，主要源于凯恩斯主义及福利经济学派的思想，且基本上是围绕着税收在现代经济生活中的职能作用来立论的，并据此从不同的角度提出了多种税收原则。综合起来，比较一致、带有倾向性的提法主要有税收效率原则和税收公平原则。其中，税收效率原则就是要求政府征税有利于资源的有效配置和经济机制的有效运行，提高税务行政的管理效率。它可分为税收的经济效率和税收的行政效率两个方面。政府征税时应当遵循这样一个原则：征税必须使社会承受的额外负担最小，以最小的额外负担换取最大的经济效

---

① 刘普照：《宏观税负与经济增长相关性研究》，经济科学出版社 2004 年版，第 88 页。

率。提高税收的行政效率，一方面应采取先进的管理手段，节约征管方面的人力和物力；另一方面应简化税制，使纳税人容易理解掌握，减少纳税费用。税收公平原则就是指政府征税要使各个纳税人承受的负担与经济状况相适应，并使各个纳税人之间的负担水平保持均衡。在当代西方经济学家看来，税收负担在纳税人之间的公平分配是极其重要的，税收公平原则是设计和实施税收制度的基本原则。它可以从两个方面来把握：一是经济能力或纳税能力相同的人应当缴纳数额相同的税收，即以同等的方式对待条件相同的人，税收不应是有专断的或有差别的，即"横向公平"；二是经济能力或纳税能力不同的人应当缴纳数额不同的税收，即以不同的方式对待条件不同的人，即"纵向公平"。无论横向公平还是纵向公平，都有一个如何衡量公平的问题，西方经济学界对此问题的解释大体有受益原则和负担能力原则。

2.1.2　西方税收原则的归纳及借鉴

尽管西方各经济学派所倡导的税收原则的表述不尽相同，但从其实质内容来讲，都与他们的税收经济思想一脉相承，都是从各国税收制度的实践总结出来的宝贵知识财富，是税收促进经济增长和社会进步的经验积累。这些表述各异的原则基本上可归纳为四大原则，即财政原则、公平原则、适度原则和效率原则。

1. 财政原则

税收本身就是作为政府取得公共收入、满足政府实现其职能需要的手段而产生的，没有公共收入，不仅政府的公共开支没有保障，更谈不上税收其他职能的发挥。自国家产生以来，税收一直是财政收入的重要来源。因此，国家实施各种税收制度，都有财政收入的目的。如果国家的财政收入是无足轻重的，税收也就没有存在和发展的必要。从各国税收制度的实践看，都必须遵循税收的财政原则。

税收财政原则的基本含义是，一国税收制度的建立和变革，都必须有利于保证国家的财政收入，亦即保证国家各方面支出的需要。财政原则最基本的要求就是通过征税获得的收入能充分满足一定时期财政支出的需要。为此，也就要求选择确定合理的税制结构模式，尤其是选择确定税制结构中的主体税种，因为主体税种的收入占整个税收收入的比重最大，从而对税收总收入的影响力度也最大。

税收的财政原则具体要求有二：一是充裕的税源，即政府在选择税种和设计税制时，应注意选择税源充裕而收入可靠的税种作为主体税种，使政府在预算年度内，能以主要的经常收入满足经常支出的需要。因此，税收必须力求收入充裕，税法的制定必须注意选择税源充裕而收入可靠的税种作为主体税种。二是税收收入要有弹性，即税制设计应使税收具有较好的弹性，以保证国家财政收入能与日益增加的国民收入同步增长，而无需通过经常调整税基、变动税率或者开征新税种来增加收入。

2. 公平原则

无论是首先比较明确提出税收原则的英国重商主义学派和德国新官房学派，还是第一次将税收原则提到理论高度的英国古典政治经济学家亚当·斯密，以及法国经济学家萨伊、德国新历史学派代表瓦格纳，乃至于当代西方经济学界，都无一例外地提出公平原则。1676 年，古典经济学家威廉·配第在《政治算术》中首次提出了税收公平原则，尤斯蒂提出纳税必须公平与平等，亚当·斯密更是将平等原则置于税收四原则之首，美国哈佛大学教授、当代著名财政学家理查·马斯格雷夫也提出，"税负的分配应该是公平的，应使每个人支付他'合理的份额'"。

公平最基本的特征要求是，以同等方式对待在同等情况下的同等的人；与此相应，对不同条件的人，必须区别对待，即所谓"横向公平"和"纵向公平"。然而，在现实经济中，要正确区分和确定哪些人条件同等、哪些人条件不等非常困难。例如在税收方面，平等是否意味着社会各成员在收入、支出、财富、总效应，以及他们从以税收为来源的财政支出中得到的利益都完全相同呢？这就向人们提出了以什么为依据或标准来衡量税收的公平性的问题。税收的公平准则以分配公平①为基础，也存在三条准则，即利益原则、机会准则和能力原则。

（1）利益原则

也称受益原则，这一原则要求根据纳税人从税收的使用（即政府提供公共服务）中所得到的利益的大小来确定其应该分担税收负担的份额。享受利益多的人应纳较多的税，反之则缴纳较少的税。这一税负原则来源于自愿交易理论和相对价格理论。

课税时根据利益原则选择税基和税率，其基本理由在于：第一，对许多人而言，作为政府所提供公共品和服务的受益者，按其比例课税是公平的。这种情形类似于私人商品市场的交易规则，容易被大多数人所接受。第二，这种方法可同时决定税收以及政府支出水平，如同在商品市场，人们所愿支付的价格及其所愿购买的数量同时决定，有益于改进公共部门的效率和财政平衡。从直观上看，这一原则有一定的合理性。但是，在现实经济中实行起来存在诸多困难。首先，政府提供的公共物品与劳务大多数属于共同使用的性质，具有消费共享特性，一些人的消费并不减损另一些人的同时使用，因而很难在个人之间划分从公共商品和劳务中所得到的利益来确定分配支出负担的份额。其次，这一原则明显不适应政府用于再分配性质的支出。再次，消费者可能不了解本身的利益，不容易显示其偏好。最后，利益原则不能解决稳定问题。在经济衰退和经济过热时，政府需要分别采用扩张或紧缩政策进行调节；而利益原则与此不适应。由此可见，利益原则只能适用于某些特定的征税范围，而不能推广到所有场合。

---

① 分配公平是社会公平的重要内容，一般分为三条准则。一是天赋准则，即每个人对自己的劳动成果都拥有天赋的权利，并承认和允许个人之间存在能力差别。以此为依据，政府对一些非劳动所得，如由于垄断权、遗产、婚姻、赠予以及社会地位等取得的收入进行适当调整。二是最大效用准则，即社会分配应该为大多数人寻求最大效用或最大幸福，它并不一定是说每个人都必须平等，而是说只要达到每个人的边际效用曲线相同即可。每个人的条件各异，分配政策应有利于鼓励劳动者增加工作，从而享受最大的幸福。三是均等准则，既然有部分人的劳动是相同的，或者说没有太大的差别，那么他们就应该得到同样多的福利。

（2）能力原则

这一原则要求依据纳税人的纳税能力，来确定其应缴纳或负担多少税收，纳税能力强者应多纳税，纳税能力弱者可少纳税，无纳税能力者则不纳税。在实际执行中，以这一原则为标准的公平观念包括两个方面，即横向公平与纵向公平。横向公平要求经济能力相同的人交纳相等的税额；纵向公平要求经济能力不相等的人应当交纳不相等的税款。依据上述公平观念，如何把握好横向公平和纵向公平的尺度，需要解决判别和衡量经济能力的标准问题。

关于经济能力测度的标准，在西方税收理论中并未达成共识。由于财富多用收入、财产和支出来表示，纳税人的纳税能力的测度，也就可具体分为收入、财产和支出三种尺度。以净收入作为衡量纳税人负担能力的尺度被认为比较全面切实可行。一个人或一个公司的所得最能反映出这个人或公司的纳税能力，采取累进课税方法，能够兼顾横向公平和纵向公平。这正是众多国家选择所得税作为主体税的重要原因。但是以净收入为标准也有一些问题，比如实物收入及其他隐性收入无法课税；在所得相同的情况下，资本等生产要素的占有差别不能体现出来，按所得同等纳税也存在不公现象。以支出作为测量纳税能力标准，消费支出反映了纳税人的实际支付能力，从理论上看，消费支出由纳税人的实际可支配收入所决定。但是这一标准是不全面的，其重要的缺陷在于支出并不包括储蓄部分，尽管对支出课税有利于储蓄，但就负担能力来说则是不公平的。而且，支出有可能来源于借债，这时以支出课税就显得不公平。再者，按支出课税还会延误征税。以财产作为衡量纳税能力的标准，财产作为收入的"积累"，无疑也反映了纳税人的纳税能力。一方面纳税人可以利用财产赚取收入，拥有和使用财产本身也可使其产生某种满足；另一方面，纳税人因财产的继承和受赠而增加其纳税能力。但这一标准是不全面的，例如，数额相等的财产并不一定会给纳税人带来相等的收益；财产中的动产与不动产结构不同或负债与无债等情况，会导致课税不公。

另外，有些学者主张以纳税人因纳税而感受的牺牲程度作为测度其纳税能力的准尺。具体来说，以纳税人纳税前后对财富满足（或收益）的差量为标准，如果政府课税能使每个纳税人所感受到的牺牲程度相同，则表明课征的税负同纳税人的纳税能力相符，税负就是公平的。在具体的征收过程中，有三种尺度可供选择，即绝对牺牲、比例牺牲和最小牺牲。

由此可见，在衡量纳税人的负担能力方面，任何单一的衡量尺度，无论是收入尺度，还是支出、财产等其他尺度，都是不全面的，以此为依据进行的课税必然有失公平。因此，在贯彻公平原则中，应该以收入标尺为准，财产和支出标尺为辅，方能形成充分体现公平税负的税制体系。

（3）机会准则

机会准则是指税收负担按纳税人取得收入机会的大小来分摊，具体来说，就是按纳税人支配的生产要素的量来分摊。持这种主张的学者认为，如果纳税人支配的生产要素相等，在平均资金利润率决定价格的条件下，就是获得收入的机会均等，按赢利机会来分摊税收有利于促进竞争。西方经济学将收入看成是要素的报酬，以生产要素占有量作为标准，在理论上是成立的，但在实践中缺乏可行性。一是生产要素拥有量的多少与经营者盈利量多少并不完全一致，撇开经营者的主观因素，在客观上由于价格政策、投资地区等因素的差别，会使生产要素占有量相同的两个企业，其盈利水平却不相同。二是生产要素赢利机会的测度是困难的，例如劳动者的素质、生产设备的先进程度、气候等自然因素对赢利机会的影响难以测度。三是按生产要素分摊税负，必然存在税负与价值创造相脱节的情况，典型的情况是企业发生亏损，按生产要素标准，仍要对其征税，这显然是不公平的。如果以收入作为测度纳税人纳税能力的基本标尺，而将机会准则作为对收入准则的补充，则能较全面反映纳税能力。但若以机会准则作为主要的或唯一的，则不可能实现税负的公平。

3. 适度原则

国家不能无税，否则社会的公共需要就无法满足，国家机器将无法运转；但也不可征税过度，否则社会经济的发展将因税负过重而停滞不前。

法国经济学家萨伊首次明确提出税率适度原则，其他学派虽未明确提出税率适度的原则，但在他们的税收思想中都包含着适度税收的思想。德国新官房学派认为征税不得侵犯臣民的合理自由和增加对产业的压力。威廉·配第认为过分征收赋税，使国家资本的生产力相应地减少，是国家的损失，因而反对重税负。李嘉图认为，"凡属税赋都有减少资本积累能力的趋势"[1]，资本积累减少必然导致经济增长速度的下降，如果任其发展下去，人民和国家的资源就会日益迅速地趋于枯竭，贫困和灾殃就会随之而来，因而他反对重税。

对适度税负的理论分析最具说服力的，当数拉弗曲线。"拉弗曲线"（图2-1）首先展示了这样一种现象，当税负（税率）为0时，政府的税收收入为0；当税率为100%时，政府的税收收入也为0。在图2-1的左边，随着税率的提高，如由t_2到t_1，政府的税收收入逐步增加，由T_2到T_1（C点到A点）。当税率提高到t_m时，政府的税收收入最多，为T_m（E点）。如果税率进一步提高（在图2-1的右边），政府的税收收入不仅不增加，反而逐步减少。例如，当税率由t_m提高到t'_2时，政府的税收收入由T_m减为T_2（E点到D点）。

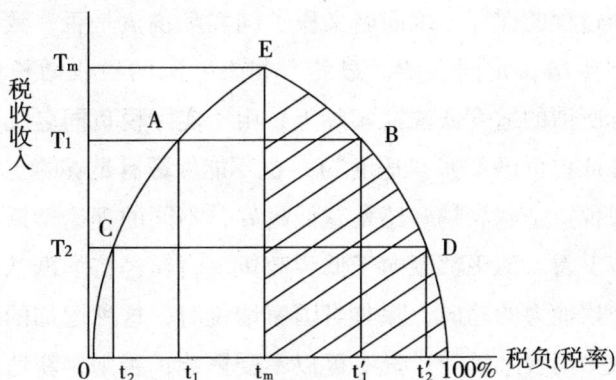

图2-1 拉弗曲线图

值得注意的是，在图2-1左右两边的A点与B点或C点与D点，一为高税负，另一为低税负，由于它们对经济增长具有不同的影响，因而尽管税负相差悬殊，但政府的税收收入相同。图2-1中的E点则是一个最佳税率（税负）点，无疑，它并不是一个具体的数，更不是50%。总的看

_____

① 李嘉图：《政治经济学及赋税原理》，商务印书馆1983年版，第129页。

来，图 2 - 1 右边阴影部分为税率禁区，政府不应选择高税率与低税收收入这样的课税方式。

由"拉弗曲线"所表明的税收思想我们不难看到，低税负不一定就导致政府税收的低收入，只要是实行适度的低税（如选择图 2 - 1 中的 A 点而不是 C 点），完全能够保证政府取得足够的税收收入。而如果能选择到图 2 - 1 所示的最佳税率点 E，则不仅税负不高，并且能使政府取得最多的税收收入。

当然，这里的分析基于这样一个前提，即一国实现了税收与经济的同步增长，或者说名义税负同实际税负基本一致。我们知道，名义税负（有别于名义税率）由税制所设定，一般说来，一国的税制一经确立，并且相对稳定，其名义税负即相应形成；而实际税负则表现为税制执行以后的结果，如果税制在执行过程中由于征纳双方的原因偏离过多，则名义税负同实际税负之间必然也将出现较大的偏差。由于现代国家的税制大多实现了对经济运行全过程的课征，因而名义税负同实际税负是否一致和税收与经济是否实现同步增长是同义语。显然，如果一国的税收增长慢于经济增长，即使实行所谓的适度低税（实际上，由于实际税负同名义税负出现较大偏差，这种低税负已不够"适度"），也不能保证有足够的税收收入。

关于宏观税负是越高越好还是越低越好，不同的理论学派有不同的观点，但从总体上看，似乎都倾向于低税政策。古典经济学派认为，赋税都有减少资本积累能力的趋向，除非当国家增税时，这种增加的税负是人民增加生产或减少消费来承受，资本可以不受影响；否则，新增的税负必然要落在资本上面，一国的生产量会随着资本的减少而成比例地减少，阻碍经济增长。凯恩斯学派认为，税收是调节经济运行的重要杠杆，政府应以保持经济稳定增长作为确定税负的政策目标。尽管如此，在凯恩斯主义的乘数理论中，税收对总产出的乘数效应是负的，即对经济是紧缩的。供给学派更是认为高税负特别是较高的边际税率，妨碍了经济活动的水平和增长率。曾任世界银行工业部顾问的马斯顿认为，税负与经济增长之间的基本关系是：低税国的投资增长率大于高税国；低税国的劳动力增长率大于高税国；低税国的国内生产总值增长率大于高税国。由此得出的总体结论是，低税使投资、工作等都具有较高的税后收益，这将对一国的经济增长起到积极的作用。

4. 效率原则

最早提出税收效率原则的经济学家是英国新古典学派奠基人和主要代表的阿尔弗里德·马歇尔（A. Marshall）[1]。他运用近代效用理论，首次详细地分析了税收可能带来的效率损失，提出了税收额外负担概念，阐述了他的税收效率原则。此后，不少古典学派经济学家也致力于这方面的研究，使税收效率原则逐步完善。现代西方经济学家关于效率原则的研究，从基本含义上讲，与新古典学派的观点基本一致[2]。

（1）效率原则的经济含义

效率的经济含义是多方面的，诸如在宏观经济方面，表现为资源的有效配置，国民经济的稳定增长；在微观经济方面，表现为微观经济单位经济效益的提高，等等。现代税收理论一般把税收的效率原则概括为三个方面。一是从资源配置角度，税收分配有利于资源有效配置，使社会从可用资源中获得最大利润。在这方面，西方税收理论多用意大利经济学家帕累托的效率准则来解说税收效率的经济含义，即经济活动上的某种改进和措施必须使所得大于所失，或者是从全社会看必须使得者的所得多于失者的所失。二是从经济运行机制角度来看，税收分配要有利于经济运行，促进国民经济稳定增长和微观经济效益的提高。政府征税要遵循效率原则，使社会承受的超额负担最小，并以较小的税收成本换取较大的所得（即效率）。三是税务行政效率，指在征税过程中所支出的费用占收入的比例。威廉·配第提出了"简便、节省"原则；尤斯蒂提出赋税不应危害人民的生活和工商业，也不应不正当地限制人民的自由，征课的费用不能过度；亚当·斯密提出了最少征收费用的原则；现代税收学家也强调税收行政效率。

由此可见，税收的效率可概括为两个方面：税收的经济效率和税收的

---

① 樊丽明：《西方国家财政税收论纲》，山东大学出版社1996年版，第112页。

② 刘普照：《宏观税负与经济增长相关性研究》，经济科学出版社2004年版，第88页。

行政效率。贯彻税收的效率原则是税制改革的核心，它涉及税种的选择、税率的设计以及税收管理制度、管理手段、管理水平。由于税收对效率的影响是多方面、多层次的，因此，贯彻税率原则不能只考虑微观效率，而必须坚持微观效率与宏观效率的统一；坚持社会经济效率与税务行政效率的统一；坚持长远效率与短期效率的统一。

（2）税收的经济效率

在经济学中，税收造成了价格的扭曲，从而使生产者得到的价格低于消费者支付的价格，这样，价格便不能真实反映边际成本和边际效用，因此，征税损害了价格作为引导资源有效配置的信号作用，价格的变化又引起私人对消费、生产和投资动机的改变，又减少了征税以前经济选择所能取得的经济福利，造成了额外的经济效率损失，被称之为税收的额外损失。因而，税收的经济效率主要考察的是如何使征税所造成的税收额外负担最小。

税收的额外负担可分为两类：一是资源配置方面的额外负担。政府征税一方面减少私人部门支出，另一方面又增加政府部门支出。若因征税而导致私人经济利益损失大于因征税而增加的社会经济利益，即发生税收在资源配置方面的额外负担。二是经济运行机制方面的额外负担。税收作为一种强制和无偿的国家占有，总会对纳税人的经济行为发生影响。若因征税对市场经济的运行发生了不良影响，干扰了私人消费和生产的正常或最佳决策，同时相对价格和个人行为方式随之变更，即发生税收在经济运行机制运行方面的额外负担。税收的额外负担越大，意味着给社会带来的消极影响越大。

在西方税收理论中，习惯于用需求曲线、供给曲线、消费者剩余等理论来解说和测度税收的额外负担，用于计算税收额外负担的公式为：

$$\omega = \frac{1}{2}\eta \cdot p \cdot Q_1 \cdot t^2$$

公式中，ω 代表税收的额外负担，η 是对商品供求的价格弹性的绝对值。p、Q_1 分别是征税前的均衡价格和均衡产量，t 为国家征收的税率。由上述公式可知，影响税收额外负担的主要因素是应税商品的需求弹性、征税前用于该商品的支出额以及税率，这些因素都与税收额外负担呈正方向变动，而且，税收额外负担按着税率的平方而变动，因而，随着税率的提高，税收的额外负担以更大的比例增加。

进一步，我们还可以测度出税收的效率损失程度，通常被称为税收的效率损失比率（efficiency loss ratio）。其计算公式如下：

税收效率损失比率＝额外负担／征税收入×100%

税收效率损失比率表示政府征收每1元税收所估计造成的效率损失。通过计算比较不同税种的效率损失比率，可以帮助决策者选择和设计合理的税收结构体系。

政府征税应当遵循这样一个原则：征税必须使社会承受的额外负担最小，以最小的额外负担换取最大的经济效率。

（3）税收的行政效率

税收的行政效率可以从征税费用和纳税费用两个方面考察。征税费用是指税务部门在征税过程中所发生的各种费用。如税务机关的房屋建筑、设置购置和日常办公所需的费用，税务人员的工薪支出等。这些费用占所征税额的比重即为征税效率。征税效率的高低与税务机关本身的工作效率密切相关，而且对于不同的税种，其征税效率也存在差异。一般而言，所得税的征收，单位税额所耗费的征税费用最高，增值税次之；而按销售额征税的销售税，单位税额耗费的征收费用又低于增值税。纳税费用是纳税人依法办理纳税事务所发生的费用。如纳税人完成纳税申报所花费的时间和交通费用，纳税人雇用税务顾问、会计师所花费的费用，公司为个人代扣代缴税款所花费的费用，等等。相对于征税费用而言，纳税费用的计算比较困难，因为纳税申报的时间很难折算成货币。因此，有人将纳税费用称为"税收隐蔽费用"。从经验上讲，纳税费用通常高于征税费用。

政府征税应当遵循这样一个原则：一方面应采取先进的征管手段，节约征管方面的人力和物力；另一方面，应简化税制，使纳税人容易理解掌握，减少纳税费用，最终使征纳费用最低，提高税收的行政效率。

2.2　对我国税收原则的分析

新中国成立后，随着经济制度的变革和经济体制的改革，我国的税收制度经历了多次重大改革。每次税制改革由于所处的历史条件不同，其所确定的税收原则也不尽相同。对这些税收原则进行去粗取精、去伪存真的提炼和总结，对我国当前乃至今后的税收改革会提供重要的参考。

2.2.1　对我国税制改革的简要回顾

改革开放前，我国的税收制度大体经历了三次重大改革：第一次是新中国成立之初的 1950 年，在总结老解放区经验和清理旧中国税收制度的基础上建立的中华人民共和国新税制。这个时期国家的税收政策是"以保障人民战争的供给、照顾生产的恢复和发展及国家建设的需要为原则，简化税制，实行合理负担"。对农业税收制度的建设提出的主要任务是：根据中央政府规定的原则和各地的具体情况，逐步建立健全农业税的各项制度，适当减轻农民负担，促进农业生产发展。提出"农民负担远超过工商业者的负担，为使负担公平合理，应依据合理负担的原则，适当地平衡城乡负担"。但这一时期，由于经济所有制结构的变化，特别是国营经济的发展和国有企业上缴利润制度的施行，税收占财政收入的比重从 1950 年的 75.2% 下降到 1957 年的 49.9%，下降了 25.3 个百分点。第二次是 1958 年税制改革，这次税制改革是根据我国生产资料所有制方面的社会主义改造基本完成以后的政治、经济形势的需要实施的。这一时期，"非税论"对于我国税制的影响已经初见端倪，税收在政治经济生活中的地位、作用开始下降。第三次税制改革是 1968 年开始到 1973 年完成的。这一时期，"税收无用论"思想盛行，税收制度建设受到严重破坏，税收收入占财政收入的比重进一步大幅度下降，最低点只有 35.6%。后来虽有所回升，但是到 1978 年也只有 45.9%。总之，改革开放以前，由于实行的是以公有制为主体的高度计划经济，税负问题只是在建国初期的税收制度设计方面有所体现，税收只是组织财政收入的一种手段，税负问题的理论研究完全是一片空白。

改革开放后，随着我国计划经济体制向市场经济体制的转变，我国的税收制度又经历了两次重大改革。第一次税制改革是1991年以前为适应有计划的商品经济体制需要而进行的税制调整，特别是两步"利改税"的实施，不仅使税收的财政职能得到了加强，税收收入占财政收入的比重从1982年的57.7%上升到1991年的94.9%，上升了37.2个百分点。同时，税收的经济调节功能也得到了初步的发挥。第二次税制改革是1994年施行的新税制。这次税制改革的指导思想是：统一税法，公平税负，简化税制，合理分权，理顺分配关系，保障财政收入，建立适应社会主义市场经济要求的税制体系。这次税制改革的基本原则是：要有利于加强中央的宏观调控能力；有利于发挥税收调节个人收入差距和地区间经济发展差距的作用；体现公平税负，促进平等竞争；体现国家产业政策，促进经济结构的有效调整和国民经济总体效益的提高；简化、规范税制。

2.2.2　我国的税收原则

通过对我国历次税制改革的简要回顾，认真总结历次税制改革所确定的税收原则的合理成分，同时借鉴西方税收原则理论，依据我国经济所处发展阶段，以及我国谋求经济增长、继续保持较高的经济发展速度的奋斗目标，我国现阶段的税收制度的制定应体现财政原则、效率原则、公平原则和适度原则。

1. 财政原则

在我国税收制度建立和发展过程中，可以说一直遵循税收的财政原则。建国初期，国家面临着繁重的恢复和发展经济的任务，需要筹集大量的资金，针对这一情况提出税收应以保证革命战争的供给，照顾生产的恢复和发展以及国家建设的需要为原则，简化税制，实行合理负担，这一时期将保证财政收入或支出需要摆在首要地位。在生产资料所有制的社会改造基本完成以后至改革开放之前，我国税制几经简化合并，虽然税收工作受到很大削弱，但税收收入仍占财政收入的50%①，这说明政府仍将保证财政收入作为税收的一个重要原则。改革开放以来，税收对经济和社会发展的影响日益受到人们的重视，税收制度经过改革也逐步趋于规范和完善，虽然效率、公平原则被广泛重视，但仍将财政原则作为一个重要的税收原则，因为财政职能的发挥，财政困难的化解，很大程度上取决于税收收入能否有更大幅度的增长。

财政原则的基本要求是税收收入能够充分满足一定时期财政支出的需要，为此，就要求选择确定合理的税制结构模式，尤其是选择确定税制结构中的主体税种。在我国目前阶段，流转税是税制中的主要税种，占税收总收入的60%以上。这是与中国作为发展中国家的国情以及历史渊源分不开的。在今后相当长的一段时期内，我国仍保持这个税种的主体地位。我国应该进一步完善由增值税、消费税和营业税等组成的流转税体系，流转税为第一主体的地位不能动摇。财政原则的第二个要求，即税收收入要有弹性，税制设计应当使税收具有较好的弹性，一般来说，应使税收收入弹性大于1；而所得税具有累进性，可以很好地贯彻这一要求。目前，所得税是我国税制的第二主体税种，为适应市场经济不断发展的要求，我们应不断完善企业所得税、个人所得税等税种，逐步提高税收收入弹性较好的税种地位。

2. 效率原则

税收征收必须讲效率。税收作为国民经济的外生变量，其任何变化都会对国民经济运行产生影响。一国政府在设计税制和制定税收政策时必须尽可能地发挥其对社会经济的积极影响，将其消极影响降到最低。在现代市场经济条件下，坚持税收效率原则的目的主要有两方面：一是体现经济效率的要求，使税收之外的负担最小化和税收额外收益最大化，促进经济效率的提高；二是税收本身运行中的效率，其目的是减少征税和纳税费用，用最小的成本取得最大的收入。

---

① 袁振宇等：《税收经济学》，中国人民大学出版社1995年版，第27页。

对商品课税之所以会造成效率损失，根本原因在于它改变了商品的相对价格，因此一些西方经济学家认为税收应当是中性的，不应当干预经济活动和资源配置。但税收的中性原则即使在那些市场经济发达的国家，也只是一个理想的原则，在实践中没有一个国家能完全遵循这一原则。我国是发展中国家，而且过去一直实行计划管理模式，目前市场经济发达程度还较低，价格信号还不能完全引导资源配置。因此，还应审时度势，运用税收杠杆对资源配置、储蓄和资本形成进行调节，使税收负担最小化，提高税收的经济效率。另外，还应当提高税收的行政效率，尽量节约征税、纳税过程中人力、物力和财力的消耗，为此要做到确实、便利和节约。确实是指民意机关要参与税收立法，税收一经确立，财政税务机关必须依法征税，不得任意行事。征纳双方对一切征税事宜必须明确和清楚，避免不必要的纷争。便利是指税收的缴纳时间和方法都要尽可能地使纳税人感到便利，不使纳税人因纳税而增加额外负担。节约是指税务机关的征收管理费用力求节省，使名义税负与实际税负之差趋于最小。

3. 公平原则

税收征收必须讲公平。在我国，除了十年动乱时期外，其他时期也强调公平政策。建国初期，《中国人民政治协商会议共同纲领》规定："国家税收政策应以保障革命战争的供给，照顾生产的恢复和发展及国家建设的需要为原则，简化税制，实行合理负担。"1953 年开始"一化三改"，虽然，政策要求税负公平，但因当时需要实行区别对待的政策对非社会主义经济进行改造，事实上未能实现。1957 年对私营经济改造结束以后，经济成分单一，认为国有企业上交税利两种形式没有实质上的差别，社会主义税收本身就是公平的。因此，一味简化税制，并以利代税，偏离了公平政策目标。十一届三中全会以后，经济多元化的发展，再次将税负公平问题摆到了政策决策者的面前，我国税收理论界也对税负公平问题进行了深入研究，例如横向公平和纵向公平的问题，在 1994 年新税制，明确"统一税法，公平税负，简化税制"作为基本指导思想。可见，公平原则是我国税收实践中必须遵循的税收原则。坚持税收公平原则的目的：一是普遍征税，对所有有纳税能力的人都应征税，不存在特权阶层，做到"横向公平"；二是平等征税，国家在征税时应使每个纳税人的税收负担与其经济状况和纳税能力相适应，并使多个纳税人之间的税收负担水平保持均衡，做到"纵向公平"。

4. 适度原则

从经济的角度，特别是从税收原则的角度来讲，适度征收，主要是指宏观税收负担水平的确定，要与一个国家的生产力发展水平和经济发展水平相适应。由于社会经济现象的复杂性和多变性，我们很难计算一个国家宏观税负是否适度的具体标准，但是，我们仍然可以从理论上对宏观税负是否适度给予一定的判别。笔者认为衡量宏观税负是否适度应有以下三个标准：一是生产力标准，二是财政标准，三是人民生活标准。生产力标准是指税收分配应有益于宏观经济增长，而不是对经济增长起阻碍作用，这实际上又可称为经济标准。财政标准是指税收应有助于财政职能的充分实现，即税收应尽可能地满足政府财政支出的正常需要。人民生活标准是指宏观税负的确定要充分考虑人民的可负担能力，兼顾国家建设与人民生活。显然，经济标准与财政标准是衡量税负是否合理的两个基本标准，人民生活标准则是经济标准与财政标准的综合反映。

从经济增长的角度来讲，适度的税负应对经济增长起积极的促进作用，这要求实行低税；从财政的角度来讲，适度的税负首先应当能够保证筹集到政府为实现其职能所必需的财力，这要求税负应适当（不能低于必需的水平）。必须指出的是，经济增长的实现为税收筹集财政资金提供了根本保证，而有效地实现政府职能又将对经济增长起促进作用。因此，适度税负的经济与财政这两个衡量标准具有内在的一致性，都要求宏观税负要控制在一个合理的限度范围内。

由于客观政治经济条件的变化，适度税负的含义、标准和侧重点也在变化。具体而言，我国目前的适度税负原则就是"取之有度而民不伤"，即总体税负应本着兼顾需要与可能、总量适度的思想来确定，既满足国家需要的财政支出，又能促进国民经济持续、健康、稳定增长。同时，兼顾国家、集体、个人三者利益关系，正确处理三者在分配中的比例关系，调动企业和职工的积极性，促进社会生产力的发展。

税率的设计必须适度，不能过高。税率的高低直接关系到税负的轻重，也往往是税收利弊得失的关键所在。就直接税而言，税率的高低不当，会直接造成纳税人的税负轻重失衡，进而影响其消费、储蓄和投资能力，最终导致国民经济发展失调。就间接税而言，税率同物价水平直接相关，税率的高低失当，会直接影响市场的供求状况，使社会资源无效率地转移，最终将影响生产发展。为此，直接税的税率设计应注意同纳税人的纳税能力相适应，纳税能力强者应多纳税，纳税能力弱者应少纳税，无纳税能力者不纳税。间接税的税率设计应注意课税商品的需求弹性，避免因征税而使生产和消费失去平衡。

5. 正确处理公平与效率之间的关系

在税收理论与实践中，如何组合公平与效率的关系始终是个难题。在当代西方经济学中形成了两大思潮的对立：凡主张自由经济、重视市场经济作用的学者，都将效率放在优先地位，如货币学派、新自由主义学派；凡是主张国家干预、强调政府经济作用的学者通常把公平放在优先地位。在我国税收理论界对公平与效率的组合存在三种观点。一是公平与效率并重，同时兼顾、相互一致的组合。在税收分配中，既能使税负公平，使收入分配的差距控制在合理的限度内，又能促进劳动者和生产经营者的积极性，这是一种理想状态，但在现实中很难把握。二是效率优先、公平为辅的组合。在税制设置和税收政策的制定中，要求将效率原则放在首位，以牺牲一定的公平为代价来换取效率的提高。从理论上讲，效率优先、兼顾公平的组合适应用这样的社会经济条件：社会经济中突出的矛盾是一方面边际税率过高，抑制了劳动者和生产经营者的积极性；另一方面，政府通过高税收取得的收入为国民提供高标准的社会福利或津贴，出现平均主义大锅饭或自愿失业、资本外流，阻碍了经济增长。三是公平优先、效率为辅的组合。税制设置和税收政策的制定将公平原则放在首位，以牺牲一定的效率换取收入分配的公平。这种组合适用于社会经济中收入分配严重不公而危及经济稳定，甚至社会政局稳定的情况；或是经济高度发展，但财富的分配差距过大已反过来阻碍经济效率进一步提高的情况。

　　无论是何种组合，其最终目的都是促进经济增长、社会稳定，因而，将公平原则与效率原则综合考虑，制定经济增长原则，此原则重点在于正确处理效率与公平的关系，最终促进经济增长。经济增长的基本原则是效率优先，兼顾公平。

　　效率与公平的最佳组合促进经济增长，这是因为：（1）效率原则与公平原则所要求的方向相反。在国民收入初次分配中，企业之间、个人之间都会因为经营效率和劳动效率方面的差别而形成收入差别，直接体现了效率上的差别，而这种差别是需要特别加以保护的，因为对于纳税人而言，由于效率高而多得的好处必须大部分留归纳税人，否则就会抑制纳税人继续投资和提高效率的积极性，从而抑制经济增长；而公平原则坚持的是普遍征税，对所有有纳税能力的人都应征税，追求横向公平，而且坚持平等纳税，国家在征税时应使每一个纳税人的纳税负担与其经济状况和纳税能力相适应，并使多个纳税人之间的税收负担水平保持均衡，追求纵向公平。可见，效率原则和公平原则在方向上是相反的，只讲公平、不讲效率会影响经济的发展，只讲效率、不讲公平会影响社会安定，最终也不利于经济的发展。（2）税收的效率和公平是相互促进、互为条件的统一体。效率是公平的前提，如果税收活动阻碍了经济的发展，影响了 GDP 的增长，尽管税收是公平的，也毫无意义；公平是效率的必要条件，尽管公平必须以效率为前提，但失去公平的税收也不会提高效率。人们的公平感是与资源的稀缺性相联系的，在物质财富、公共产品不甚丰富的情况下，人们的公平感相对来说更强烈，就这一意义而言，效率是公平的基础，公平的实现有赖于效率的提高，以及由此带来的物质产品的极大丰富。收入差距过大最终将损害社会经济的整体效率，妨碍社会生产力的健康发展。

　　在建立社会主义市场经济体制的过程中，税收制度建设必须始终坚持效率优先、兼顾公平的原则。全面实现税收的各项职能，努力调动和保护好社会各界发展生产力的积极性，实现国民经济和社会生产力的快速发展，实现共同富裕，逐步解决收入分配不公问题。具体的税收政策可依据税种的不同特点、所处的环节和它们所蕴含的公平与效率要素，确定其在贯彻公平与效率目标时的相对取舍，并通过所有不同税种公平与效率要素的相互配合，最终形成效率优先、兼顾公平的总体政策取向。

2.3 税负的影响因素

税收的财政原则要求税收收入能够充分满足一定时期财政支出的需要；税收效率原则要求税收作为国民经济的外生变量，其任何变化都会对国民经济运行产生影响。一国政府在设计税制和制定税收政策时必须尽可能地发挥其对社会经济的积极影响，将其消极影响降到最低。显然，税收首先应当拿得出，其次应当够用。拿得出是从社会剩余产品总价值中拿，因而影响社会剩余产品价值的经济因素、制度性因素都是税收负担水平的影响因素，而且名义税收与实际税收差异较大，这主要取决于税务部门的征管能力；够用就是能够一定时期财政支出所需，而一定时期的财政支出量又是由政府的职能范围决定的。因而本文认为影响税收负担水平的主要因素包括经济性因素、制度性因素、征管能力和政府职能范围。

2.3.1 经济性因素

经济决定税收。经济发展水平和经济运行质量决定税收的规模和增长速度，同时经济结构决定税收收入结构。经济性因素是影响税收负担水平最重要的因素。

经济发展水平是影响税收负担水平的决定性因素。经济发展水平反映出一国经济实力的强弱。一国经济发展水平越高，社会产品就越丰富，人均 GDP 水平就越高，税基就比较宽广厚实，经济对税收的承受力就较强；反之，经济发展水平低，社会产品不丰富，社会剩余产品少，企业利润和个人收入都比较低，而税收主要是对社会剩余产品进行分配，纳税人税负能力减弱，税收收入必然随之减少，否则只能是"竭泽而渔"，最终损害经济的持续稳定发展。一般而言，发达国家税收负担水平较高，发展中国家税收负担水平较低。

　　经济的运行质量与税收负担水平密切相关。在经济发展水平一定的条件下，提高经济的运行质量，可提供更多的现实税源，使经济对税收的承受力增强。经济运行质量可从投资的效率和资产的增值能力两个方面来衡量。投资的增长率越高，投资的回收期越短，投资的回报率越高，经济对税收的承受能力越强，提高税负的潜力就越大。资产的增值能力是反映经济运行效率的一个重要指标。如果投资是在低水平上重复进行，资产的增值率在低水平上运行，提高税收负担水平的余地就较小；如果投资是在高水平上进行，以低投入和低消耗求得高质量和高效率，同等的经济增量可提供更多的税收收入，宏观税负就会相应增长。

　　经济结构影响税负水平。由于不同产业部门和不同产品的盈利水平不同，向政府提供的税收数量也不同。如果盈利水平高的产业部门或产品占整个国民经济的比重大，就会使整个国民经济的宏观效益提高，就会使经济对税收的承受能力增强，因而政府提高税收负担水平就有潜在的能力；反之，如果盈利水平低的产业部门或产品占整个国民经济的比重大，就会使整个国民经济的宏观效益低下，因而承担税负的能力就弱，政府要适度地提高税收负担水平就会受到制约。一般而言，在农业占主导地位、轻工业初步发展、并处于辅助地位的产业结构条件下，GDP 增长受土地及自然条件约束较强，宏观税源增长缓慢且不稳定，税收增长率缺乏弹性，发展中国家多属这种产业结构。在发达国家，农业则不占主导地位，工业占主导地位，农业进一步发展但比重下降，第三产业占有一席之地，但所占比重有限，这种产业结构条件下，GDP 增长受自然条件约束相对减弱，资本、技术、人力资本成为影响 GDP 及税源的主要因素，税收增长弹性增强。在以第三产业，即金融、贸易、服务业等占主导地位，第一产业、第二产业高度发展但比重不断下降的产业结构条件下，以科学和技术的研究开发为基础，以人的知识、技能、经验、智力为主要依托的服务业在经济发展中逐步占据主导地位，税收增长弹性充足，税基宽广，税源丰富。

2.3.2 制度性因素

税收分配的实质体现了一定的分配关系。在税负运动过程中，所有制通过制约税制结构和税收分配中所有制比例，来对税负水平发挥着直接的影响。首先，不同制度国家的税制结构不同。所有制经济的差别导致不同社会经济制度国家国民经济运行的特殊性。在以私有制为基础的市场经济中，国民收入首先表现市场决定的要素报酬。国民收入的分配首先全部分配给个人，形成个人收入，由个人依法纳税，税后可支配收入安排消费、投资等支出。这就为个人所得税成为主体税种提供了经济前提。国家运用税收杠杆调节税收总量，从而达到调节经济的目的。在公有制经济中，大部分经济资源为公有，个人除拥有劳动资源以外，其他财产占有量极少。国民收入分配首先是在国家所有者、法人所有者和个人之间进行，形成积累基金和消费基金的基本比例。个人收入主要来自按劳分配收入，来源于利息、红利及其他所得部分有限。这就使个人所得税税基的广泛性受到一定限制，个人所得税便失去了主导地位。由于个人很少直接进行生产性投资，企业和政府是主导的积累主体，因而，在宏观调控中往往只能采用流转税与价格杠杆和产业政策的综合运用，调节资源配置结构。其次，同一国家不同时期所有制结构的发展变化，会带动税制结构相应变化。以我国为例，建国初期，多种所有制形式并存，为了调节各种所有制经济，使其在社会主义经济中发挥积极作用，在税制结构上采取"多种税、多次征"的办法，对同一商品在流转过程中征收几种税；同一种税在商品流转的不同环节几次重复征收。1958年以后，形成了单一的公有制结构，税制被简化成单一的工商税制，税收分配几乎被利润上缴完全取代。十一届三中全会以来，税收适应多种所有制经济改革和发展的需要，实行差别政策。

税收制度制定得合理与否影响着税收负担水平。一般说来，一国税收制度的税种设计、税制结构、税率设计、优惠政策等方面的设计，都会对该国的税收负担水平产生直接的影响。主体税种选择上的差异和不同税种自身的特点，是影响宏观税负水平的重要因素。当各种税率保持在一个较合理的程度上，税种设置得多，将使征税范围变宽、税基扩大，税收收入就会增加。同时，在税制设计中，主体税种和辅助税种的不同选择和搭配，对宏观税负水平的影响也比较明显。具体而言，以流转税为主体的税制模式，由于征税税基是商品的流转额，且除少数税种实行定额税率外，流转税主要实行比例税率，而比例税率的特点是不论课税对象数额大小，统一适用一个比例，因此，流转税的平均税率与边际税率相等，征税数额依据税基的增加或减少，呈同比例的增减。在这种税制结构下，税收收入的增长往往低于或最多保持与 GDP 增长同步，不可能超过 GDP 的增长速度。以累进制所得税为主体的税制结构则不同，课税对象数额越大，税率越高，税负上升。正是这种累进机制能够产生收入爬升效应，税负随着税基的扩大而递增，具有较大的弹性。主体税种的选择对微观税负水平产生影响。在发展中国家，以流转税为主体的税制结构，使得税负的规避现象时有发生。税收优惠政策在培养和壮大潜在税源、促进经济发展的同时，也降低了宏观税负水平。世界各国政府均实行若干税收优惠政策，过多的优惠政策在一定程度上削弱了税收的正常增长机制，使税收与国民经济的增减变化呈现出一定的不稳定性；而且，税收优惠的存在，会通过产业结构变化、企业组织形式变化等方式，带来非税产值的扩张和正常税源的转移，从而形成巨额税式支出，进一步减少政府实际征收的税收数额，降低宏观税负水平。

经济政策对税收负担水平也有一定的影响。实行外贸限制政策，将刺激国内厂商生产成本高的替代品，维持较低的生产率和经济效益，减少总体税收收入。由于一些税收采取从量计征的方式征收，通货膨胀政策则会降低总体税负水平。政府收入形式划分的不同，也会使税收负担水平发生相应的变化。政府收入可划分为税收收入和非税收入。非税收入比重大，必然降低税收收入在政府收入中的比重，降低税收收入在 GDP 中所占比重，从而影响税负水平。

2.3.3 征管能力

税收征管水平不同,税收流失程度不同。在税收征管水平较低时,税收流失严重,政府实际取得的税收收入减少,宏观税负水平较低;反之,在税收征管水平较高时,税收流失减少,税收收入的课征数量更接近于制度的规定,宏观税负水平较高。最佳的税收管理不仅能尽可能多地获得税收收入,而且能缩小实际税收与潜在税收的差距。因为低劣的税收管理也可能从易征税部门(如工薪收入者)那里征收大量税款,却难以从工商企业和专业人员那里收到应收的税金。最佳的税收管理不但应加强对税务登记在册人群的管理,而且应加强对那些漏征、漏管户进行有效的征收管理,从而尽可能地缩小实际税收与潜在税收的差距。税收征管能力弱会加剧税收征管的难度。据有关方面调查研究表明,在众多发展中国家的征税工作中,半数以上潜在所得税难以征收入库的这种情况并非罕见。由于征收管理能力弱致使税收收入流失,使得税制弹性降低,进一步导致税收收入大幅度下滑,为了保持原有的税收规模,只有不断地通过提高税率和开征新税种满足政府财政支出的需要。这种做法必然会造成已登记在册的纳税户税负加重,更增强了人们偷逃以及避税的动机,给税收征管增加了新的难度。

税收征管效率影响着税负水平。税收征管效率表现为两个方面:一是可以保证税款的足额征收入库;二是可以节约税收成本和纳税人的纳税成本,从而相对地提高税收的宏观税负水平。当税务机关的征管能力较差时,税收的偷、逃、骗、欠就会增加,实际的税收收入就会减少,而且可能导致税收成本和纳税人的纳税成本增加,从而使税收征管效率下降,宏观税负水平也降低;反之,宏观税负水平则会增加。

2.3.4 政府职能范围

税收收入作为财政收入的主要来源,其数额必然受财政支出需要的影响，而财政支出的多少取决于一国政府的职能范围，因而政府职能范围也是影响宏观税负水平的一个重要因素。一国政府的职能范围包括政府活动的广度和深度，即政府在社会经济的哪些领域发挥作用，以及发挥作用的程度如何。纵观各国发展历史，政府职能经历了由小到大、由窄到宽的发展变化过程。政府职能从最初的国防、司法、行政、建立和维护某些公共机关和公共工程不断扩展。政府职能的扩展，使政府支出的规模迅速膨胀，而政府支出规模的膨胀要求有较高的税收收入来支持，这样税收收入的不断提高就成为必然的事情。

由于体制以及政府干预社会经济的偏好不同，不同国家政府的职能范围不尽相同。在现代社会，经济体制主要有计划经济体制和市场经济体制两种。实行传统计划经济体制的社会主义国家，往往实行"统收统支"，政府充当全社会的总管理者和总经营者，国有企业与国家不分彼此，国有企业的绝大部分收益都上缴财政，对国有企业的投资、亏损弥补也来源于财政，财政成为整个国家的总出纳，其对社会资金的分配份额自然较高。当财政收入大部分来源于税收时，该国的宏观税负水平就较高。实行市场经济体制的国家，国有企业较少，且企业均为独立的生产经营主体，全社会投资主要来源于私人部门，政府的生产性投资很少，因此，财政资金在生产性投资方面的需求很少。即便是政治制度相同的国家，由于政策取向及经济状况不同，其财政的职能范围也有所不同。在奉行高福利政策的北欧国家，由于社会福利支出较高，对财政资金的需求增加，相应导致税收收入较多，宏观税负水平较高。

在传统的计划经济体制下，由于资源配置依赖于政府部门的计划分配，税收实质上是政府凭借政治权力在社会产品用于个人消费之前所进行的"必要扣除"。大多数国家都选择"先扣后分"的收入分配方式，即低工资、低消费、高福利（指公有住房、公费医疗及各项财政补贴等福利）。国家财政收入则主要是通过"先扣"的部分来满足，有人将其称为"暗税"，而在形式上对个人基本不征税，此时财政收入中利润上缴占较大比重，而税的课征主要针对少数非公有制经济，对国有企业的征税不仅税种单一，而且所征税的数额也极其有限，宏观税负水平是比较低的。计划经济制度下，财政支出规模往往较大，非税收入形式占主导地位。

在市场经济体制下，市场是资源配置的主体，税收成为政府对经济进行宏观调控的一个重要手段，其地位和作用大大超过计划经济体制，税收收入占财政收入的绝对比重，宏观税负的水平大大高于计划经济体制下的宏观税负水平。值得说明的是，某些国家由于特殊原因，财政收入在税收之外还有充裕的其他形式的来源，此时税收在财政收入中的地位较低，数额较小，宏观税负水平也较低。如以非税收入为主的资源国，特别是石油输出国，税收收入占财政收入比重很低，宏观税负自然也就很低。

2.4　合理税负的界定

合理税负存在不同视角。对企业和个人而言，税收是一种成本支出，作为一种成本当然是越少越好，最好是零；对于整个社会而言，税收是防范公共风险、提供公共产品和公共服务的必要成本，绝不可能越少越好，更不可能为零。随着社会规模的扩大和社会组织化、复杂化程度的提高，如人口的增长、劳动力流动性的加大、城市数量的增加、社会阶层的分化等等，政府防范公共风险的任务更加艰巨，保持一定速度的税收增长不仅必须，而且十分必要。

2.4.1　合理税负的内在要求

适度、公平、效率作为确定税收负担三项基本原则，同时也是实现合理税负的内在要求。因此，合理税负应包括三个方面：税收总量征收适度，税收负担公平和税负调节有效。简言之，即适度、公平、效率。三者以适度为基础，以公平为前提，以效率为核心，相互联系、相互作用、相互影响。

从适度与效率的关系来看，如果不收税或税负过轻，国家机器无法运转，政府的公共需求无法满足，政府的基本职能无法实现，必然造成整个经济的低效率或无效率。世界银行顾问马斯顿实证分析得出的税收经济悖论（即税负水平和经济发展速度之间呈逆向变动）并不能简单地归结为税负越轻越有利于经济增长，因为实证本身就规定了税负最低水平。如果总体税负水平过重，分解落实到具体税种上，过重的商品税势必影响供给；过重的所得税势必影响投资；过重的财产税势必影响储蓄。各税种综合作用的结果则可能导致整个经济的无效率，妨碍经济的持续发展。供给学派创制的"拉弗曲线"的理论价值就在于，它最直观地说明了税率的高低有一个最佳点，税率达到这一点时，税收收入达到最高额，当税率超过这一点时，税收收入不仅不会增加，反而会因税源的破坏而减少。

从公平与效率的关系来看，税负公平的双重含义使得税负公平与效率既不可能完全一致，也不可能完全对立，二者是对立统一的关系，其表现在：经营权利公平的实现及其程度的提高有利于市场合理竞争的实现，因而有利于税收效率的实现和提高，此时二者表现为正相关关系；结果公平的实现及其程度的提高，由于它使社会财富由高收入者向低收入者转移支付的同时，往往相伴产生资金由高产出系数的生产部门向低产出系数的生产部门的转移，从而损失一部分经济效益，这时结果公平与效率呈负相关。当结果公平引起的社会财富的转移支付与生产劳动无关时，结果公平与效率则表现为零相关。公平与效率的这种对立统一的辩证关系，决定了我国的税负构成必须是在总量适度的基础上，兼顾效率与公平的双重目标，才可能实现税收的合理负担。

2.4.2　经济发展水平决定着合理税负标准

税收负担是一个十分复杂的理论问题。决定一国税负水平高低的因素多种多样，但从根本上讲，一国的税负水平同经济发展水平的相关程度较高。一般来说，人均国民生产总值较高的国家，税收占国内生产总值的比例也比较高；反之，人均国民生产总值较低的国家，税收占国民生产总值的比例就比较低。由于人均国民生产总值高，纳税人的负税能力强，加上政府职能范围比较广，公共服务支出多，特别是由于普遍推行高标准的社会保障，必然形成财政的高支出和相应的高税收；而在一些发展中国家，虽然社会各项事业发展对政府税收的需求较大，但这些国家限于本国经济发展水平低，税源和税负能力有限，税收占国内生产总值比例不可能太大。

虽然能使国民产出与税收收入最大同时实现的宏观税负并不存在，但寻求一个兼顾国民产出与税收收入的最优宏观税负水平，即兼顾经济增长与税收收入的宏观税负水平则是可行的。从图2-2可以看出，最优宏观税负应当在区间（t_1，t_2）上选择。如以t^*代表最优宏观税负水平，那么，$t_1 < t^* < t_2$。根据拉弗曲线，取得同样多的税收收入可以采用高税率，也可以采用低税率。高税率会抑制经济增长，低税率会促进经济增长。在图中，宏观税负水平离t_1越近，对经济增长的影响越小；离t_2越近，对经济增长的影响越大。这就要求根据宏观经济的运行状况进行政策选择。在经济增长过快、需要抑制经济增长的速度时，可以选择相对高的宏观税负水平；反之，在经济增长趋缓、需要加快经济增长的速度时，则可以选择相对低的宏观税负水平。当然，政府部门在最终决定宏观税负水平时，还要考虑公平、稳定等多方面的因素。

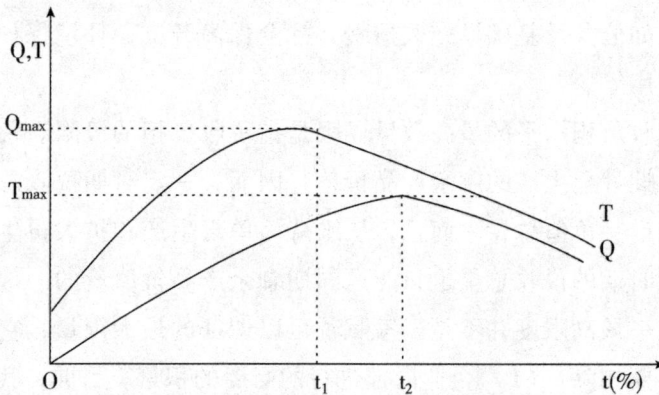

图 2-2 税收收入、产出与宏观税负

2.4.3　合理税负的数量界限

从理论上讲，税收负担存在一个最低数量界限和一个最高数量界限。

一国税收负担水平的最低数量界限是指通过税收所组织的政府收入能够保证行使职能最低需要的数量。在市场经济条件下，政府行使职能被概括为满足社会公共需要。但在现实生活中，公共需要与非公共需要并非界限分明，其划分不是绝对的，而是具有交叉性和弹性的，这往往取决于政府对社会经济的干预程度，干预程度大，公共需要规模就大。而且，一般公共需要的必要量更主要的是受生产力发展水平以及经济体制现状的制约。因此，我们把满足一般社会公共需要必要量作为税收负担水平的最低数量界限。这里首先需要科学地确定一般社会公共需求的范围和必要量，从而可以说明税收的使用方向及其必要量，进而确定税收负担水平。一般而言，一国政府的一般社会公共需要必要量包括两大部分：一是维持性费用，指应由政府财政经常预算开支的日常管理性、维持性、报酬性经费项目，如行政性经费、非战时国防费用、保障各项事业正常运转的经费等必要开支。二是发展性费用，指随着人口增加和经济发展而相应增加的公共需要支出，如公共及基础设施改造费、社会保障开支、环境保护、各项事业发展性费用等。

一国税收负担水平的最高数量界限是指税收负担的极限。税收主要来源于一定时期社会生产的剩余产品价值，因而，一定时期税收总量不能超过同期剩余产品价值总量。而且，从维持简单再生产和扩大再生产的角度来看，一定时期的税收总量也只能是同期剩余产品价值量的一部分而不是全部，即这一最高限度并不是国家赋税可以课征的最大限量，它还必须进行以下的必要扣除：（1）企业内部进行的必要的积累。目前，我国企业财务制度规定的是企业税后净利润下进行提取盈余公积金等强制积累，但如果考虑到企业积累的因素，则所得税的水平就必须先行确定，并尽可能保证合理。（2）纳税人（自然人）必要和发展的各项生计支出。随着经济的发展，纳税人的生活水平必然有相应的提高，因此，在个人所得税设计上要保证必要的、合理的扣除。关于个人生计扣除的内容，世界各国大多是根据个人的年龄、婚姻状况、抚养赡养人口情况来确定个人生计扣除的内容。由于社会生活的发展不断赋予个人生活新的内容，因而不同时期个人生计扣除内容也有所不同，现阶段不仅要考虑纳税人年龄、婚姻、抚养赡养人口等基本生活需要，而且要考虑住房、医疗保障、教育等费用，在实行有差别的生计扣除后，再根据净所得的大小量能课税，以实现税收结果的公平。可见，税收负担最高数量界限应是社会剩余产品总量减去各项必要扣除量的余额。

第三章

税收负担的量化方法研究

　　税负理论研究界定了税负范畴，探究了税负对经济的影响，找到了税负的主要影响因素，但税负达到的状况及其发展的趋势、税负对经济的影响程度、各影响因素对税负变化的作用程度都需要量化分析得以确定。从我国经济运行与经济发展情况看，应用税收经济计量方法观察、分析经济运行与税收变化，再根据财政税收的变化，了解经济增长和发展，及时调整财税体制与政策，以促进经济的发展，这是我国市场经济体制建立后不可缺少的有效分析方法。通过量化分析，我们还可以检验税制、税收征管执行的效果，检验税收政策的制定是否适应经济增长和经济运行的要求。

　　从我国税收实践出发，可供参考的、比较实用的方法主要有统计分析法和经济计量分析法。一般认为，经济计量方法最适宜于对综合经济变更进行短期分析预测，因而它在税收经济问题的分析中不失为一种可行的方法。税收作为一个重要的宏观经济调控手段，对经济运行发生作用，这种作用的结果通过宏观经济量的相对变化表现出来。我国是一个发展中大国，地区经济发展极不平衡，即使在统一的政策条件下，各地的经济总量、税收总量、增长速度及税负水平也存在较大差距，我国经济总产出与税收收入总量集中在几个经济发达的省（市、区）。因此，从宏观层次上看，税收负担的量化分析重点应是税收总量、税负总水平、影响因素的作用程度、税负增量与经济增量的关系；从中观层次面看，在现行税收体制下，各省（市、区）国税、地税系统管理税种不同，不同的税种与经济的联系不同，各省（市、区）税收差异较大，重点研究税负差异。根据本文的研究目的，本文进行税收负担量化分析时主要采用模型分析法、弹性分析法、差异系数法和指标体系法。

3.1　模型分析法

模型分析法是经济计量分析的一种常用方法。经济计量模型的建立至少应具备两个方面的特点：一是数学性，即模型必须符合数学逻辑的要求；二是经济性，即模型必须能反映经济现象各因素之间的内在必然联系。税收作为财政收入的主体，既是维持国家有效运转的经济基础，又是国家调节经济的有效手段。在微观上，从资金的流动过程看，税收伴随着企业生产产品、提供服务、进行交易和发生其他应税行为而产生。在宏观上，税收是社会总产出的重要组成部分。因此，微观和宏观经济状况决定着税收的主要特征，即经济总量决定税收总量，经济结构决定税收结构。这也是"从经济到税收"这一理念在税收分析工作中的具体应用。更深一层，税收对经济具有反作用。完善的税制会平衡纳税人之间的税负，创造公平竞争的市场环境，并且使资源配置的扭曲程度达到最小，通过降低税收征收成本和纳税成本来促进税收效率的提高。此外，针对经济周期性波动，适时调整税收政策会起到熨平经济波动，促进经济均衡、持续增长的作用。

3.1.1　经济计量模型分析指标的选择

在进行税收与经济总量的分析中，对经济总量指标的选择是首要的问题。在众多的总量指标中，选择 GDP 作为基本指标，对于税收分析具有独特意义。在某种程度上讲，GDP 是最大口径的税源，因此，用 GDP 与税收总量对接分析是进行总量分析中最大口径的一种总量分析。除了 GDP 外，还有一些经济总量指标既是 GDP 的组成部分，又是国民经济运行的内涵，比如，各产业增加值是生产法 GDP 的组成部分；消费、投资、政府购买与净出口是支出法 GDP 的组成部分；劳动者报酬、折旧、生产税净额、营业盈余是收入法 GDP 的组成部分。而货币供应量、主要产品产量、价格水平等指标虽然不直接构成 GDP，但也是国民经济运行的内在要素和结果，与税收之间也有着密切的关系。考虑到我们分析问题的需要，这里只采用 GDP 及其支出法的各项指标进行建模。该模型包括两部分：一部分是宏观税负形成模型；另一部分是宏观税负的经济影响模型。宏观税负形成模型主要用来分析在宏观税负的形成过程中，GDP 及各构成要素对宏观税负的影响程度，它是"经济决定税收"理论的量化、模型化反映。宏观税负的经济影响模型主要用来分析在整个国民经济运行过程中，宏观税负对国民经济总规模及各要素的影响方向和影响程度，它是"税收反作用于经济"理论的量化、模型化反映。

3.1.2　宏观税负形成模型

经济规模决定税收规模，把各种税收合并起来，得到总的税收，用总税收与 GDP 相比，得到宏观税率。在这个过程中可将税收收入看作 GDP 的线性函数。用公式表示为：

税收收入 = 税收常量 + 宏观税率 × 总收入

即：$T = T_0 + t_y Y$ （1）

这就是最简单的税收负担形成模型，它反映了 GDP 与税收总量的关系。要想进一步分析构成 GDP 的其他经济总量指标在宏观税负形成过程中的影响，还要建立一系列的线性模型，并经过转换来实现。

一个明显的事实是不论人们的消费、投资还是出口都与其收入水平有关。人们的消费水平总是取决于其拥有的收入水平，收入水平越高，消费水平越高。人们的投资也取决于其收入水平，把收入的一部分用于投资，收入水平越高，投资可能越多。出口也与收入水平有关，但它们的关系是相反的，即收入水平越高，出口越少，因为收入高的人们希望把更多的商品自己消费掉，而不是出口。用数学公式表示这些关系就得到简单的线性消费函数、线性投资函数和线性出口函数：

消费量 = 消费常量 + 边际消费率 × 个人可支配收入

即：$C = C_0 + c_y Y_d = C_0 + c_y(Y - T)$ (2)

其中，个人可支配收入是个人总收入的函数，在总收入中减去税收，就得到了个人可支配收入，用公式表示为：

$Y_d = Y - T = Y - (T_0 + t_y Y)$ (3)

则 $C = C_0 + (1 - t_y) c_y Y - T_0 c_y$ (4)

投资量 = 投资常量 + 边际投资率 × 总收入

即：$I = I_0 + i_y Y$ (5)

净出口 = 净出口常量 - 边际净出口率 × 总收入

即：$X = X_0 - x_y Y$ (6)

在模型转换过程中，还涉及政府购买的问题，一般情况下，政府购买将被视为一个常量。

即：$G = G_0$ (7)

我们已经知道，从使用方面看，GDP 由消费、投资、政府购买和净出口（出口减进口）四个部分组成。用公式表示为：

$Y = C + I + G + X$ (8)

将各线性函数代入 GDP 恒等式，并经推倒得出均衡税收负担和均衡税收收入公式如下：

$[1 - c_y(1 - t_y) - i_y + x_y]Y = C_0 - c_y T_0 + I_0 + G_0 + X_0$ (9)

这个公式体现了消费、投资和进出口等主要经济行为。当各种经济行为均衡时，有商品市场均衡，在均衡情况下，税收负担公式可由下式给出：

$$t_y = (C_y - c_y + I_0 + G_0 + X_0)/c_y Y - (1 - c_y - x_y)/c_y$$
$$= 1 - T_0/Y + (C_0 + I_0 + G_0 + X_0)/c_y Y - (1 - i_y + x_y)/c_y \quad (10)$$

从这个均衡税负公式中，可以得到以下五个基本结论：

（1）如果 $(1 - i_y + x_y) > (C_0 + I_0 + G_0 + X_0)/Y$，边际消费倾向 c_y 的提高会带来均衡税收负担的提高，而边际消费倾向 c_y 的下降则会导致均衡税收负担的下降；如果 $(1 - i_y + x_y) < (C_0 + I_0 + G_0 + X_0)/Y$，边际消费倾向 c_y 的提高会带来均衡税收负担的下降。

（2）边际出口倾向的提高将导致均衡税收负担的绝对下降，而边际出口倾向的下降将促进均衡税收负担的提高。边际出口倾向的提高会引起出口退税增加，税收收入减少和 GDP 增加，对比结果使税收负担的分子（税收）减小而分母（GDP）加大，使税收与 GDP 的比重，即宏观税负下降。相反，边际进口倾向的提高将增加进口环节税收收入，同时减少 GDP 的绝对量，使宏观税负提高。

（3）边际投资倾向的增加对税负的影响是有条件的。一般说来，假定边际投资倾向增加 1% 导致边际消费倾向的增加大于 1%，即边际投资倾向增加的速度慢于边际消费倾向的增加速度，其结果是边际投资倾向的增加将会使税负上升，边际投资倾向的下降将会使税负下降。此时，在投资与消费相对比较中有净的消费。反之，假如边际投资倾向增加 1% 导致边际消费倾向的增加小于 1%，边际投资倾向的增加将会使税负下降，边际投资倾向的下降将会使税负上升。此时，在投资与消费相对比较中有净的投资增长。

（4）政府支出增长对均衡税收负担的影响。从上述公式上清楚地观察到，政府支出的增长直接提高了均衡税收负担，即 G_0 上升导致 t_y 上升。

（5）GDP 增长对均衡税收负担的影响。假定边际消费倾向、边际投资倾向以及边际出口倾向是随 Y（GDP）的变化而变化的，并且假定由于 GDP 的增长所引起 $(1 - i_y + x_y)$ 的增长快于 c_y 的增长。这时，GDP 的增长会引起税负的下降，GDP 的下降会引起税负的上升。相反，假定由于 Y 的增长所引起 $(1 - i_y + x_y)$ 的增长慢于 c_y 的增长。这时，GDP 的变动与税负的变动方向一致，即 GDP 的增长会引起税负的上升，GDP 的下降会引起税负的下降。假定边际消费倾向、边际投资倾向以及边际出口倾向不随 GDP 的变化而变化，是常数，则 GDP 的增减变动对税负没有影响。事实上，在正常情况下，GDP 的变动对这些具有长期形成的、相对稳定的边际消费倾向、边际投资倾向以及边际出口倾向影响是很小的。

3.1.3 宏观税负的经济影响模型

分析税收对经济的影响的总思路，将线性税收函数代入相应的消费、投资和出口函数方程，观察税收对它们的影响，得到税收对经济行为的影响。同样的思路，可以用在对税收影响均衡经济的分析上。在这里均衡收入就是GDP，用Y表示，当用来分析全社会的总消费时Y指的是GDP。当研究单个人的消费时，我们可以把一个国家抽象地看做是一个人，整个国家的GDP就可以抽象为一个人的总收入。

（1）前文已经确定的线性税收函数为：

$$T = T_0 + t_y Y \tag{1}$$

从税收与Y（GDP）的关系式中，可得到Y与税收的函数关系，即：

$$Y = (T - T_0)/t_y \tag{2}$$

（2）把线性税收函数代入个人可支配收入公式，得到：

$$Y_d = Y - T = Y - (T_0 + t_y Y) = -T_0 + (1 - t_y) Y \tag{3}$$

这个公式清晰地显示出税收负担与个人可支配收入的关系。税收负担 t_y 越高，个人可支配收入越少，实际购买力越小。要想刺激个人购买需求，降低税负是个有效的政策选择。

（3）税收对消费的影响。把个人可支配收入代入消费函数，得到：

$$C = C_0 + c_y Y_d = C_0 + c_y [(1 - t_y) Y - T_0]$$
$$= (C_0 + c_y Y - C_y T_0) - c_y t_y Y \tag{4}$$

从公式中看出，税收负担对消费的影响是非常明显的，税负的提高会降低消费的总量，而降低税负则会刺激消费。

（4）税收对投资的影响。把GDP与税收的关系代入投资方程，得到：

$$I = I_0 + i_y Y = I_0 + (i_y/t_y)(T - T_0) \tag{5}$$

从公式中看出，税负与投资规模呈负相关，即税负的提高会降低投资的规模，而降低税负则会扩大投资的规模。在政策导向上，政府要在经济处于周期的低谷时期刺激投资需求，拉动经济，应降低税负。税收负担还会通过影响投资乘数而影响投资。

（5）税收对净出口的影响。将GDP与税收的关系代入净出口方程，得到：

$$X = X_0 - (x_y/t_y)(T - T_0) \tag{6}$$

从公式中看出，税负与净出口在变动方向上有一致的关系，即税负越高，越能促进净出口的增长。

（6）税收对均衡经济的影响。在简单商品均衡模型中，均衡收入 Y
（GDP）为：

$$Y = (C_0 + I_0 + G_0 + X_0 - T_0 c_y)/[1 - iy - c_y (1 - t_y) + x_y]$$

这个公式显示出税收负担 t_y 与均衡收入 Y 的关系，税收负担 t_y 越高，
均衡收入 Y 的水平越低。

此外，税收乘数表明税收对经济的影响程度，其计算公式为 $\dfrac{\partial Y}{\partial T} = -\dfrac{b}{1-b}$，其中 b 为边际消费倾向。

税收乘数是负数，说明国民收入变动与税收变动的方向相反。当政府
采取增税政策时，国民收入减少，减少的数额为税收增加量的 $\dfrac{b}{1-b}$ 倍；当
政府采取减税政策时，国民收入增加，增加的数额为税收减少量的 $\dfrac{b}{1-b}$
倍。因此，如果仅仅考虑税收因素，那么减税有利于刺激经济增长。

3.2 弹性分析法

弹性分析作为一种常用的经济分析方法，在经济理论研究中，特别是
在西方经济学中被广泛运用。该方法同样也可用于税收理论和税收与经济
的研究之中。税收负担与税收弹性密切相关。从宏观税负的基本公式上
看，税收负担取决于作为分子的税收收入和作为分母的国内生产总值的绝
对水平；税收弹性则取决于作为分子的税收收入和作为分母的国内生产总
值的相对水平。因此，在不考虑非正常税收因素的前提下，税收负担变动
与税收增长弹性的关系非常密切。

税收弹性是指税收收入增长对经济增长的反应程度，税收弹性系数是
税收收入增长率与经济增长率之比。其计算公式如下：

$$E_t = \frac{dT/T}{dY/Y}$$

当税收弹性系数等于 1 时，表明税收收入的增长速度与 GDP 的增长速度一致；当税收弹性系数大于 1 时，表明税收收入增长快于 GDP 增长；当税收弹性系数小于 1 时，表明税收收入增长慢于 GDP 增长。

弹性分析在税收理论研究中的应用主要表现在两个方面：（1）根据税收及其与经济之间的关系直接计算的税收弹性指标进行分析。能够计算的直接税收弹性指标包括税基弹性、税收收入弹性、税率弹性等，本文只对税基弹性进行分析。（2）根据经济运行中各种依存关系计算的经济弹性对税收进行分析，这类与税收紧密相关的非税收弹性指标有很多，如需求价格弹性、需求收入弹性、供给价格弹性、供给收入弹性以及需求交叉弹性等。通过对不同商品（劳务）的供求弹性分析来确定不同商品（劳务）的税负水平，为制定和调整税收政策提供依据。

3.2.1 税基弹性在税收理论研究中的应用

税基弹性是用来反映税基变动对税率变动敏感程度的指标。其含义是当税率变动 1% 时，所能引起税基变动的百分比。用公式表示为：

$$E_t^B = \frac{\Delta B/B}{\Delta t/t} = \frac{t \cdot \Delta B}{B \cdot \Delta t}$$

上式中，E_t^B 代表税基弹性，B 代表一国国民经济发展的初始规模，它可以用国民生产总值（GNP）等一系列综合经济指标来表示；t 表示一定时期税收负担总水平，它可以用税收收入额占一定时期国内生产总值的百分比表示；ΔB 为税基的变动额，Δt 表示税负的变动额。

1. 税基弹性在税收与宏观经济理论研究中的应用

对经济发展的考察一般利用国内生产总值以及消费、投资和出口的规模，所以这里的税基也就是利用上述四个宏观经济指标来表示。从理论上讲，国内生产总值的增长、社会消费的增长、社会投资的增长和出口总额的增长均与实际宏观税负水平呈负相关关系，而且它们之间的相关性很强，即实际宏观税负水平越高，对上述四个宏观经济指标的牵制作用就越大。并且，消费、投资和出口是带动经济增长的最主要的三个因素，因此，税收负担的加重将导致整个经济萎缩，而降低税负水平将有利于刺激经济的增长。

在现实经济运行中，由于税收对经济调节的复杂性，税基弹性值也会有所不同。当税基弹性大于0时，说明税负与国民经济发展同向变动，即在经济复苏和经济高速发展时期，税收的总体负担率也相应提高；反之，当经济出现衰退或处于萧条时期，税收总体负担率也相应降低。这说明税收制度本身具有累进性，其对经济所具有的"内在稳定器"作用得到了有效的发挥。特别是在税制基本确定的前提下，税基弹性值越小，税制的累进程度越高，其"内在稳定器"作用越大；税基弹性值越大，税制的累进程度越低，其"内在稳定器"作用越小。当税基弹性小于0时，说明税负率与国民经济发展处于异向变动。这里存在两种情况。一是税基（国内生产总值）增长率大于0，而税负变动率小于0时，说明减税政策对经济的调节是有效的。这种情况往往是在政府进行税制改革或实行大幅度减税政策时才能出现。一般而言，减税的目的是为刺激消费和投资需求，推动经济的发展。如果减税政策在降低税收负担率的同时，并没有减少税收总规模甚至是税收总规模有所增加，这样的税收政策效应是更好的。二是税基（国内生产总值）增长率小于0，而税负变动率大于0时，说明税收政策的调节是无效的或负效的。这种情况只是在累退税制或政府实行大幅度增税政策时才能出现，但在现实的税制设计和政策选择中，累退税制已经不复存在，而增税政策却可能因为战争或其他原因被采用，如果提高税收负担率的增税政策导致税基（国内生产总值）萎缩，说明增税政策已经严重破坏了资源的有效配置，造成了整个国民经济的负效率运行，此时尽管采取的是增税政策，但由于税源的迅速萎缩也可能导致一定时期税收收入的减少。这种情况下，政府必须及时采取措施，通过直接减免、降低税率或增加税前扣除等方式降低实际税负水平。

2. 税基弹性在微观税收理论研究中的应用

税基弹性在微观税收理论研究中的应用，主要是用税基弹性进行分税种的研究。随着税收理论的发展和税收制度的完善，复合税制不仅在理论上优于单一税制，而且在实践上也被各国政府广泛采用。由于复合税制中的不同税种其计税依据、征收环节和税率设置等不同，其对资源配置和经济调节产生影响时反映出来的税基弹性特征也不相同。以中性原则为基础、以组织财政收入为主要目的设置的税种，其法定税率一般采用固定比例税率，引起实际税率变动的原因不外乎两种情况：提高或降低法定税率和实行税收政策减免。在具体的税收实践中，政府部门出于经济稳定和财政的考虑，对这类税种极少进行税率的调节，即使政策性减免也存在较强的刚性。因此，对这类税种不太适合运用税基弹性进行分析。而以非中性原则为基础、以经济调节为主要目的设置的税种，其法定税率一般采用差别税率或累进税率，这种情况下，即使没有法定税率的变动，其实际税率也会随着税基的变化而变化，而且在实际的经济运行中，政府部门更愿意采取税收减免等灵活措施，实现其对经济的有效调节。因此，这类税种的税基弹性具有较强的可测性。当税基弹性值大于 0 时，税基与税率呈相同方向变动，其调节功能表现为税收对经济的抑制和稳定作用。当税基弹性小于 0 时，税基与税率呈异向变动，税收对经济的调节要区别两种情况：一是税基变动率大于 0，而税率变动率小于 0 时，该税种对经济的调节功能表现为一种鼓励和刺激作用，由于实际税率的降低会刺激该税税基的扩张；二是税基变动率小于 0，而税率变动率大于 0 时，税收对经济的调节功能表现为一种强行遏制作用，由于实际税率的提高可能导致该税税基的萎缩。

在对税收调节效应进行微观弹性分析时，必须把它与税种设置的目的性以及税收政策目标取向结合起来，一个税种或一项税收政策对经济所表现出来的抑制、稳定或刺激、鼓励等作用都不能直接说明什么，只有这些弹性特征表现出来的作用方向与税种设置目的或税收政策取向一致时，才能说明该税种或政府通过该税种实行的某项税收政策对经济的调节是有效的。

3.2.2　非税收弹性分析在税收理论研究中的应用

非税收弹性分析是指运用税收弹性以外的一系列经济弹性指标对税收

进行的弹性分析和研究。在市场经济条件下，由于市场机制本身存在着固有的缺陷，使得税收作为政府调节经济运行和完善市场机制的重要手段具有必要的前提，而税收作为国家参与社会财富分配的一种手段，又使政府运用税收调节国民经济运行成为可能。税收不仅具有组织财政收入、满足公共需求的财政职能，而且在调整和实现资源有效配置、调节国民收入与社会财富分配、增进社会总福利、刺激有效需求、调节社会总供给及产业结构，促进经济稳定、保证经济平衡增长等方面都发挥着重要作用。由于税收与经济之间存在着密不可分的依存关系，为我们运用各种经济弹性指标研究税收问题提供了现实的经济条件。

商品供求弹性包括需求价格弹性、需求收入弹性、需求交叉弹性以及供给价格弹性等。税收对商品（劳务）供求的影响主要是通过商品的价格机制和收入的分配机制实现的。价格和收入对商品供求的影响程度往往取决于商品固有的市场特性，商品供求弹性作为反映和分析不同商品固有特征的有效方法必然可以用于税收研究分析之中。需求价格弹性可以反映商品需求量对其价格变动的敏感程度。一种商品的需求价格弹性较大，说明这种商品的需求量对其价格变动反应敏感，为了鼓励或限制某种商品的消费需求，可以采取适当降低或提高其税率的方式来实现。如果一种商品的价格需求弹性较小，特别是粮食等价格需求弹性几乎为零的商品，说明其需求量对价格变动反应不敏感甚至没有反应，这种情况下，采取提高或降低税率的方式对需求量不会产生多大的影响，出于这种目的的调节不但是无效的，甚至会产生其他方面的负效应。需求收入弹性反映的是商品需求量对居民收入变动的敏感程度，需求收入弹性分析的结果表明，收入弹性很高的商品基本属于奢侈品，根据税收纵向公平的原则应课以重税；收入弹性较低的商品基本属于生活必需品，应从轻课税。需求交叉弹性反映某一商品需求量对另一种商品价格变动敏感程度。交叉弹性分析结果表明，如果两种商品的需求交叉弹性大于 0，则它们属于替代品；如果两种商品的需求交叉弹性小于 0，则它们属于互补品；如果两种商品的需求交叉弹性等于或接近于 0，则它们属于互不相关品。我们利用税收政策调节消费需求结构，必须充分考虑一种商品税率的调整对其替代品、互补品、甚至其他不相关品可能产生的影响。而其影响程度和影响范围都可以采取交叉弹性进行一些现实的分析，为税收政策的出台提供一个基本的依据。如果说各种需求弹性能为调整消费结构采取的税收政策提供某方面的依据，那么，供给弹性分析则主要为调整产业结构、产品结构而采取的税收政策提供必要的参考。

3.3　差异系数法

税收作为国家参与社会产品或国民收入分配的一种手段，其内含着一定的职能。一般认为，税收的主要职能有两个：一是聚财职能，二是调控职能。其中，聚财职能是其基本职能，调控职能寓于税收组织财政收入的过程之中，它由聚财职能派生而来。但是，随着商品经济的发展和市场经济体制的建立，由于市场在资源配置过程中的基础性作用和它自身所固有的局限性，使得税收对经济的宏观调控职能日益凸显出来。不难发现，税收对经济的宏观调控，除了通过一定时期整体税收收入规模（即整体税负水平）来实现外，通过差别税率和相机抉择对不同行业、不同地区及不同纳税主体形成不同的税收负担，以此实现对经济的宏观调控更是各国政府的一种现实选择。目前，经济理论界对税负问题的研究成果比较多，但多数集中在合理税负及行业税负的比较上，而对不同行业、不同地区之间税收负担差异程度的测度却极少涉及，本文试图对此做一些方法上的研究，并在以后章节进行相应的实证分析。

3.3.1　我国税负差异测度方法研究的现状

在市场经济条件下，税收负担问题既是一个重要的税收理论问题，也是我们进行税制改革和建设与税收政策选择的核心问题，更是能否实现公平分配保持社会稳定的社会问题。因此，改革开放以来对税收负担的研究已经引起了经济和税收理论学界的高度重视，并且形成了一大批既有理论价值又有实际指导意义的科研成果。但仅就税收负担差异方面的研究看，存在着两个方面的问题：一是专门针对税负差异测度方法进行研究的文献极少；二是对税收负担差异研究过程中所采用的方法比较单一，往往仅限于采取不同行业（或不同地区）实际税收负担率的简单对比。通常情况下这种对比是能够反映和分析一定的问题的，但是由于方法单一致使对税负差异的测度存在着一定的局限性。主要表现在，用税收负担率对比的方法分析税负差异情况，只能反映不同的两个或几个行业（或地区）之间税负的差异程度，而无法反映整个国民经济在不同行业（或地区）之间税负的总体差异程度；另外，用不同行业（或地区）的多个指标对一个国家税负差异进行测度，也不利于税负差异在不同国家之间，或同一国家在不同时期的税负差异程度的对比分析。

3.3.2　税负差异测度方法的具体研究

鉴于对我国行业（地区）税负差异测度研究现状的总体评价，为弥补现行测度方法的不足，在研究新的测度方法时必须满足两个条件：一是新的测度方法必须能满足测度整个国民经济在不同行业（地区）之间税负的总体差异程度的需要；二是新的测度方法能与税收负担率对比法有机结合。经过认真的分析和研究，本文认为通过对收入分配理论中的基尼系数进行改造完全可以满足以上两个条件。

若以 T、Y 分别代表一个国家在一定时期的税收收入总额和国民生产总值，X_i 表示行业（地区）税收负担，其中，$i = 1, 2, \cdots, n$，代表行业（地区），则有：

$$T = (T_1, T_2, \cdots, T_n)$$

$$Y = (Y_1, Y_2, \cdots, Y_n)$$

$$X_i = T_i / Y_i$$

$$t_i = T_i / \sum_{i=1}^{n} T_i$$

$$y_i = Y_i / \sum_{i=1}^{n} Y_i$$

$$t_1 + t_2 + \cdots + t_n = \sum_{i=1}^{n} t_i = 100$$

$$y_1 + y_2 + \cdots + y_n = \sum_{i=1}^{n} y_i = 100$$

式中,t_i、T_i、y_i、Y_i 分别表示第 i 个行业的税收收入比重、税收额、国内生产总值比重、国内生产总值。

当 $X_1 = X_2 = \cdots = X_n$ 时，说明该税制是完全中性的，即不同行业或不同地区之间的税收负担是绝对平均的，因此不存在税负差异问题。但是，这种情况在现实经济生活中是根本不存在的。在现实经济生活中更多的情况是 $X_1 \neq X_1 \neq \cdots \neq X_n$，这说明该税制是非中性的，即不同行业或不同地区之间的税收负担是有差异的。对这种差异的测度，可以通过以下方式来进行：

（1）数列分析法。通过对数列 X（X_1，X_2，$\cdots X_n$）计算其绝对离差、相对离差和标准差等指标，来测度和反映不同行业（地区）之间以及国民经济整体的税负差异程度。这是一种传统的方法，但是这种测度和反映缺乏对事物整体的判断。

（2）曲线图法。借用收入分配理论中的洛伦兹曲线的思想，建立税负差异测度图（如图 3 - 1 所示）。图中纵轴为国民生产总值或国民收入百分比，横轴为行业或地区税收收入的百分比，45°线为税收负担绝对公平线，右下角的 90°线为税收负担的绝对非公平线，实际测得的行业或地区税负差异曲线将处于 45°线和 90°线之间，如图中曲线 a、b、c。根据一个国家某年的国民生产总值和税收收入的行业（地区）的分组资料，将一定的税收收入比重按着行业（地区）税负由轻到重的顺序逐次累加值，以及与其对应的国民生产总值比重累计值在图中描出，就得到该国该年的行业（地区）税负差异曲线。从曲线上可以读出每个行业（地区）所创造的国内生产总值比重和所贡献的税收收入比重，从曲线的弯曲度可以观察到不同行业的税负差异情况，从不同曲线的弯曲度可以得到不同国家行业（地区）税负差异程度的比较，或同一国家不同时期税负差异的变动情况。

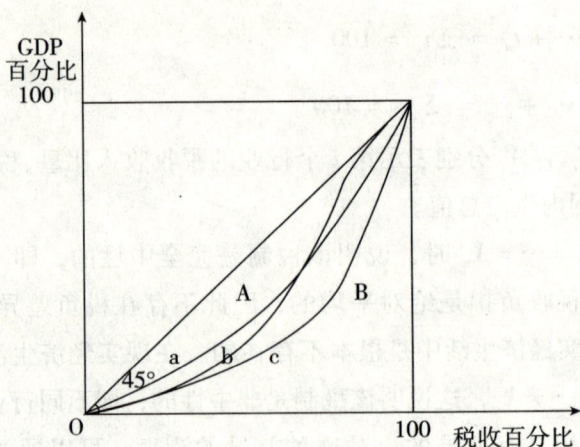

图 3-1 税负差异测度图

税负差异曲线的最大优点是形象、直观，缺点是只能在几何图形上观察，而无法以一个确切的数值来反映税负的差异程度，特别是在曲线发生交叉时（如图 3-1 中 a 线与 b 线），直观地观察就很难确定哪一曲线代表的税负差异更大。

（3）税负差异系数法。依据基尼系数的计算原理，计算一个系数来反映行业（地区）总体税负差异程度的一种方法。在几何图形上看，它所计算的就是洛伦兹曲线与税收绝对均衡线所包围的面积（如图 3-1 中的面积 A）同 45°线与 90°线所包围的面积（面积 A 加 B）的比值（G = A/（A +B））。税负差异系数越大，说明税负差异程度越大；反之则越小。在理论上税负差异系数的最低值为 0，这时的行业（地区）税负是绝对平均的，最高值为 1，这时的行业（地区）税负是绝对不平均的。这里只是给出了税负差异系数的理论公式，其具体计算公式（由于行业分组属于不等份分组）可以采用"万分法"，也可以采用"曲线回归法"。"万分法"的计算公式为：

$$G = (10000 - S)/10000$$

$$S = \sum_{i=1}^{n} y_i \times V_i \qquad (i = 1,2\cdots n)$$

$$V_i = U_{i-1} + U_i$$

$$U_i = \sum_{i=1}^{n} t_i$$

$$t_1 + t_2 + \cdots + t_n = \sum_{i=1}^{n} t_i = 100$$

$$t_i = T_i / \sum_{i=1}^{n} T_i$$

$$y_1 + y_2 + \cdots + y_n = \sum_{i=1}^{n} y_i = 100$$

$$y_i = Y_i / \sum_{i=1}^{n} Y_i$$

税负差异系数法的最大优点是能较方便地以一个数值来反映税负差异的总体情况，便于税负差异的国际比较和动态分析，其不足是不能反映个别行业（地区）的税负差异情况。

3.4 指标体系法

指标体系是指能从各个方面、各个角度去反映同一经济现象不同侧面的各类指标的有机结合体。衡量税收负担的指标体系，也就是一系列能反映税收负担相关内容的指标的有机结合。

3.4.1 税收负担指标体系的构建原则

根据税收负担的理论界定和从实际出发的原则，衡量税收负担水平的主体指标应具备以下四个特性。

（1）内容的准确性。指标的各项要素须准确反映税收负担组成要素的本质内容。指标是反映国民经济活动规模和效益的一种概念和范畴，是国民经济活动实质内容价值量化的科学体现。衡量税收负担的主体指标也必须具备这一特性，要真实反映税收负担的基本内容，反映税收负担的本质特征。内容的准确性是指标选择的第一要求，没有科学的选择，指标就不能准确地反映税收负担的水平、规模、范围和内在关系。

（2）渊源的同一性。指标必须能与国民经济核算指标体系融为一体。税收负担是众多社会经济现象中的一种，反映国民经济部门之一的税务部门征收税款的课征强度。因此，作为税收负担衡量指标也应与反映国民经济总体情况的国民经济核算指标体系融为一体，成为国民经济核算指标体系的一个组成部分，成为国民经济宏观调控所需要的决策参数。另外，国民经济核算指标体系能为税收负担的计算和分析提供大量和准确的数据，提高分析质量和工作效率。而且，在国民经济核算指标体系已比较健全的情况下，自成一体的税收负担衡量指标不但会与国民经济核算指标体系不协调，还会徒增具体工作的难度。

（3）指标的可比性。指标所含内容在准确的前提下要具有一定的稳定性，指标要便于分析和对比，不仅应满足纵向对比分析的要求，还要满足横向对比分析的需要。因此，有关指标必须口径一致，构成清楚，并具有可调整性。一些不确定，或是临时性调查取得的个别数据，或是变化频繁且无规律性的内容应尽量摒弃在指标核算范围之外。

（4）指标的易得性。计算指标所需的有关数据应来源稳定，取得容易，应尽量利用现有的指标，使操作简便易行。

3.4.2　宏观税负指标体系的具体构建

既然合理税负应包括税收总量征收适度、税收负担公平和税负调节有效三个方面，我们所构建的宏观税负指标体系就应全面、准确地反映税负适度、税负公平和税收效率。根据宏观税负指标体系的构建原则，本文构建税负适度、税负公平和税收效率三个子体系。

1. 税负适度子体系

从宏观上讲，税负高低从整体上制约或促进一个国家的经济增长，反映着政府的社会经济职能及社会职能的强弱；从微观上讲，税负的高低会影响纳税人对消费、储蓄、投资及劳动等行为的选择，最终影响经济增长。因此，税负的适度分析主要应考察税负所达到的水平、增长的幅度及与经济增长是否协调，为此，本文选择税负水平、税负增长率、税收弹性等指标构建税负适度子体系。具体指标如下：

（1）税负水平指标：大、中、小口径宏观税负。

宏观税负可以分为大、中、小三个口径。小口径的宏观税负是指税收收入占 GDP 的比重；中口径的宏观税负是指财政收入占 GDP 的比重，这里的财政收入是指包括税收收入在内的预算内收入；大口径的宏观税负是指政府收入占 GDP 的比重，其中政府收入不仅包括预算内收入，还包括预算外收入，以及各级政府及其部门收取的没有纳入预算内和预算外管理的制度外收入等。目前世界上大多数国家已开征了社会保险税，有的国家社会保险税已经成为第一或第二大税种，但目前我国尚未开征社会保险税，且绝大部分的社会保障资金还未归于税收范畴或纳入国家预算中。此外，我国一直将企业亏损补贴作为财政收入的减项处理，但实际上这种补贴应该纳入支出项目。所以，在考虑大口径的宏观税负时，我们应该将社会保障资金和企业亏损补贴计入"政府收入"的范围。

由于预算外收入和制度外收入资金是由政府部门自收自支，自行管理，游离于财政控制之外，财政不仅难于进行有效调剂，也难于控制其使用方向和使用效益。因此，这部分资金不能形成政府的可支配收入，所以只有小口径的宏观税负才能表明政府调控能力的强弱。但是，不论是预算内收入、预算外收入还是制度外收入，都形成了微观经济主体的一种实际经济负担，因此，大口径的宏观税负全面反映了政府从微观经济主体取得收入的状况。为了全面深入地反映和分析我国宏观税负的整体情况，必须用大、中、小三个口径的宏观税负指标反映我国的宏观税负水平。其计算公式如下：

小口径宏观税负 = 税收收入/国内生产总值×100%

中口径宏观税负 = 财政收入/国内生产总值×100%

大口径宏观税负 = 政府收入/国内生产总值×100%

其中，财政收入 = 预算内收入 = 税收收入 + 其他各项预算内收入；政府收入 = 预算内收入 + 预算外收入 + 制度外收入 + 社会保险福利费 + 企业亏损补贴。

（2）税收增长率：报告期税收收入增长额与基期税收收入之比。其计算公式如下：

税收增长率 = 报告期税收收入增长额/基期税收收入×100%

（3）税收弹性：税收收入增长率与 GDP 增长率之比。其计算公式如下：

税收弹性＝税收收入增长率/GDP 增长率

2. 税负公平子体系

税负的分配应该是公平的，应使每个人支付合理的份额。而我国是一个地区差异明显、经济类型众多、行业差别较大的发展中国家，不同地区、不同产业、不同所有制企业、不同行业之间的税收负担都存在较大的差异。因此，我国的宏观税负问题不仅仅是多少和轻重的问题，还有一个宏观税负的差异问题，对宏观税负的地区差异进行分析，而且对不同所有制经济成分之间以及不同产业之间税收负担差异进行分析，找出其差别所在及其形成原因，反映我国税负公平状况，为科学培植税源、优化产业结构，发挥税收在促进经济增长和协调全国各地区间经济均衡发展方面的作用提供有益的参考。为此，本文选择税负差额、税收弹性差异和税负差异系数三个指标构成税负公平子体系。此外，税收协调系数①是税收收入比重与其 GDP 比重之比，用以反映税收收入所占份额是否与其经济总产值所占份额一致，不同地区的税收协调系数可表明税收收入比重与其产值比重是否一致，也在一定程度上反映了税负差异。本文也将税收协调系数列为税负公平子体系。

税负差额＝税负极大值－税负极小值

税收弹性差异＝税收弹性系数 A－税收弹性系数 B

税负差异系数 G＝（10000－S）/10000

税收协调系数＝税收比重/GDP 比重

3. 税收效率子体系

一个国家的税收效率主要体现在税收成本和税收收入两个方面，通过两者之间的比较来衡量。从理论上讲，可以用税收成本率来表示，税收成本率是税收成本与税收总收入的比值，税收成本在税收总收入中占的比重越大，税收成本率就越高，税收效率就越低；反之，税收效率就越高。税

---

① 张伦俊：《税收与经济增长关系的数量分析》，中国经济出版社 2006 年版，第 189 页。

收成本是指由于国家征税而使征、纳税双方及社会所支付的费用和带来的损失，包括征税成本、纳税成本和经济成本三类：征税成本又可称之为税务行政费用，指税务机关因课征税收而发生的开支，包括为取得税收收入而制定和执行税收法律和税收政策的支出；纳税成本又称税收奉行成本或税制遵从成本，指纳税人为履行纳税义务，依法缴纳税款所支付的各种费用；经济成本是指国家征税给社会和经济带来的超额负担，如征税给生产者和消费者正常决策带来的负面影响，给资源配置带来的干扰等所造成的经济福利损失。由此可见，税收效率应涵盖征税效率、纳税效率和经济效率。

税收的经济效率选择税收的额外负担予以测度；税收的征收效率和纳税效率旨在考察税收行政效率，将税收征管效率集中体现在税收收入与税收成本的对比，选择通用的三个基本指标：

（1）税收征收成本率：指一定时期的征收成本占税收收入的比重，旨在衡量征管成本和组织税收收入的比例关系，可用此指标进行征税机关之间的横向比较，又可用于某一征税机关不同年度的纵向比较。要提高税收效率，就要减少征收成本，降低征收成本率，但当税收收入总量达到最高点时，无论成本支出增加多大，税收收入也不会增加了。其计算公式为：

税收征收成本率 = 税收征收成本/税收收入总额 × 100%

（2）人均征税额：指一定时期的税收收入与同期税务人员之比，反映一定时期税务人员数量与税收收入的关系。一般而言，人均征税额越高，征收效率就越高；反之，人均征税额越低，征收效率就越低。但当税收收入达到最大规模时，人均征税额会随着人数的增加而减少。其计算公式为：

人均征税额 = 税收收入总额/税务人员数量

（3）税收成本收入弹性：指税收成本增长率与税收收入增长率之比，从动态上反映税务机关税收效率的变化情况，且能避免因税收收入的增长而掩盖税收成本中存在的问题。随着税收收入的增长，税收成本的绝对额会相应增加，但税收成本的增长幅度不应超过税收收入的增长，因此，这一指标值应小于1。

　　将上面选择的所有指标归类汇总编制宏观税负指标体系构成表（如表 3 - 1 所示）。

表 3 - 1　宏观税负指标体系

子体系	税负适度子体系	税负公平子体系	税收效率子体系
指标	1. 水平指标 （1）大口径宏观税负 （2）中口径宏观税负 （3）小口径宏观税负 2. 税负增长率 3. 税收弹性	1. 税负差额 2. 税收弹性差异 3. 税负差异系数 4. 税收协调系数	1. 税收经济效率 （1）超额负担 2. 税收行政效率 （1）征收成本率 （2）人均征税额 （3）税收成本收入弹性

第四章

税收负担水平及其影响因素分析

　　税收负担的适度分析主要是从宏观税负的角度进行的，宏观税负适度是实现合理税负的基础和前提。本章在借鉴国内外税负适度实证分析的有益尝试后，采用本文确定的税负水平、税负增长率和税收弹性等指标，对我国改革开放以来宏观税负的动态进行分析。分析结果表明，我国宏观税负呈现出先降后升之势，但与世界众多国家相比，我国税负仍处于较低水平。究其原因，经济增长、物价变动、税收政策及税收征管是其主要影响因素，并采用因素分析法进行税收收入影响程度分析。最后，借鉴前人关于税负适度规模的研究成果，建模计算出我国宏观税负的适度规模。

4.1　关于宏观税负与经济增长关系的实证分析

　　从经济增长的角度讲，适度的税负应对经济起积极的促进作用，因而进行税收负担的适度分析必须从税收负担与经济增长的关系入手。由于税负对决定经济增长的各因素具有很大的影响，因而一般说来税负与经济增长之间存在着直接的关系。对此，可通过实证分析来加以说明。关于税负与经济增长的关系问题，在国际上颇有影响的研究，当属世界银行工业部顾问马斯顿于 1983 年就 10 组共 21 个国家的情况所做的实证分析。

4.1.1　马斯顿关于税负与经济增长关系的实证分析

马斯顿于 1983 年进行了税负与经济增长关系的实证研究。在这项研究中，马斯顿选取 10 组国家，采用 20 世纪 70 年代的数据，在每组的两个国家中一个为低税国，另一个为高税国（税负差别较大），依人均国内生产总值（GDP）的高低排列。人均 GDP 最低的第 1 组国家为乌拉维和扎伊尔，1979 年的人均 GDP 为 200～300 美元，属最贫穷的国家；人均 GDP 最高的第 10 组国家为日本和瑞典，1979 年的人均 GDP 为 8 800～11 950 美元，在第 10 组国家中另加上了美国，1979 年的人均 GDP 为10 630美元，属最富裕的国家（如表 4-1 所示）。研究结果表明，税负与经济增长之间存在着以下基本关系：

（1）低税国的投资增长率大于高税国。20 世纪 70 年代 10 组国家中，低税国的国内总投资年平均增长 8.9%，而高税国的国内总投资却是年平均负增长 0.8%。回归分析还表明，税负每提高 1 个百分点，国内总投资增长率降低 0.66 个百分点。这与前述高税妨碍投资、低税促进投资的分析相一致。

（2）低税国的劳动力增长率大于高税国。20 世纪 70 年代 10 组国家中，低税国的劳动力年平均增长 2.2%，高税国的劳动力年平均增长 1.7%，前者大于后者 0.5%。这表明，高税影响劳动力就业。

（3）就投资增长与劳动力增长的最终反映——国内生产总值的增长来看，低税国的国内生产总值增长率大于高税国。20 世纪 70 年代 10 组国家中，低税国的国内生产总值年平均增长 7.3%，高税国的国内生产总值年平均增长仅 1.6%，其中有两个国家还出现了负增长。回归分析还表明，税负每提高 1 个百分点，国内生产总值增长率下降 0.36 个百分点。而且，高税负对经济增长的消极影响在低收入国家中表现得尤为明显。

表4－1　21国税负与经济增长关系表（20世纪70年代）

组　　别	国　别	人　均　GDP（1979,单位：美元）	税收总额占GDP比重(%)	实际增长率(%)		
				国内总投资	劳动力	GDP
1	马拉维	200～300	11.8	2.3	2.2	6.3
	扎伊尔		21.5	－5.0	2.1	－0.7
2	喀麦隆	500～600	15.1	7.9	1.3	5.4
	利比里亚		21.2	5.2	2.6	1.8
3	泰　国	500～600	12.0	7.7	2.7	7.7
	赞比亚		22.7	－5.6	2.4	1.5
4	巴拉圭	700～1100	10.3	18.7	3.1	8.3
	秘　鲁		14.4	2.7	3.0	3.1
5	毛里求斯	1100～1300	18.6	16.1	－	8.2
	牙买加		23.8	－9.6	2.2	－0.9
6	韩　国	1400～1700	14.2	14.9	2.8	10.3
	智　利		22.4	－2.0	1.9	1.9
7	巴　西	1700～2100	17.1	10.1	2.2	8.7
	乌拉圭		20.2	7.5	0.1	2.5
8	新加坡	3800～5950	16.2	6.0	2.7	8.4
	新西兰		27.5	－	2.1	2.5
9	西班牙	4300～6350	19.1	2.5	1.1	4.4
	英　国		30.4	0.8	0.3	2.1
10	日　本	8800～11950	10.6	3.2	1.3	5.2
	瑞　典		30.9	－1.1	0.3	2.0
	美　国		18.5	1.9	1.8	3.1
算术平均数	低税组10个国家		14.5	8.9	2.2	7.3
	高税组10个国家		23.5	－0.8	1.7	1.6

注：税收指中央政府部分；日本税收包含非税收入，不含社会保障收入。

　　（4）从美国的情况来看，20世纪70年代的税负为18.5%，低于最发达国家的平均数；但由于美国属分权型的国家，再加上州与地方两级政府的税收之后，总税负将提高10个百分点，因而其税负也是比较重的。就其

20 世纪 70 年代国内生产总值年增长率而言，只有 3.1%，这与低税国相比是较低的。正因如此，美国在 20 世纪 80 年代以来的税制改革中采取了以减税促增长的主要思路。

马斯顿通过对 20 世纪 70 年代 10 组 21 个不同税负国家进行实证分析，认为低税负国家或税负适中国家的经济增长速度要明显快于高税负国家，并得出税收负担率每增长 1%，就会引起 GDP 增长率下降 0.36% 的结论。这表明，提高税负水平只能以牺牲经济增长为代价，而低税使投资、工作等都具有较高的税后收益，这将对一国的经济增长起积极作用。

4.1.2　宏观税负水平的国际比较

经济全球化不断加强和国民经济核算体系在世界范围的推广普及，不仅为宏观税负的国际比较提供了经济基础，也为宏观税负的国际比较提供了核算基础。对不同国家的总体税负水平进行实证比较研究，既有助于考察税收对一国 GDP 贡献的依存关系，发现税收与宏观经济之间的关系、税收结构与经济发展水平之间的关系，找出其中的一般性特点和规律，又能为我国税收负担的适度分析提供有益的借鉴和参考。宏观税收负担的国际比较，通常采用税收收入占国内生产总值的比重来进行。本文重点对 20 世纪 90 年代不同收入水平国家宏观税负变动趋势进行分析，并总结其变动规律。

1. 不同收入水平国家宏观税负变动趋势

（1）高收入国家宏观税负呈上升趋势。20 世纪 90 年代，高收入国家的宏观税负总体呈上升趋势（如表 4 - 2 所示），表中所列 25 个高收入国家，1995 年宏观税负的平均值为 36.38%，比 1990 年上升了 1.75 个百分点；1999 年宏观税负的平均值为 37.29%，比 1995 年又上升了 0.91 个百分点，10 年间上升了 2.66%。当然，不同国家税负的变动趋势和变动幅度也不相同，其中，奥地利、比利时、丹麦、芬兰、法国、希腊、意大利、韩国、挪威、葡萄牙、瑞士、英国、美国等 13 个国家的宏观税负一直呈现上升趋势；澳大利亚、加拿大、冰岛、荷兰、西班牙、瑞典等 6 个国家的宏观税负呈现先降后升之势；德国、日本、卢森堡、新西兰、新加坡等5个国家的宏观税负呈现先升后降之势；只有爱尔兰的宏观税负完全呈下降趋势。

表4-2　20世纪90年代高收入国家的宏观税负　单位：%

国　家	1990年	1995年	1999年	国　家	1990年	1995年	1999年
澳大利亚	30.5	29.3	30.6	韩　国	15.7	20.5	23.6
奥地利	40.1	42.4	43.9	卢森堡	40.2	44.4	41.8
比利时	43.4	45.4	45.7	荷　兰	44.3	42	42.1
加拿大	36.2	35.4	38.2	新西兰	36.4	37.7	35.6
丹　麦	46.7	49.4	50.4	挪　威	41.3	41.5	41.6
芬　兰	37.8	45.2	46.2	葡萄牙	30.1	33.3	34.3
法　国	41.6	44	45.8	新加坡	15.1	16.2	12.7
德　国	37.8	38.5	37.7	西班牙	33.2	32.8	35.1
希　腊	25.9	32.1	37.1	瑞　典	53.4	47.9	52.2
冰　岛	31.6	31.2	36.3	瑞　士	30.8	33.5	34.4
爱尔兰	33.4	33.1	32.3	英　国	35	35.2	36.3
意大利	37.2	41.2	43.3	美　国	26.2	28.8	28.9
日　本	22	28.4	26.2	平　均	34.63	36.38	37.29

资料来源：靳东升等.20世纪90年代各国宏观税负变化趋势[OL].国家税务总局网.

（2）中等高收入国家宏观税负先升后降。20世纪90年代，中等高收入国家的宏观税负水平总体上呈先升后降趋势（如表4-3所示），表中所列的7个中等高收入国家，1995年的宏观税负平均值为30.19%，比1990年提高0.25个百分点；1999年宏观税负平均值为30.19%，比1995年下降了2.89个百分点，这一水平比1990年的水平还低2.64个百分点。当然，不同国家宏观税负的变动趋势和变动幅度也不相同，其中，巴西、捷克和马来西亚3个国家宏观税负呈上升趋势；智利和波兰两个国家宏观税负呈现先升后降趋势；匈牙利宏观税负呈下降趋势；墨西哥宏观税负呈现先降后升趋势。

表4-3　20世纪90年代中等收入国家的宏观税负　单位:%

中等高收入国家	1990 年	1995 年	1999 年	中等低收入国家	1990 年	1995 年	1999 年
巴　西	28.4	29.2	29.2 (1997)	斐　济	23	21.8	21.2 (1996)
智　利	16.2	19.7	8.5	菲律宾	15.9	17.3	16.8
捷　克	39.4	40.1	40.4	罗马尼亚	35.4	28.8	26.8
匈牙利	48.4	42.7	39.2	南　非	26.9	28.2	30.3
马来西亚	19.6	20.7	21.8 (1997)	泰　国	17.8	17.7	17.1
墨西哥	16.9	16.6	16.8	土耳其	11.5	13.7	15.6 (1996)
波　兰	40.7	42.3	35.2				
平均值	29.49	30.19	27.30	平均值	21.75	21.25	21.30

资料来源：靳东升等.20世纪90年代各国宏观税负变化趋势[OL].国家税务总局网.

（3）中等低收入国家宏观税负稳中有降。20世纪90年代，中等低收入国家的宏观税负水平总体上呈现稳中有降的趋势（如表4-3所示），表中所列的6个中等低收入国家，1995年的宏观税负平均值为21.25%，比1990年下降0.5个百分点；90年代末比90年代中期宏观税负则提高了0.05%。当然，不同国家宏观税负的变动趋势和变动幅度也不相同，其中，南非和土耳其两个国家的宏观税负呈上升趋势；菲律宾的宏观税负呈先升后降的趋势；斐济、罗马尼亚和泰国的宏观税负总体呈下降趋势。

（4）低收入国家的宏观税负呈下降趋势。20世纪90年代，低收入国的宏观税负总体税负呈下降趋势（如表4-4所示），表中所列的4个低收入国家，宏观税负平均值从90年代初期的17.07%下降到90年代中期的16.98%，到90年代末进一步下降至16.03%。当然，不同国家宏观税负的变动趋势和变动幅度也不相同，其中，印度尼西亚和巴基斯坦的宏观税负与平均税负水平变化方向完全一致，呈下降趋势；肯尼亚的宏观税负呈先升后降趋势；印度的宏观税负先降后升，总体仍属下降趋势。

表 4-4　20 世纪 90 年代低收入国家的宏观税负　单位:%

国　家	1990 年	1995 年	1999 年
印　度	16.2	15.5	15.6（1996）
印度尼西亚	18.2	16.0	14.9（1999）
肯尼亚	20.6	23.4	21.3（1997）
巴基斯坦	13.3	13.0	12.3（1997）
平均值	17.07	16.98	16.03

2. 宏观税负水平的规律性认识

从以上不同收入水平国家宏观税负变动趋势分析，可以得出以下四点规律性认识：

（1）尽管各国的宏观税负水平的变化趋势有升有降，但绝大多数国家的宏观税负水平均呈下降趋势。高收入国家的总体平均税负虽然有所上升，但也有税负水平下降的。而且有资料显示，高收入国家的税负水平经过近 30 年的增长之后于 2000 年已经达到巅峰，2001 年对 OECD 组织 25 个成员国不完全统计，其税收收入占 GDP 的比重比 2000 年下降了 0.1 个百分点。欧盟统计办公室 2004 年 7 月的"欧盟税制结构"统计报告也显示，欧盟 25 个成员国的平均税负从 2001 年的 41.1% 降到了 2002 年的 40.4%。

（2）税负水平的高低与经济发展水平的高低相一致。从 20 世纪 90 年代不同收入水平国家税负变动看，高收入国家宏观税负的平均值最高，中等高收入国家宏观税负的平均值次之，中等低收入国家宏观税负的平均值又比中等高收入国家的平均值低，低收入国家的宏观税负的平均值最低。由此我们可以认为，经济发展水平越高，宏观税负就越高。这一结论与此前世界银行的研究结果也完全吻合。

（3）在相同经济发展水平的国家中，由于各国政府所承担的政治、经济和社会职责范围不同，或相关的经济、税收政策发生了变化，各国宏观税负的高低及变化趋势也不尽相同。就宏观税负未来发展趋势看，大部分高收入国家或中高收入国家，由于政治、经济运行机制比较规范，税收制度也相对完善，宏观税负在未来会相对稳定，上升趋势会逐渐停止。随着一些国家减税措施的实施，宏观税负可能会稳中有降。就中等收入国家和低收入国家而言，随着经济增长速度的加快以及政治、经济制度、税收制度的完善和税收征管水平的提高，宏观税负下降的趋势会得到抑制。

4.1.3 国内学者关于税负与经济增长关系的实证分析

我国学者林鲁宁（2002）研究了我国税收负担与宏观经济发展之间的定量关系，运用经济模型 $y = \alpha \cdot x^{\beta}$，即 $Ln(y) = Ln(\alpha) + \beta Ln(x)$，并根据我国 1985 ~ 2000 年数据，分别对我国国内生产总值、消费、投资、出口与实际宏观税负进行回归分析，并进一步计算出税基弹性。其研究结果表明，国内生产总值的增长、社会消费的增长、社会投资的增长、出口总额的增长均与实际宏观税负水平呈负相关关系，而且二者之间的相关性较强，即实际宏观税负水平越高，对国内生产总值、消费、投资、出口这四个宏观经济指标的牵制作用就越大。因此，税收负担的加重将直接导致整个经济萎缩，而降低税负水平将有利于刺激经济的增长。

除林鲁宁外，国内许多学者就我国税收与经济增长的关系进行研究。安体富、岳树民、袁有杰（2002）对税收负担与经济增长相关系数进行研究，结论表明，我国宏观税负与经济增长呈负相关关系，且相关系数为 - 0.894。马栓友和于红霞（2003）、李永友（2004）、李晓芳等人（2005）的研究表明，我国税收和经济增长呈负相关，税收负担对经济增长有显著的抑制作用。王维国和杨晓华（2006）利用面板数据，分析我国宏观税负与经济增长之间的关系，认为东部经济带平均宏观税负较高，对经济增长的抑制作用比较显著，而中部经济带和西部经济带宏观税负低于东部经济带，其税收对经济增长的作用不显著，并从所得税、消费税和劳动税的税收结构角度对税收与经济增长之间的关系进一步分析，结果表明，我国对资本征税显著地降低了人均 GDP 增长率，不利于经济的增长；对消费征税能够显著地提高人均 GDP 增长率，有利于经济增长；而对劳动征税对人均 GDP 增长没有显著的作用，对经济增长无显著影响。这一实证分析结果与格雷纳修正模型的数理分析结果一致。

4.2 改革开放以来我国税收负担的动态分析

自 1978 年改革开放以来，我国经济取得了令人瞩目的成果。我国的社会主义市场经济体制正在逐步完善，税收政策日趋合理，税收制度日益规范。但是作为税收制度执行结果的宏观税收负担和税收收入在不同阶段却呈现出不同的特点。

4.2.1 小口径宏观税负水平分析

从理论上讲，经济决定税收，只有经济的不断发展才有税收收入的不断增长，但是由于经济活动本身的复杂性所决定，经济增长与税收收入增长之间又不可能是完全直线线性关系。根据 1978 年以来我国税收收入、GDP 资料计算出小口径宏观税负（如表 4－5 所示），结果表明，我国宏观税负水平的增长变动大致可分为三个阶段：第一阶段，1978～1984 年，党的十一届三中全会确立的改革开放方针使生产力得到巨大解放，经济和税收收入都呈逐年上升趋势；第二阶段，1985～1993 年，由于 1983、1984 年两步利改税改革和工商税制全面改革，原国有企业上缴利润改为主要以税收收入形式集中到政府手中，至 1988、1989 年，由于国内需求过热等原因推动经济增长，使税收收入总额大幅上升；第三阶段，1994 年新税制改革以后至今，国民经济持续平稳增长，并在 1996 年实现经济软着陆，经济增长有所下降，物价涨幅回落，税收收入总额增长速度也趋于减缓。具体表现出以下特点：

表 4－5　1978～2005 年我国小口径宏观税负、税收弹性

年　份	GDP（亿元）	税收收入（亿元）	税收增长率（％）	GDP 增长率（％）	宏观税负（％）	税收弹性
1978	3624.1	519.28	10.90	13.19	14.33	0.83
1979	4038.2	537.82	3.57	11.43	13.32	0.31

年　份	GDP（亿元）	税收收入（亿元）	税收增长率（%）	GDP增长率（%）	宏观税负（%）	税收弹性
1980	4517.8	571.70	6.30	11.88	12.65	0.53
1981	4862.4	629.89	10.18	7.63	12.95	1.33
1982	5294.7	700.02	11.13	8.89	13.22	1.25
1983	5934.5	775.59	10.80	12.08	13.07	0.89
1984	7171.0	947.35	22.15	20.84	13.21	1.06
1985	8964.4	2040.79	115.42	25.01	22.77	4.62
1986	10202.2	2090.73	2.45	13.81	20.49	0.18
1987	11962.5	2140.36	2.37	17.25	17.89	0.14
1988	14928.3	2390.47	11.69	24.79	16.01	0.47
1989	16909.2	2727.40	14.09	13.27	16.13	1.06
1990	18547.9	2821.86	3.46	9.69	15.21	0.36
1991	21617.8	2990.17	5.96	16.55	13.83	0.36
1992	26638.1	3296.91	10.26	23.22	12.38	0.44
1993	34634.4	4255.30	29.07	30.02	12.29	0.97
1994	46759.4	5126.88	20.48	35.01	10.96	0.59
1995	58478.1	6038.04	17.77	25.06	10.33	0.71
1996	67884.6	6909.82	14.44	16.09	10.18	0.90
1997	74462.6	8234.04	19.16	9.69	11.06	1.98
1998	78345.2	9262.80	12.49	5.21	11.82	2.40
1999	82067.5	10682.58	15.33	4.75	13.02	3.23
2000	89468.1	12581.51	17.78	9.02	14.06	1.97
2001	97314.8	15301.38	21.62	8.77	15.72	2.46
2002	105172.3	17636.45	15.26	8.07	16.77	1.89
2003	117390.2	20017.31	13.50	11.62	17.05	1.16
2004	136875.9	24165.68	20.72	16.60	17.66	1.25
2005	182321.0	28775.10	19.07	33.20	15.78	0.57

资料来源：根据《中国统计年鉴2005》和《中国税务报》相关数据计算。

（1）税收收入持续明显增长。1978年我国宏观税收收入仅519.28亿元，1978～1984年逐年缓慢增长，1984年增长为947.35亿元，年均增加71.35亿元。1985年猛增至2040.79亿元。1985年以后税收收入水平呈现出较强的增长之势，到1993年增长至4255.3亿元，此期间税收收入增长2214.51亿元，年均增加276.81亿元。1994年税改以后，税收收入水平呈现出更强的增长之势，至2004年已增长至24165.68亿元，年均增长1903.88亿元。

（2）我国实际宏观税负水平呈现上下波动的趋势。以1985年为界，小口径税负水平呈现出两段先降后升趋势。首先，宏观税负从1978年的14.33%下降至1981年的12.95%，然后便呈上升之势，缓慢上升至1984年的13.21%，至1985年猛增至22.77%（由于1985年实行第二步"利改税"的影响）。其次，1985年以后，宏观税负进入了持续下降阶段，平均将近以每年1个百分点的速度下降，至1996年达到最低点为10.18%。此后，税负水平逐步上升，由1996年的10.18%逐年上升至2000年的14.06%，持续上升至2004年的17.66%。

（3）税收收入增长同GDP增长之间总体上呈正相关性，但是，不同时期二者的增长变动幅度又具有明显的不同步性。1992～1996年GDP平均增长速度为25.7%，而税收收入的平均增长速度为18.2%，税收平均每年的增长速度比GDP速度慢7.5个百分点，这5年间税收弹性系数分别为0.44、0.97、0.59、0.71和0.89，弹性系数均小于1，平均为0.71。1997～2000年税收弹性系数大幅度提高，四年分别为1.98、2.40、3.23和1.97，税收增长率大大高于同期的GDP增长率，税收收入增长率分别为19.2%、12.5%、15.3%和17.8%，而同期GDP增长率仅为9.7%、5.2%、4.7%和9.0%。21世纪初，特别是2003、2004年，弹性系数略高于1，税收增长率略高于同期的GDP增长率，表明税收弹性正在逐渐趋向税收与经济同步增长的理想区间。

4.2.2 大口径宏观税负水平分析

大口径宏观税负是政府收入占GDP的比重，政府收入除了税收收入外还包括各种形式的费、预算外资金、制度外收入等。由于我国现行统计制度中没有制度外收入指标，部分学者推算或通过典型调查获得数据，有学者认为各级政府的制度外收入相当于地方预算内收入的30%（樊纲，1996），也有学者认为制度外收入占GDP比重不低于10%（米建国、石小敏等，2000）。本文将企业亏损补贴、社会保障基金纳入政府收入范畴，旨在使计算结果更接近实际值。依据本文政府收入公式计算出1989~2004年①我国政府收入，并进一步计算出大口径宏观税负（如表4-6所示），计算结果表明，我国大口径宏观税负水平具有以下特点：

表4-6　1978~2004年我国政府收入、大口径宏观税负

年 份	GDP（亿元）	税收收入（亿元）	财政收入（亿元）	预算外收入（亿元）	企业亏损补贴（亿元）	社会保险基金（亿元）	政府收入（亿元）	大口径宏观税负（%）
1978	3624.1	519.28	1132.26	347.11				
1979	4038.2	537.82	1146.38	452.85				
1980	4517.8	571.70	1159.93	557.40				
1981	4862.4	629.89	1175.79	601.07				
1982	5294.7	700.02	1212.33	802.74				
1983	5934.5	775.59	1366.95	967.68				
1984	7171.0	947.35	1642.86	1188.48				
1985	8964.4	2040.79	2004.82	1530.03	507.02			
1986	10202.2	2090.73	2122.01	1737.32	324.78			
1987	11962.5	2140.36	2199.35	2028.80	376.43			
1988	14928.3	2390.47	2357.24	2270.00	446.46			
1989	16909.2	2727.40	2664.90	2658.83	598.88	153.6	6076.21	35.93
1990	18547.9	2821.86	2937.10	2708.64	578.88	186.8	6411.42	34.57
1991	21617.8	2990.17	3149.48	3243.30	510.24	225.0	7128.02	32.97
1992	26638.1	3296.91	3483.37	3854.92	444.96	377.4	8160.65	30.64

① 因1989年以前没有社会保险基金统计资料，2005年以后预算外收入改为预算外专户收入，统计口径有变化，故本文只计算1989~2004年大口径宏观税负。

续表

年　份	GDP（亿元）	税收收入（亿元）	财政收入（亿元）	预算外收入（亿元）	企业亏损补贴（亿元）	社会保险基金（亿元）	政府收入（亿元）	大口径宏观税负（%）
1993	34634.4	4255.30	4348.95	1432.54	411.29	526.1	6718.88	19.40
1994	46759.4	5126.88	5218.10	1862.53	366.22	742.0	8188.85	17.51
1995	58478.1	6038.04	6242.20	2406.50	327.77	1006.0	9982.47	17.07
1996	67884.6	6909.82	7407.99	3893.34	337.40	1252.4	12891.13	18.99
1997	74462.6	8234.04	8651.14	2826.00	368.49	1458.2	13303.83	17.87
1998	78345.2	9262.80	9875.95	3082.29	333.49	1623.1	14914.83	19.04
1999	82067.5	10682.58	11444.08	3385.17	290.03	2211.8	17331.08	21.12
2000	89468.1	12581.51	13395.23	3826.43	278.78	2644.5	20144.94	22.52
2001	97314.8	15301.38	16386.04	4300.00	300.04	3101.9	24087.98	24.75
2002	105172.3	17636.45	18903.64	4479.00	259.6	4048.7	27690.94	26.33
2003	117390.2	20017.31	21715.25	4566.80	226.38	4882.9	31391.33	26.74
2004	136875.9	24165.68	26396.47	4699.18	217.93	5780.3	37093.88	27.10

（1）我国税费总负担偏重。我们在这里可以将大口径的税收负担看作税费总负担。由于数据取得、计算方法等方面的差异，各学者计算出的大口径宏观税负存在差异，据安体富、孙玉栋保守的估计应在25%以上，如果加上债务收入，这样的税收负担指标2002年已经达到31.23%，2004年也高达31.19%。本文计算的此项指标为27.1%，虽然低于有些专家学者的计算结果，但与发展中国家16%～20%的水平相比，却仍旧较高。

（2）新税制改革前，我国宏观税负呈现出下降趋势，尤其是大口径宏观税负下降幅度最大，由1989年的35.93%下降至1994年的17.51%，下降了18.42个百分点。新税制改革后，经济增长速度在放慢，但大口径宏观税负水平却在不断地提高，从1995年的17.07%提高到2004年的27.1%，大口径宏观税负大体上增加了10.03个百分点，平均每年增加1.11个百分点，这表明最近几年来，在"费改税"没有大的成绩的情况下，主要是由于税收的快速增长带来了税费总负担的不断提高。

（3）从一定时期剩余产品的价值量与税费负担量分析，由于税费主要来源于一定时期社会生产的剩余产品价值，而为了维持社会简单再生产和扩大再生产的需要，税费总额只能是同期剩余产品价值量的一部分而不是全部。据测算，1999 年剩余产品的价值量是 26 530.94 亿元，占 GDP 的 32.4%，而当年税费总量占 GDP 的比重按保守的估计也达到24.1%，可见留给企业的就不多了。而且由于不同所有制企业之间存在税费负担不平衡问题，更加重了问题的尖锐性。所以从总量看，由于税费负担过重，作为投资和市场主体的企业缺乏进行扩大投资、技术改造的实力和动力，缺乏创新的活力和动机，难以进一步发展壮大、在国际竞争中取胜。

4.3.3 大、小口径宏观税负差异的比较分析

从整体上看，自 1989 年起，我国大、小口径宏观税负水平的变动趋势可以 1994 年为界分为两段：第一阶段，1989～1993 年，呈现出大幅度下降之势，而且大口径宏观税负比小口径宏观税负在数值上要高出很多。具体而言，这一时期，大口径宏观税负由 1989 年的 35.93% 快速下降至 1994 年的 17.51%，小口径宏观税负则由 1989 年的 16.13% 下降至 1994 年的 10.96%，这一时期初始阶段大口径宏观税负是小口径宏观税负的 2.22 倍，到了 1994 年，大口径宏观税负是小口径宏观税负的 1.6 倍，差距在缩小。第二阶段，1995～2004 年，我国宏观税负呈现出持续上升之势，至 2004 年大、小口径宏观税负分别上升至 27.1%、17.66%，大口径宏观税负仍旧高于小口径宏观税负，大口径宏观税负是小口径宏观税负的 1.53 倍，差距略有缩小，表明这一时期大口径税负的增长幅度略低于小口径宏观税负增长幅度。

造成大、小口径宏观税负不同的原因除计算方面的差异外，还存在以下四方面的原因，这些原因一方面使税收收入减少，另一方面又使政府收入增加，从而形成两种口径税负差异。

1. "费挤税"财政分配秩序混乱，扩大了税收收入与政府收入的差距

在市场经济中，财政分配基本上等同于政府分配，政府的各项收支都要纳入财政的管辖范围，这是市场经济国家理财的一项基本准则。但我国

财力分散，大量资金游离于财政之外。21 世纪初，中央明文规定的收费项目仅百余项，而至县市一级各种收费项目突破千项。预算外收入和制度外收入不断增加，各种"费"挤占了许多本该由税收所享有的"空间"；我国相应的具有税收性质的收费没有完全转变为征税方式，实际上具有税收性质的收费主要有各级政府征收的教育费附加收入、行政事业性收费、基金以及绝大多数地方政府的预算外资金、其他难以区分的项目、没有统计到预算外资金的"隐藏"收入等等，造成费挤税现象，使税收收入不足，直接导致小口径税负低。这是我国小口径宏观税负偏低、大口径税负很高的重要原因。

2. 现行税制存在不足，抑制税收收入增长

（1）税种本身存在不足。在组织收入时就难以真正满足财政支出的要求。比如，作为我国主要税种的增值税，未将农业、建筑业、运输业等产业纳入征收范围，造成增值税征收链条的中断，影响了增值税的组织收入职能和参与分配的范围；消费税税目一直未做调整，使当前的一些高档消费行为，如桑拿等消费未包括在其中；个人所得税不对纳税人全年各项应纳税所得综合计算征税，影响税收收入增长；作为地方税种，中央对它缺乏有效统一的管理，其熨平经济波动的"自动稳定器"职能也难以有效发挥。

（2）税收收入构成不尽理想。工商税收在整个税收收入中占绝大部分，工商税收占税收总额的比重 2004 年达到 75.57%，最高年份 1999 年曾达到 83.18%[①]，是个人所得税和企业所得税二者之和的 7.26 倍。而所得税比重低，税收总量难以同步于经济总量增长，形成国民经济增长较快、税收增长较慢的局面。所得税比重低是多方面原因造成的。我国个人总体收入低只是其中一个方面，重要的是对于企业来说，内、外资企业所得税的处理相差很大，大量的税收优惠造成了税收的巨额减少。

3. 经济形势的变化，促使政府收入增长

（1）国有企业困难重重。近 20 年我国非国有经济发展很快，而国有

---

① 依据《中国税务年鉴》相关资料计算得到。

企业受多种因素的影响，未能真正适应市场经济的要求，对国民经济的贡献不断下降。国有企业的工业产值占工业总产值的比重下降，产值利税率也在下降。在这种情况下，国有企业对财政税收的贡献并没有相应地减少，目前他们仍承担着60%以上的财政收入。当前经济发展快，财政支出不断扩大，而经济实力相对较强的非国有经济不能给财政提供相应数额的资金，承担大部分税收的国有企业又在艰难度日，难以满足财政需求。因此，一些部门只有采取收费的形式解决部分资金问题，在税收收入未增长或增长很少的同时，政府收入却增长或增长很多，加剧了我国大、小口径宏观税负的差距。

（2）三大产业之间税负不公平。多年来，我国一直对第一产业和第三产业采取鼓励发展的政策。20世纪末，第一、三产业的GDP构成之和已超过第二产业。而对于这两大产业，尤其是第三产业来说，对税收贡献与其GDP构成是不相称的。税收没有在高速发展的第三产业上摄取到足够多的收入，从而限制了税收收入的增长。

4. 税收征管水平低，税款流失，实际税收收入减少

由于税收征管水平的因素导致我国每年都流失大量税款，具体体现在：一是税收征管技术手段落后，效率低，对一些纳税人偷、逃税行为缺乏有效的对策。二是对纳税申报的真实性缺乏有效的监控和防范，纳税人在申报后，缺少评税过程。三是税收计算机征管系统还没完全适应信息时代的要求，税务系统的征管、监控系统还不能对纳税人的财务情况进行全面监管，给纳税人逃税留下空间。据估计，目前我国主要税种完税程度，各类所得税只有21.4%，增值税为55.6%，消费税和营业税为60%。如果以上各税种的完税程度都达到70%，那么我国的宏观税负在2001年就可达到27%左右，相当于高收入国家的水平，税负显然较高①。

---

① 于连庆：《论我国税收负担的结构性调整》，载《税务与经济》，2004年第5期，第74页。

4.3　税收收入增长的因素分析

税收收入的增长只有两种可能的途径：一是提高税率，开辟新的税种，扩大征收范围，从制度上来增加税收收入；二是在既定的税制框架下因经济、管理、政策等因素变化而引起税收收入增长。近几年，我国税收收入的增长不是政府主动"增税"造成的，而是通过第二种途径实现的，是几方面因素综合作用的结果：在既定的税收制度和征管水平下，经济总量增长和结构优化是税收收入增长的决定性因素；宏观经济政策的调整是税收增长的推动因素，1998 年以来我国开始实施积极的财政政策，有力地促进了经济的增长，从而带来了税收的增长；税收政策上的结构调整，也带来了税收收入的增长；税收征管的加强保障了税收收入的增长。

4.3.1　税收收入增长的经济因素分析

改革开放以来，我国税收收入显著增长，经济因素起了主导作用。国民经济总量主要由投资、消费和进出口三部分组成。下面将从国民经济总量以及投资、消费和进出口等方面对税收收入增长的经济因素进行分析。

1. 经济总量增长对税收收入增长的影响

经济是税的基础，税收收入最终来源于剩余产品价值，单位产品提供的剩余产品价值越多，可提供的税收收入就越多，只有经济增长了，税收收入才可能增长。我国经济的持续稳定增长为税收收入增长奠定了坚实的基础。

（1）GDP 增长带来了税收收入的增长。改革开放以来，GDP 增长与税收增长都曾出现较大波动，这其中有国民经济运行状况、税制改革等方面的原因，但从总体上看，税收增长对 GDP 增长表现出良好的增长弹性。1990～2000 年的 10 年间，GDP 增长了 70920 亿元，年均增长七千多亿元；同期税收收入增长了 9760 亿元，年均增长近千亿元；同期税收对 GDP 增长的弹性系数平均为0.946。21世纪初的前五年，GDP增长了92853亿元，年均增长18571亿元；同期税收收入增长了16194亿元，年均增长3239亿元；同期税收对GDP增长的弹性系数平均为1.176。

（2）产业结构的调整和优化带来了税源结构的变化与税收收入的增长。在GDP中，有可税GDP与不可税GDP之分，前者缴税，后者不缴税。在可税GDP中，有高税负GDP与低税负GDP之分，前者对税收的贡献较大，后者则贡献较小。因而，可税GDP，特别是高税负GDP比重的提高，有利于税收的快速增长。据统计，我国不可税GDP占GDP比重，在1994~1997年大约为15%，2001年下降至8.38%，这种下降趋势有利于税收收入的增长。具体对三次产业而言，1994年以来，第一产业产值比重由1994年的20.2%下降至2005年的12.5%，第二、第三产业产值比重则分别由47.9%、31.9%变为2005年的47.3%、40.2%，其中，金融、证券、保险、邮电、通讯、运输、房地产、社会中介等行业经济规模不断扩大。第三产业的建筑安装业、房屋销售、旅游等行业的较快增长也使增加值税、消费税、营业税增长较多。低税负的第一产业产值比重下降，高税负的第二、三产业产值比重大幅度上升，促使税收收入快速增长。

（3）企业经济效益的大幅度提高促进企业所得税增收。税收收入归根到底来源于剩余产品价值，即经济效益，特别是企业所得税直接来自利润。近年来，我国通过加大国有大中型企业的改革力度，企业运行质量逐步提高，利润水平大幅度增长，最终带来企业税收的大幅度增长，特别是企业所得税的增长。据统计，2004年我国企业所得税增长了33%以上。[①]

2. 投资增长对税收收入增长的影响

（1）固定资产投资影响税收收入。固定资产投资的增加，不仅会带来国民经济总量的增加，而且会带来税收收入的增加。由于投资的乘数效应和税制的某些特点，在一定时期，投资所带来的税收收入的增长可能会高于固定资产投资的增长。改革开放以来，我国固定资产投资额持续增长，

---

① 齐中熙，肖敏：《我国税收增长为何高于GDP增速》，载《经济日报》，2005年1月3日。

从 1978 年的 668.7 亿元增长至 2005 年的 88 604.3 亿元（如表 4-7 所示），2005 年比 1978 年增长了 131 倍，比上年增长 25.72%。除个别年份外，弹性系数都大于零，表明税收收入增长与投资增长同方向变动，而多数年份税收收入增长慢于投资增长。

表 4-7　1978～2005 年我国 GDP、固定资产投资与税收收入增长

年　份	GDP 增长率 (%)	税收收入 (亿元)	全社会固定资产投资总额 (亿元)	税收收入增长率 (%)	固定资产投资增长率 (%)	弹性系数
1978	13.19	519.28	668.7	-	-	-
1979	11.43	537.82	699.4	3.57	4.58	0.78
1980	11.88	571.70	745.9	6.30	6.65	0.95
1981	7.63	629.89	961.0	10.18	28.84	0.35
1982	8.89	700.02	1230.4	11.13	28.03	0.40
1983	12.08	775.59	1430.1	10.80	16.23	0.67
1984	20.84	947.35	1832.9	22.15	28.17	0.79
1985	25.01	2040.79	2543.2	115.42	38.75	2.98
1986	13.81	2090.73	3120.6	2.45	22.7	0.11
1987	17.25	2140.36	3791.7	2.37	21.51	0.11
1988	24.79	2390.47	4753.8	11.69	25.37	0.46
1989	13.27	2727.40	4410.4	14.09	-7.22	-1.95
1990	9.69	2821.86	4517.0	3.46	2.42	1.43
1991	16.55	2990.17	5594.5	5.96	23.85	0.25
1992	23.22	3296.91	8080.1	10.26	44.43	0.23
1993	30.02	4255.30	13072.3	29.07	61.78	0.47
1994	35.01	5126.88	17042.1	20.48	30.37	0.67
1995	25.06	6038.04	20019.3	17.77	17.47	1.02
1996	16.09	6909.82	22974.0	14.44	14.76	0.98
1997	9.69	8234.04	24941.1	19.16	8.56	2.24
1998	5.21	9262.80	28406.2	12.49	13.89	0.90
1999	4.75	10682.58	29854.7	15.33	5.10	3.01
2000	9.02	12581.51	32619.0	17.78	9.26	1.92
2001	8.77	15301.38	37213.5	21.62	14.09	1.53

续表

年　份	GDP增长率（%）	税收收入（亿元）	全社会固定资产投资总额（亿元）	税收收入增长率（%）	固定资产投资增长率（%）	弹性系数
2002	8.07	17636.45	43499.9	15.26	16.89	0.90
2003	11.62	20017.31	55566.6	13.50	27.74	0.49
2004	16.6	24165.68	70477.4	20.72	26.83	0.77
2005	33.2	28775.1	88604.3	19.07	25.72	0.74

注：1978～1980年固定资产投资额为全民所有制固定资产投资额；2005年全社会固定资产投资额数据来源于《中国统计摘要2006》第53页。

（2）投资形成存货影响税收收入。存货对税收具有重要影响，存货数量的增加使库存产品所含的税收，以待抵扣的形式沉淀在企业的仓库里，即存货的增加直接减少税收收入。近几年来，存货绝对额与GDP增长基本同步。以1996年的平均税率9.07%计算，存货每增加11亿元，直接减少税收1亿元。1996年存货已高达3531.11亿元，占投资总规模的13.14%，约含税320亿元。1993～1998年各年的存货价值分别为2018亿元、2404亿元、3577亿元、3531亿元、3303亿元和2215亿元，这种存货规模相当于这几年中分别有180亿元、220亿元、320亿元、320亿元、300亿元和200亿元左右的税源沉淀。相反，存货的减少会增加税收收入，存货比重的下降有利于推动税负上升。近年来，我国存货的绝对量虽然一直随GDP的增长而增长，但在GDP构成中所占的比重明显下降，1995～1998年存货占GDP的比重逐年下降，分别为14.98%、13.14%、11.61%和7.29%，相应的宏观税负分别为10.33%、10.18%、11.06%和11.82%，呈明显上升趋势。从我国的实际情况看，存货比重的下降，与宏观税负的上升形成了明显的逆向变动趋势。过量存货不仅影响税收收入，还是引起债务清偿方面恶性循环和以不顾成本、无限压价为主要特征的恶性无序竞争的根源。在这种情况下，社会资源浪费，税收收入增长受阻，欠税增加。

3. 消费对税收收入的影响

（1）消费总量变化影响税收收入。从消费与GDP的关系看，消费是

GDP 的组成部分，消费的增长，可使 GDP 相应地增长。不仅如此，消费率的上升，通过使投资乘数增加，使投资对 GDP 的拉动作用增大，增加了 GDP 扩张的速度，扩大了税收的总税源。从 1990～2004 年的税收收入与社会消费品零售总额的变化可以看出，当社会消费品零售总额有较大幅度的增长时，税收收入的增长幅度也比较大，特别是 1999 年，后者是前者增长幅度的 2.25 倍（如表4－8所示）。

表4－8　1978～2004 年我国社会消费品零售总额与税收收入增长

年　份	税收收入（亿元）	社会消费品零售总额（亿元）	税收收入增长率（%）	社会消费品零售总额增长率（%）	弹性系数
1978	519.28	1558.6	－	－	－
1979	537.82	1800.0	3.57	15.49	0.23
1980	571.70	2140.0	6.30	18.89	0.33
1981	629.89	2350.0	10.18	9.81	1.04
1982	700.02	2570.0	11.13	9.36	1.19
1983	775.59	2849.4	10.80	10.87	0.99
1984	947.35	3376.4	22.15	18.50	1.20
1985	2040.79	4305.0	115.42	27.50	4.20
1986	2090.73	4950.0	2.45	14.98	0.16
1987	2140.36	5820.0	2.37	17.58	0.14
1988	2390.47	7440.0	11.69	27.84	0.42
1989	2727.40	8101.4	14.09	8.89	1.59
1990	2821.86	8300.1	3.46	2.45	1.41
1991	2990.17	9415.6	5.96	13.44	0.44
1992	3296.91	10993.7	10.26	16.76	0.61
1993	4255.30	12462.7	29.07	13.36	2.18
1994	5126.88	16264.7	20.48	30.51	0.67
1995	6038.04	20620.0	17.77	26.78	0.66
1996	6909.82	24774.1	14.44	20.15	0.72
1997	8234.04	27298.9	19.16	10.19	1.88

续表

年 份	税收收入（亿元）	社会消费零售总额（亿元）	税收收入增长率（%）	社会消费品零售总额增长率（%）	弹性系数
1998	9262.80	29152.5	12.49	6.79	1.84
1999	10682.58	31134.7	15.33	6.80	2.25
2000	12581.51	34152.6	17.78	9.69	1.83
2001	15301.38	37595.2	21.62	10.08	2.14
2002	17636.45	42027.1	15.26	11.79	1.29
2003	20017.31	45842.0	13.50	9.08	1.49
2004	24165.68	53950.1	20.72	17.69	1.17

（2）消费结构变化影响税收收入。居民消费可分为商品性消费和服务性消费两部分，其中，商品性消费的增长在短期内促进了产品的销售，减少了存货的积累，加速了债务清偿的速度，增加了企业的利润。这种情况下，税收收入得到保障，实际税负将上升。从实际情况来看，近年来，商品性消费在居民消费中的比重明显下降，仅以我国城镇居民为例，1985～1995 年 10 年间，该比重下降近 5 个百分点，1995 年已降为 71.86%，1999年继续下降到 60.88%，4 年又下降了约 11 个百分点。与此同时，服务性消费在居民消费中所占比重有了明显的提高。1985 年服务性消费占人均消费性支出的 24.59%，1999 年上升为 39.12%，14 年上升了约 15 个百分点。2000 年，在社会消费品零售额中，批发零售贸易业增长 12.1%，而餐饮业增长 17.3%，其他行业下降 0.3%。可以看出，餐饮服务业的增长首当其冲。而服务性消费有其特殊之处，它的主要特点是"即用即付"，即在消费的同时付款，在付款的同时消费。餐饮服务业的这一特点使餐饮服务业中的欠税相对较少。税收的增加与欠税的减少，促使税收收入加快增长。

4. 进出口贸易对税收收入的影响

进出口贸易大幅度增长对税收增长产生了积极的影响。我国的进出口贸易进入 20 世纪 90 年代以后，出现了跨越式发展态势。除 1998 年外，都呈现出较大幅度的增长，特别是进入 21 世纪以来，我国进出口贸易总额呈现出持续大幅度增长之势，由 2001 年的 42 183.6 亿元快速增长至 2005 年的 116 921.8 亿元，增长了约 1.8 倍，各年增长速度分别达到 21.80%、37.19%、35.55%、22.38%（如表 4－9 所示）。进出口贸易总额占 GDP 比重也由 2001 年的 43.35%，增加至 2004 年的 69.80%，再至 2005 年的 64.13%。我国对外贸易的快速增长，带来了我国税收收入的巨大变化。1995～2005 年，十年间，仅关税收入就由原来的 291.83 亿元增加到 1066.17 亿元，增长了 2.65 倍，而且保持了连续增长的走势。虽然关税收入占税收总额的比重在各年份中有所不同，但关税的增减变化对税收总额增减变化的影响程度在加强。同时进出口贸易在拉动经济增长和关税收入增加的同时，也带动了其他税收收入的增长。

表 4－9　1978～2005 年我国进出口贸易与税收收入增长

年　份	税收收入（亿元）	税收收入增长率(%)	进出口总　额（亿元）	出　口总　额（亿元）	进　口总　额（亿元）	GDP（亿元）	进出口贸易总额占 GDP 比重(%)	进出口贸易总额增长率(%)
1978	519.28	10.90	355.0	167.6	187.4	3624.1	9.80	—
1979	537.82	3.57	454.6	211.7	242.9	4038.2	11.26	28.06
1980	571.70	6.30	570.0	271.2	298.8	4517.8	12.62	25.38
1981	629.89	10.18	735.3	367.6	367.7	4862.4	15.12	29.0
1982	700.02	11.13	771.3	413.8	357.5	5294.7	14.57	4.90
1983	775.59	10.80	860.1	438.3	421.8	5934.5	14.49	11.51
1984	947.35	22.15	1201.0	580.5	620.5	7171.0	16.75	39.63
1985	2040.79	115.42	2066.7	808.9	1257.8	8964.4	23.05	72.08
1986	2090.73	2.45	2580.4	1082.1	1498.3	10202.2	25.29	24.86
1987	2140.36	2.37	3084.2	1470.0	1614.2	11962.5	25.78	19.52
1988	2390.47	11.69	3821.8	1766.7	2055.1	14928.3	25.60	23.92
1989	2727.40	14.09	4155.9	1956.0	2199.9	16909.2	24.58	8.74
1990	2821.86	3.46	5560.1	2985.8	2574.3	18547.9	29.98	33.79
1991	2990.17	5.96	7225.8	3827.1	3398.7	21617.8	33.43	29.96

续表

年　份	税收收入（亿元）	税收收入增长率(%)	进出口总额（亿元）	出　口总额（亿元）	进　口总额（亿元）	GDP（亿元）	进出口贸易总额占GDP比重(%)	进出口贸易总额增长率(%)
1992	3296.91	10.26	9119.6	4676.3	4443.3	26638.1	34.24	26.21
1993	4255.30	29.07	11271.0	5284.8	5986.2	34634.4	32.54	23.59
1994	5126.88	20.48	20381.9	10421.8	9960.1	46759.4	43.59	80.83
1995	6038.04	17.77	23499.9	12451.8	11048.1	58478.1	40.19	15.30
1996	6909.82	14.44	24133.8	12576.4	11557.4	67884.6	35.55	2.70
1997	8234.04	19.16	26967.2	15160.7	11806.5	74462.6	36.22	11.74
1998	9262.80	12.49	26849.7	15223.6	11626.1	78345.2	34.27	-0.43
1999	10682.58	15.33	29896.3	16159.8	13736.5	82067.5	36.43	11.35
2000	12581.51	17.78	39273.2	20634.4	18638.8	89468.1	43.90	31.36
2001	15301.38	21.62	42183.6	22024.4	20159.2	97314.8	43.35	7.41
2002	17636.45	15.26	51378.2	26947.9	24430.3	105172.3	48.85	21.80
2003	20017.31	13.50	70483.5	36287.9	34195.6	117390.2	60.04	37.19
2004	24165.68	20.72	95539.1	49103.3	46435.8	136875.9	69.80	35.55
2005	31926.00	32.11	116921.8	62648.1	54273.7	182321.0	64.13	22.38

资料来源：《中国统计年鉴2006》，2005年进出口贸易额来源于《中国统计摘要2006》第168页。

5. 价格对税收收入增长的影响

由于税收收入直接表现为货币收入，因此价格水平的变动必然会影响到税收收入。一般来说，价格变动对税收收入的影响机制是复杂的，价格和税收是两个相互影响的经济范畴，价格的变动引起商品税税负、所得税税负的同步变化，价格的总水平上升，将直接或间接地引起负税人的税负增加；同时，价格的变化还将使税收负担在不同产业及地区之间发生相应的变化。1997年以前，居民消费价格增长率、商品零售价格增长率都呈现出强劲上升之势，税收收入增长率也呈现出较快增长之势；而1997年以后，居民消费价格增长率、商品零售价格增长率一路走低，甚至出现负增长，然而税收收入增长并没有随之同步变动，依然以较快的速度上涨（如表4－10所示）。由此可见，价格对税收增长的影响比较复杂，其对税收收入增长量的影响程度有时是不同的。

表4－10 1990~2005年我国主要价格与税收收入增长率 单位:%

年　份	居民消费价格增长率	商品零售价格增长率	税收收入增长率	年　份	居民消费价格增长率	商品零售价格增长率	税收收入增长率
1990	3.1	2.1	3.46	1998	－0.8	－2.6	12.49
1991	3.4	2.9	5.96	1999	－1.4	－3.0	15.33
1992	6.4	5.4	10.26	2000	0.4	－1.5	17.78
1993	14.7	13.2	29.07	2001	0.7	－0.8	21.62
1994	24.1	21.7	20.48	2002	－0.8	－1.3	15.26
1995	17.1	14.8	17.77	2003	1.2	－0.1	13.50
1996	8.3	6.1	14.44	2004	3.9	2.8	20.72
1997	2.8	0.8	19.16	2005	1.8	0.8	32.11

资料来源:《中国统计年鉴（2006）》和《中国统计摘要（2006）》。

4.3.2　税收收入增长的政策因素分析

政策因素影响是指由于税收政策和制度的变动对税收收入的影响。影响税收收入的政策性因素包括影响税收收入增长的政策性因素和影响税收收入减少的政策性因素，前者主要是各种优惠政策到期恢复征税和新的税收政策出台而带来的税收增长。1994年以后导致税收收入增长的税收政策主要有以下五项：

（1）企业期初存货进项税款抵扣政策到期。1994年税制改革后，企业开始实行销项税额减进项税额的凭进货发票抵扣进项税金的增值税发票扣税法。但在1994年开始实行这一政策时，各企业都有大量的存货，如果允许企业当年把所有库存商品所含的进项税款全部一次性抵扣，当年增值税恐怕会所收无几，所以当时规定，企业1994年以前的期初存货已征税款分5年按比例抵扣。随着企业的这部分进项税款抵扣完毕，从1999年开始，在其他条件不变的前提下，企业增值税的进项税额比过去减少，企业缴纳的增值税额随之增加，此项政策影响税收增收 179.41 亿元。

（2）外商投资企业超税负返还政策到期。1994 年税制改革后，外商投资企业的流转税由过去征收工商统一税改为与内资企业相同，征收增值税、消费税和营业税，但因此项改革而增加的税负在 5 年之内可以返还。所以，1994~1998 年，外商投资企业的流转税负没有大的变化，而从 1999 年起，随着超税负返还政策的到期，外商投资企业的流转税负增加，即来自外商投资企业的流转税收入增加。

（3）企业的某些定期减免税收优惠政策到期。这一项内容主要包括对外商投资企业的一些定期减免税政策，如"两免三减"、"五免五减"等以及对内资企业的一些定期减免税政策，如对校办企业、民政企业实行的先征后退优惠政策。这些优惠政策的期满自然会使税收收入增加。

（4）对居民储蓄存款利息征收个人所得税的政策。多年来，为了鼓励城乡居民储蓄存款，为国家经济建设筹集资金，我国对城乡居民的银行储蓄存款利息所得一直实行免税政策。但随着经济体制转轨和经济形势的变化，1998 年以来我国采取了一系列刺激投资和消费以扩大内需、促进经济增长的宏观调控措施，其中就包括从 1999 年 11 月起，对城乡居民的银行储蓄存款利息征收个人所得税的税收政策。此一项税收收入 1999 年近 1 亿元，2000 年为 149 亿元，2001 年增收 130 亿元，占当年税收增收总额的 5.18%。

（5）发展和完善证券市场的政策。随着国家鼓励证券投资的各项政策的实施，我国的证券投资市场异常活跃，从而使证券交易印花税收入增长迅猛。我国的证券市场从 1991 年第一只股票挂牌交易至 2000 年，10 年来通过发行股票，为企业筹集资金高达 6 559.63 亿元，特别是进入 1997 年以后，发行速度加快，为企业筹集了更多的资金，仅 2000 年就为企业筹资 2 103 亿元，促进了经济的发展。自 1994 年以来，仅印花税就增加税款 1 300 多亿元，2000 年我国证券交易印花税收入为 480 亿元，比上年增收 231 亿元，占当年增收税款的 21.77%。

4.3.3 税收收入增长的征管因素分析

在一定的经济发展水平和既定的税收制度下，税收征管水平的高低决定了法定税收收入的实际征收量。而决定税收征管水平高低的主要因素有税收征管模式、税收执法力度和税收信息化水平。1994 年以后税收收入快速增长，征管因素也起了重要作用。

（1）加强税收征管制度改革的力度。新税制改革以来，我国加大税收征管制度改革的力度，推行"以纳税申报和优化服务为基础，以计算机网络为依托，集中征收，重点稽查"的征管模式，强调税收工作要面向基层、面向征管，在不断完善纳税申报制度和为纳税人服务制度体系的同时，把稽查作为税收工作的重中之重，税收稽查从制度、机构、人员和设备等方面不断健全和加强。征管改革成效显著，从最初的取消专管员管户制，到以推广信息化为特征的税收征管专业化改革，经过不断深化征管改革，基本形成了靠"机器管人"、"制度管人"的新型征管格局。2000 年，全国税务系统坚决贯彻中央的重大决策，认真落实"加强征管、堵塞漏洞、惩治腐败、清缴欠税"的方针，坚持依法治税、从严治队，加快"金税工程"建设步伐。可以说，这些都为提高税收征收率奠定了基础，也是税收收入及时、足额入库的重要原因。

（2）严厉打击走私。近年来，我国加大打击走私活动的力度，专门成立了缉私警察队伍，缉私工作成效卓著。1999 年国家加大打击走私的力度，查处了包括"厦门远华案"在内的一批大案要案，有力地保护了国内市场，挽回了部分税收损失。2000 年进口环节增值税、消费税比上年增长 43.7%。

（3）加强征管和清缴欠税。加强税收征管的效果可能体现在两个方面：一是把当年应征的税款征上来；二是把以前年度的欠税追缴上来。这样，如果加强了税收征管，税务机关把本年应征的税款都征上来的话，税收收入的增长速度会比没有加强税收征管时快。如果再考虑征管力度加大，把以前年度的欠税也收回来或部分收回来，那么，税收收入的增长率还会更高。全国各级税务机关和相关部门加强征管，堵塞漏洞，确保税收应收尽收，促进了税收收入增长，它不仅提高了当年的税收征收率，也较大程度地清理了以前年度的欠税。据测算，2000 年税务部门加强征管增收约 300 亿元，占当年总增收额的 13%；2001 年税务系统加强征管增收近 700 亿元左右，约占全年税收增收总额的 26%。

（4）加强税收信息化建设。1994 年新税制改革以来，按照新型税制和推行税收征管改革的需要，全国税务系统加大了税收信息化建设的力度，使税收信息化渗透到税收征管工作的各个环节，规范了税收执法，强化税收监控，提高了税收征管质量和水平。尤其是金税工程的建设和推广，对遏制利用增值税专用发票犯罪，减少税收流失，保证税收收入的稳定增长发挥了积极作用。1998 年以来，金税工程二期建设的加快，扭转了几年来增值税增幅明显低于总体税收收入增幅的状况。

4.3.4　税收收入增长因素影响程度分析

前面的实证分析表明，我国税收收入增长的影响因素既有经济因素，又有政策因素和征管因素。到底哪个因素影响程度大，影响程度到底是多少，只有掌握了这些，我们才能抓住税收收入增长的关键，采取措施促进税收收入适度增长。以往对这个问题的研究还很少，且其研究的结果未能充分揭示各因素对税收收入增长影响程度，本文利用因素分析法对我国税收收入增长的各因素进行量化分析。

1. 因素影响程度分析方法的选择

既然我国税收收入增长的主要因素是经济因素、政策因素和征管因素，那么，我们对税收收入增长进行影响因素分析时便选择经济增长、物价变动、税收政策及征管三个影响因素进行量化分析，计算出各因素的影响额和所占比重。值得说明的是，经济增长指标和物价指标是可查的已量化的数据，税收政策及税收征管则没有量化指标可利用，采用因素分析法可将影响因素的顺序加以固定进行逐一分析，在得出经济增长和物价变动的影响程度之后即可导出税收政策及税收征管对税收增长的影响程度。由于税收收入总量和增长速度都是在一定的价格体系下形成，又是按一定时点的现价所计算的，所以分析价格对税收收入增长影响的关键是寻找一个能全面反映国民经济整体价格水平，且与税收收入口径基本一致的价格指数。常见的居民消费价格指数或商品零售价格指数等只反映某一方面价格变化水平，难以准确反映税收收入受其影响情况，而 GDP 平减物价指数（名义 GDP/实际 GDP）能够比较全面地反映国民经济及各产业部门的整体物价水平，因而我们选择 GDP 平减物价指数分析价格变动对税收收入增长的影响程度。

令 T 为税收收入，P 为物价指数，G 为国内生产总值，M 为税收政策及税收征管；0、1 分别代表基期和报告期。$P_1 G_1 M_1$ 和 $P_0 G_0 M_0$ 分别代表报告期税收收入额和基期税收收入额，二者之差就是税收收入变动额。其计算公式为：

$$
\begin{aligned}
T_1 - T_0 &= P_1 G_1 M_1 - P_0 G_0 M_0 \\
&= (P_1 G_1 M_1 - P_0 G_1 M_1) + (P_0 G_1 M_1 - P_0 G_0 M_1) \\
&\quad + (P_0 G_0 M_1 - P_0 G_0 M_0)
\end{aligned}
$$

其中，$T_1 - T_0$ 为税收收入变动额；$P_1 G_1 M_1 - P_0 G_1 M_1$ 为由于物价变动带来的税收收入变动额；$P_0 G_1 M_1 - P_0 G_0 M_1$ 为由于经济增长变动带来的税收收入变动额；$P_0 G_0 M_1 - P_0 G_0 M_0$ 为由于税收政策及税收征管变动带来的税收收入变动额。

关于各因素对税收收入变动额的影响所占比重，即各因素对税收收入变动额占税收收入变动额的百分比。其计算公式如下：

物价变动影响比重：$(P_1 G_1 M_1 - P_0 G_1 M_1)/(T_1 - T_0) \times 100\%$

经济增长影响比重：$(P_0 G_1 M_1 - P_0 G_0 M_1)/(T_1 - T_0) \times 100\%$

税收政策及税收征管影响比重：

$$
(P_0 G_0 M_1 - P_0 G_0 M_0)/(T_1 - T_0) \times 100\%
$$

2. 实证分析

首先依据税收收入年度资料，确定报告期税收收入，然后将上年报告期税收收入确定为本年基期税收收入，并借助于经济发展指数、GDP 平减物价指数计算出 1979～2004 年剔除经济影响、价格影响的税收收入（如

表4-11所示）。在此基础上，计算出税收收入变动额、物价变动影响额和经济增长影响额，在税收收入变动额中将物价变动影响额和经济增长影响额予以扣除，便得到了税收政策与税收征管影响额。最后按变动影响额比重公式计算出各影响因素的影响比重（如表4-12所示）。仅以2004年为例，对表中数据予以说明：2004年，我国税收收入增长4 148.37亿元，受三个因素影响，其中，经济增长因素对税收收入增长的影响额为1 960.69亿元，影响程度为47.26%；GDP平减指数上升对税收收入增长的影响额为1 566.15亿元，影响程度为37.75%；税收政策及税收征管对税收增长的影响额为621.53亿元，影响程度为14.98%。

表4-11 剔除物价变动及经济增长影响后的税收收入

年 份	报告期税收收入 $P_1 G_1 M_1$（亿元）	基期税收收入 $P_0 G_0 M_0$（亿元）	GDP平减物价指数	经济发展指数（按可比价格计算）	剔除价格影响 $P_0 G_1 M_1$（亿元）	剔除经济影响 $P_0 G_0 M_1$（亿元）
1978	519.28	—	100	111.7	—	—
1979	537.82	519.28	103.58	107.6	519.23	482.56
1980	571.70	537.82	103.79	107.8	550.82	510.97
1981	629.89	571.70	102.24	105.2	616.09	585.64
1982	700.02	629.89	99.83	109.1	701.21	642.72
1983	775.59	700.02	101.01	110.9	767.83	692.37
1984	947.35	775.59	104.96	115.2	902.58	783.49
1985	2040.79	947.35	110.23	113.5	1851.39	1631.18
1986	2090.73	2040.79	104.69	108.8	1997.07	1835.54
1987	2140.36	2090.73	105.18	111.6	2034.95	1823.43
1988	2390.47	2140.36	112.11	111.3	2132.25	1915.77
1989	2727.40	2390.47	108.55	104.1	2512.57	2413.62
1990	2821.86	2727.40	105.80	103.8	2667.16	2569.52
1991	2990.17	2821.86	106.86	109.2	2798.21	2562.47
1992	3296.91	2990.17	108.20	114.2	3047.05	2668.17
1993	4255.30	3296.91	115.18	113.5	3694.48	3255.05

续表

年　份	报告期税收收入 $P_1 G_1 M_1$（亿元）	基期税收收入 $P_0 G_0 M_0$（亿元）	GDP 平减物价指数	经济发展指数（按可比价格计算）	剔除价格影响 $P_0 G_1 M_1$（亿元）	剔除经济影响 $P_0 G_0 M_1$（亿元）
1994	5126.88	4255.30	120.62	112.6	4250.44	3774.81
1995	6038.04	5126.88	113.70	110.5	5310.50	4805.88
1996	6909.82	6038.04	106.42	109.6	6492.97	5924.24
1997	8234.04	6909.82	101.53	108.8	8109.96	7454.01
1998	9262.80	8234.04	99.11	107.8	9345.98	8669.74
1999	10682.58	9262.80	98.72	107.1	10821.09	10103.73
2000	12581.51	10682.58	102.05	108.0	12328.77	11415.53
2001	15301.38	12581.51	102.05	107.5	14994.00	13947.91
2002	17636.45	15301.38	100.59	108.3	17533.01	16189.29
2003	20017.31	17636.45	102.59	109.5	19511.95	17819.13
2004	24165.68	20017.31	106.93	109.5	22599.53	20638.84

注：税收收入、经济发展指数来源于《中国统计年鉴》，GDP平减物价指数推算得到。

表 4-12　税收收入增加额的影响因素分解表

年份	税收收入增加额（亿元）	物价变动影响		经济增长影响		税收政策及税收征管影响	
		影响额（亿元）	比重（%）	影响额（亿元）	比重（%）	影响额（亿元）	比重（%）
1979	18.54	18.59	100.26	36.67	197.81	-36.72	-198.07
1980	33.88	20.88	61.62	39.86	117.64	-26.85	-79.26
1981	58.19	13.80	23.72	30.45	52.33	13.94	23.95
1982	70.13	-1.19	-1.70	58.49	83.40	12.83	18.30
1983	75.57	7.76	10.26	75.47	99.87	-7.65	-10.13
1984	171.76	44.77	26.06	119.09	69.34	7.90	4.60
1985	1093.44	189.40	17.32	220.21	20.14	683.83	62.54
1986	49.94	93.66	187.55	161.53	323.44	-205.25	-410.99
1987	49.63	105.41	212.39	211.52	426.19	-267.30	-538.58

年份	税收收入增加额（亿元）	物价变动影响		经济增长影响		税收政策及税收征管影响	
		影响额（亿元）	比重（%）	影响额（亿元）	比重（%）	影响额（亿元）	比重（%）
1988	250.11	258.22	103.24	216.48	86.55	-224.59	-89.80
1989	336.93	214.83	63.76	98.96	29.37	23.15	6.87
1990	94.46	154.70	163.77	97.64	103.37	-157.88	-167.14
1991	168.31	191.96	114.05	235.75	140.07	-259.39	-154.12
1992	306.74	249.86	81.46	378.88	123.52	-322.00	-104.97
1993	958.39	560.82	58.52	439.43	45.85	-41.86	-4.37
1994	871.58	876.44	100.56	475.63	54.57	-480.49	-55.13
1995	911.16	727.54	79.85	504.62	55.38	-321.00	-35.23
1996	871.78	416.85	47.82	568.73	65.24	-113.80	-13.05
1997	1324.22	124.08	9.37	655.95	49.54	544.19	41.09
1998	1028.76	-83.18	-8.09	676.24	65.73	435.70	42.35
1999	1419.78	-138.51	-9.76	717.36	50.53	840.93	59.23
2000	1898.93	252.74	13.31	913.24	48.09	732.95	38.60
2001	2719.87	307.38	11.30	1046.09	38.46	1366.40	50.24
2002	2335.07	103.44	4.43	1343.71	57.54	887.91	38.03
2003	2380.86	505.36	21.23	1692.82	71.10	182.68	7.67
2004	4148.37	1566.15	37.75	1960.69	47.26	621.53	14.98

　　总体来讲,物价变动、经济增长对我国税收增长具有正影响,税收政策及税收征管对我国税收增长的影响在不同时期具有不同作用。从三因素变动的趋势来看,1997年以前,各因素影响程度差距最大的是1986、1987年,税收政策及税收征管对税收增长基本上具有负影响,1997年以后,税收政策及征管对税收增长具有正影响,而且其影响程度与其他因素的影响程度的差距已大大缩小。

　　(1)经济增长对税收收入增长的影响分析。从本文的计算结果看,经济增长对税收收入始终具有正影响,只不过是不同时期其影响程度存在差异而已。这也从实证的角度证明了经济是税收的基础,经济增长是税收增长的源泉,税收与经济增长应该是正相关,经济增长对税收收入的影响一般是正向的,除非是经济衰退时期。从其影响额来看,总体上呈现出增长之势,特别是自 1989 年以来,经济增长对税收收入的增长额在逐年增长,已由 1989 年的 98.96 亿元增长至 2004 年的 1960.69 亿元,年均增长 124.12 亿元。平均而言,最近 15 年经济增长对税收收入增长的贡献平均为 54.22%,说明在税收收入增长中,经济增长起了主要作用。从其影响程度来看,其在各年度存在较大的波动,特别是 1993 年以前波动更大,1994 年以后,其波动幅度逐年趋于平缓,从最高的 65.73% 至最低的 38.46%,降幅接近 27 个百分点(如图 4 – 1 所示)。这也说明,税收收入的增长不完全是因为经济增长带来的。

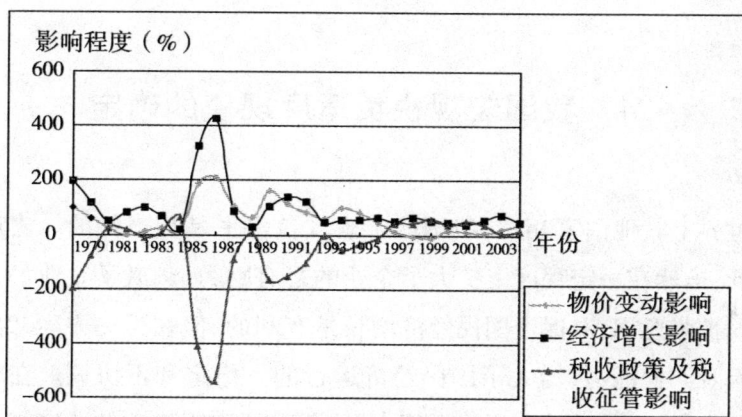

图 4 – 1　1979～2004 年我国税收收入增长的影响因素变动

(2)物价变动对税收收入增长的影响分析。从本文的计算结果看,1982、1998 和 1999 年 GDP 平减指数下降,对税收收入增长呈负向影响,但其带来的税收损失比较小,依次是 1.19 亿元、83.18 亿元和 138.51 亿元,其影响程度也较低,依次是 – 1.70%、– 8.09% 和 – 9.76%。除此之外,其他所有年份 GDP 平减指数上升,对税收收入增长具有正向影响,而且各年的影响程度差异较大,影响额最高的 2004 年高达 1 566.15 亿元,影响程度最高的 1987 年达 212.39%。21 世纪初,GDP 平减指数对税收收入增长的影响程度各年变动较小,影响程度最小的 2002 年仅为 4.43% ,影响程度最高的 2004 年为 37.75% ,二者相差 33.32 个百分点。

(3)税收政策及税收征管对税收收入增长的影响分析。从本文的计算结果看,税收政策及税收征管对税收收入增长的影响各年波动较大。1996 年以前,税收政策和税收征管对税收增长的影响基本上是负向的,而且在三因素中波动较大,其负向影响最大的年份是 1987 年,其影响程度为 - 538.58% ;负向影响程度最小的年份是 1993 年,其影响程度为 - 4.37% ,二者相差 534.21 个百分点。1997 年以后,税收政策及税收征管对税收增长具有正向影响,而且其影响程度的波动幅度不大,影响程度最大的年份是 1999 年,其影响程度为 59.23% ,影响程度最小的年份是 2003 年,影响程度为 7.67% ,二者相差 51.56 个百分点。

4.4　我国宏观税负适度规模的确定

与世界上其他国家相比,我国的宏观税负水平是相当低的。宏观税负水平较低,虽然在一定程度上扩大了企业的自有财力,刺激了企业的自我改造和自我扩张意识,对促进国民经济增长是有利的,但在另一方面却削弱了国家的宏观调控能力,增大了国民经济运行的不稳定和不协调。在现有的经济发展水平、税收政策和税收征管水平下,我国宏观税负的适度规模的确定成了迫切需要解决的问题。

4.4.1　理论依据

由拉弗曲线所表明的税收思想我们不难看出,低税负不一定就导致政府税收的低收入,只要是实行适度的低税,如选择图 2 - 1 中的 A 点而不是 C 点,完全能够保证政府取得足够的税收收入;而如果能选择图 2 - 1 所示的最佳税率点 E,则不仅税负不高,而且能使政府取得最多的税收收入。

拉弗曲线在理论上证明了税收负担、税收收入和经济增长之间存在最优的结合点,在一定程度上解释了税率对税收量的变动趋势。然而,从拉弗曲线上,我们是无法确定政府应采取怎样的税率的。诚然,我们能从拉弗曲线上的 E 点得到最大量的税收收入,但在现实中 E 点的确定却存在一定的困难。

缺乏事实上的资料佐证一直是拉弗曲线备受争议的重要原因,然而近年来各国政府统计资料为之提供了越来越多的确凿证据。有资料显示,1980～2000 年间,在 OECD 成员国中,美洲国家税收占 GDP 的比重由25.3%增至27.5%,欧洲国家由36.4%增至40.7%。发展中国家的税负水平也在逐步提高,20 世纪 80 年代以来,马来西亚宏观税负由28.4%提高到32.5%,印度由17%提高到22.2%,泰国由14%提高到18%。1998 年OECD 成员国政府总计税收收入达 8 万亿美元,占各国 GDP 总和的37.2%,是自1965 年 OECD 收集这项统计指标以来的最高数额①。可见,各国的税收负担水平(税收总额占 GDP 比重)呈上升趋势,这显然是由于税率的降低促进了经济的进一步增长,从而扩大了税基,导致税收量增加。这些事实恰好验证了拉弗曲线效应的客观存在。并且,近年来各国的减税计划,也对经济走出低迷产生了明显的影响,这使拉弗曲线的合理性在经济现实中得以具体体现。

4.4.2　方法借鉴

受拉弗曲线的启发,国内外很多学者研究了最优税率的数量界限问题。

西方许多学者通过实证分析,寻找宏观税负的合理水平。总的来看,随着经济的增长,人均 GDP 的提高,宏观税负水平是不断提高的。从横向比较来看,工业化国家的平均宏观税负要高于发展中国家。国际货币基金组织《政府统计年鉴》显示,1987 年世界平均的宏观税负为30.4%,其中工业化国家平均为33.5%,发展中国家平均为19%。一般认为,发展中国家的宏观税负保持在16%～20%这个区间较为合适的②。马斯顿(1983)的研究结论

---

① 寻子员:《拉弗曲线理论分析及其启示》,载《山东财政学院学报》,2003 年第 4 期。

② 龚辉文:《促进可持续发展的税收政策研究》,中国税务出版社 2005 年版,总序 5。

是:在 10.3% ~30.9% 的区间内,税负与 GDP 增长呈负相关关系,税负每增加 1%,GDP 增长率下降 0.36%[①]。斯卡利(Scully,1996)利用新西兰 1927 ~ 1994 年数据资料,计算了使新西兰经济增长速度最大化的最优税率是税收占 GDP 的 19.7%。假定误差是 0.2,则最优宏观税负是 15.8% ~23.6%。他还估计出其他国家的最优税率,美国 1929 ~1989 年最优税收规模是 GNP 的 21.5%,1987 ~1988 年,丹麦、芬兰、意大利、瑞典和英国的最优税率分别是 18.5%、18.9%、20.1%、16.6% 和 25.2%,样本国家的税率平均为 20.1%[②]。

我国学者宋文新和姚绍学等通过拉弗曲线的拓展模型,利用部分 OECD 国家 1965 ~1998 年税收负担和人均 GDP 时间序列数据进行聚类分析,找到或确定了大多数国家税收负担与人均 GDP 的函数关系,通过模型的整体显著性检验和参数显著性检验,以及模型的余差平方和比较检验,证明模型具有较强的解释度。根据最优财政收入的理论,认为这些函数大部分可作为我国最优宏观税负的函数。税收负担随经济水平的提高而呈非线性提高,在经济水平达到一定高度后,它将趋于一个稳定值。根据近期社会服务支出、公共教育支出和公共卫生支出,估计出不同公共福利类型国家在不同经济水平下最优税收负担可能区间。

关于我国最优宏观税负水平的数量界限问题,国内学者观点基本上是一致的。王书瑶(1995)的研究表明,在世界范围内,特别是对发展中国家,存在一个经济增长最快的宏观税负区间,估算出我国的最优宏观税负区间为 18% ~22%;杨斌(1998)认为我国较理想的宏观税负水平为 19%;孙飞等人(2000)认为我国今后在较长时期内宏观税负的合理水平在 18% ~24% 之间;马栓友(2001)估算出我国的最优宏观税负区间为 14% ~23%;刘普照 (2004)认为我国目前最合理的宏观税负区间应该在 20% ~22% 之间,不宜超过 25%;孙玉栋(2006)认为我国税收负担的最优水平应该在 15% ~21% 之间,再根据当时的宏观经济形势做一些微调。

---

①　张伦俊:《税收与经济增长关系的数量分析》,中国经济出版社 2006 年版,第 158 页。
②　孙玉栋:《中国税收负担问题研究》,中国人民大学出版社 2006 年版,第 72 页。

4.4.3 我国最优税负模型的选择及确定

1. 模型选择

在第三章的宏观税负经济影响模型中,我们从国内生产总值 GDP 的价值构成出发分析税收负担的决定,现在我们也从 GDP 的构成出发建立最优税负的计量模型。

若 GDP、消费、储蓄、税收收入分别用 Y、C、S、T 表示,则:

$$Y = C + S + T \tag{1}$$

由公式(1)可导出:

$$T = Y - C - S \tag{2}$$

设税收负担为 TB,则:

$$TB = \frac{T}{Y} = \frac{Y - C - S}{Y} = 1 - \frac{C}{Y} - \frac{S}{Y} \tag{3}$$

在实际经济生活中,C 作为即期消费是刚性的,在一定的经济发展时期,实际上是一个给定的因素,因而可将 $\frac{C}{Y}$ 设定为 b,则:

$$TB = (1 - b) - \frac{S}{Y} \tag{4}$$

在公式(4)中,当 $S = 0$ 时,TB 为最大,税收负担最大值的估计就是(1 - b)。

在模型的选择上,考虑到财政变量与总产出可能存在非线性关系,利用对数形式的经济和财政变量,可以建立以下经济增长回归方程:

$$g = C + a_1 t + a_2 cy + a_3 DF + a_4 G + a_5 TR + a_6 TAX + a_7 DIF + v_t \tag{5}$$

其中, g 是 GDP 的自然对数;cy 是经济周期指数,反映经济周期因素对经济增长的影响;DF 是国防支出占上年 GDP 的比重;G 指财政不包括国防的购买支出的自然对数;TR 为转移支出的自然对数;TAX 指 (1 - 宏观税负) 的自然对数;DIF 指 (1 - 赤字率) 的自然对数。

值得说明的是, TAX、DIF 两个变量分别涉及财政收入的两种形式, 它们指可支配收入占 GDP 的比例, 因为储蓄和投资最终取决于它们, 所以我们在回归方程中必须加入这两个变量。另外，考虑经济和财政变量可能是差分平稳，需要对它们进行一阶差分处理，这样，因变量就是人均 GDP 的增长率，自变量购买支出、转移支出和两个可支配收入比率指标也指其增长率，而截距项表示自然增长率，时间 t 反映技术进步的影响。

对公式（5）通过求导可知，平均税率的效应是 $-b(1-宏观税负)^{-1}$，其中，b 是真实 GDP 关于 TAX 弹性，可以用它来估计使税收收入最大化的税率 τ^*：

$$\tau^* = \frac{1}{1+b} \tag{6}$$

2. 数据及估计结果

我们采用 1985~2005 年的数据，样本空间为 21。因为我国 1985 年才完成两部利改税，税收收入才成为财政收入的主要形式，而且改革后几年财政收入和税收收入相差不大。

我们以 GDP 作为我国的总收入 Y；转移支出主要指抚恤和社会福利救济、价格补贴、亏损企业补贴和债务支出，不包括政府间的转移支付；购买支出由包括债务的财政总支出减去转移支出确定；财政赤字指每年的财政收支差额；以每年的物价总指数反映经济周期状况，物价指数越高，说明我国经济过热，物价指数越低，表示需求不足，经济处于周期的低谷。本文采用 GDP 物价平减指数，以全面反映经济中各领域的物价变动；税收负担采用小口径宏观税负。

将数据代入进行回归分析，得到的结果如表 4-13 和表 4-14 所示。

表 4-13　我国宏观税负与经济增长回归数据

年　份	GDP（亿元）	国防支出 DF	其他购买支出（亿元）	转移支出（亿元）	1-宏观税负	1-赤字率	GDP 价格平减指数（%）
1985	8964.4	0.0267	1559.16	839.52	0.7723	1.0001	110.23
1986	10202.2	0.0224	1761.27	668.01	0.7951	0.9919	104.69
1987	11962.5	0.0205	1800.39	788.26	0.8211	0.9947	105.18

年　份	GDP（亿元）	国防支出 DF	其他购买支出（亿元）	转移支出（亿元）	1-宏观税负	1-赤字率	GDP价格平减指数（%）
1988	14928.3	0.0182	1991.38	881.81	0.8399	0.9910	112.11
1989	16909.2	0.0168	2221.53	1094.40	0.8387	0.9906	108.55
1990	18547.9	0.0172	2357.12	1204.79	0.8479	0.9921	105.80
1991	21617.8	0.0178	2880.02	1198.13	0.8617	0.9890	106.86
1992	26638.1	0.0175	3414.82	1271.62	0.8762	0.9903	108.20
1993	34634.4	0.0160	4178.15	1122.08	0.8771	0.9915	115.18
1994	46759.4	0.0159	5331.66	1275.19	0.8904	0.9877	120.62
1995	58478.1	0.0136	6589.61	1691.08	0.8967	0.9901	113.70
1996	67884.6	0.0123	7990.58	2274.37	0.8982	0.9922	106.42
1997	74462.6	0.0120	9645.26	2980.96	0.8894	0.9922	101.53
1998	78345.2	0.0126	11333.02	3569.79	0.8818	0.9882	99.11
1999	82067.5	0.0137	13144.28	3078.08	0.8698	0.9820	98.72
2000	89468.1	0.0147	15003.47	3113.91	0.8594	0.9721	102.05
2001	97314.8	0.0161	18460.08	3315.96	0.8428	0.9738	102.05
2002	105172.3	0.0175	21918.30	4446.48	0.8323	0.9701	100.59
2003	117390.2	0.0181	22807.48	5258.59	0.8295	0.9749	102.59
2004	136875.9	0.0137	22509.40	5977.50	0.8234	0.9869	106.93
2005	182321.0	0.0155	26276.00	7432.10	0.8422	0.9886	103.88

资料来源：宏观税负是本文计算的小口径宏观税负，GDP价格平减指数是本文推算所得，其他数据根据《中国统计年鉴》、《中国统计摘要》和《中国财政年鉴》相关资料整理。

税收负担：理论、方法与实证分析 >>>

表 4 – 14　经济增长率 D（LnGDP）的 OLS 估计

变　量	系　数	标准误差	t – 统计值	概　率（显著水平）
截距	0. 104135	0. 095849	1. 086447	0. 2986
D（G）	0. 594608	0. 150087	3. 961762	0. 0019
D（DF）	− 5. 175146	4. 875311	− 1. 0651	0. 3094
D（TR）	0. 023428	0. 072451	0. 323361	0. 7520
D（TAX）	4. 603088	0. 832127	5. 531715	0. 0001
D（DIF）	5. 345619	2. 194851	2. 435526	0. 0314
D（lnP）	0. 837263	0. 237701	3. 522336	0. 0042
趋势变量 t	0. 002517	0. 002048	1. 228946	0. 2426

由此建立的回归方程就是：

$g = 0.104135 + 0.002517t + 0.837263cy - 5.175146DF + 0.594608G + 0.023428TR + 4.603088TAX + 5.345619DIF$

根据估计结果和使税收收入最大化的税率计算公式（6），可测算出使我国税收收入最大的税率是：

$$\tau^* = \frac{1}{1+b} = 17.85\%$$

这一比率基本上相当于我国 2004 年的实际宏观税负水平，说明我国目前的宏观税负水平在现有的财税体制下已经接近最佳临界点。这一计算结果，与 1987 年世界银行对最佳宏观税负与人均 GDP 关系分析，人均 GDP 在 750～2000 美元左右的国家，最佳税负为 20% 左右的分析结果相比，也基本吻合，但略显偏低。分析其原因主要是我国非税收入广泛存在，如果把政府收费形成的负担也考虑在内，这一比率可能增加 9 个百分点左右，进而可达到 26%，这一结果显然略高于世界银行的测算结果；同时，比率偏低也与我国社会保障性财政支出比例偏低有着直接的关系。随着我国经济的发展和社会保障体系的进一步完善，这一比率也会有所提高。

第五章

税收负担差异及其影响因素分析

我国宏观税负在经历了 1978~1993 年连年下降之后，1994 年以后呈现出持续增长之势，并正向宏观税负的适度水平接近。但我国是一个地区差异明显、经济类型众多、行业差别较大的发展中国家，不同地区、不同产业、不同所有制经济成分之间的税收负担都存在较大差异，这些差异不但影响全国税收收入总额的增长，而且不利于税收调控经济功能的正常发挥，因此，我国的宏观税负问题不仅仅是多少和轻重的问题，还有一个宏观税负的差异问题，主要包括税负的地区差异、产业差异和所有制差异。

5.1 不同地区之间税负差异分析

我国幅员辽阔，地区差异明显。为了分析的方便，依据经济发展水平和地理位置相结合的原则，将全国 31 个省（市、区）划分为东部、中部、西部三大经济地区：东部地区包括北京、天津、河北、辽宁、上海、江苏、浙江、福建、山东、广东、广西和海南等 12 个沿海省（市、区），中部地区包括山西、吉林、黑龙江、安徽、江西、河南、湖北、湖南和内蒙古等 9 个省（区），西部地区包括重庆、四川、贵州、云南、西藏、陕西、甘肃、青海、宁夏和新疆等 10 个省（市、区）。

1994 年新税制实施以来至 2005 年，我国税收总收入达到 28775.1 亿元，平均每年增长 2150 亿元。无疑，税收收入的快速增长壮大了国家财力和中央宏观控制能力，但由于地区经济差距和税制设计等方面的原因，税制改革以来，我国各省（市、区）税负差异较大，东、中、西三大经济区税负呈现出东西高、中部低的特点。本文从税负差异变动趋势、税收收入弹性系数、税负差异系数三个方面对我国各省（市、区）、三大经济区税负差异进行实证分析，旨在全面而准确地揭示我国地区税负差异，并探究其形成原因。

5.1.1　税负差异变动趋势分析

根据《中国税务年鉴》整理出 1994 年以来我国各省（市、区）税收收入和 GDP，计算出各省（市、区）宏观税负的年度数据（如表 5 - 1 所示），并依据三大经济区划包括的省份，计算出东、中、西部经济区平均税负；依据各省（市、区）税收收入和 GDP 计算出各省（市、区）税收收入比重和 GDP 比重，由此计算出各省（市、区）税收协调系数（如表 5 - 2 所示），并依据三大经济区划包括的省份，计算出东、中、西部地区税收协调系数（如表 5 - 3 所示）。计算结果表明，我国地区税负差异变动趋势具有如下特点：

（1）各省（市、区）税负差距扩大。税负最高省与最低省不同时期不同，而且两者的差额也在变动，1994～1995 年，我国税负最高省份是云南，最高达 27.7%，高出税负最低的西藏 25.38 个百分点；1996～1998年，上海成为我国税负最高地区，最高达 26.17%，高出税负最低的江西20.12 个百分点；1999～2004 年，北京成为我国税负最高地区[①]，最高达42.65%，高出税负最低的西藏 36.8 个百分点。大部分省份税负集中于7%～13%之间，并呈现出缓慢增长之势，税负差距缓慢拉大。北京、上海、天津三个直辖市税负高，并呈现出较快增长之势，特别是北京和上

---

① 北京汇缴企业较多，北京市管辖的汇总纳税范围涉及营业税和企业所得税两大税种，其中营业税的税源主要是中央铁路运营收入，由铁道部汇总缴纳。北京市由于实行部分汇缴的企业较少，大部分汇缴企业仍然是全部集中汇缴，税收在北京缴纳，而税源却在北京以外地区产生。——邓远军，燕来光：《汇总纳税中的税收与税源背离问题分析》，载《税收研究资料》，2007 年第 8 期.

海，税负由 1995 年的 15%、16.6% 快速增长至 2004 年的 31.3%、38.5%，分别增长了 16.3、21.9 个百分点。各省（市、区）税负增长速度不一致，税负低的省（市、区）增速缓慢，税负高的省（市、区）增速较快，差距拉大。

表 5 - 1　1994 ~ 2004 年我国各省（市、区）宏观税负　单位:%

年份	1994	1995	1996	1997	1998	1999	2000	2001	2002	2003	2004
北京	23.77	15.01	20.03	23.89	24.92	32.67	36.29	41.78	41.82	42.34	42.65
天津	16.87	13.19	15.40	16.19	16.02	17.70	20.65	21.26	22.11	24.50	23.12
河北	8.07	4.70	6.28	6.87	7.02	6.97	6.90	7.42	8.50	7.72	9.06
山西	11.63	7.32	10.82	10.97	11.77	11.10	11.00	12.21	13.03	13.85	15.58
内蒙古	9.48	5.52	9.41	9.69	9.82	10.07	10.39	9.70	12.19	9.95	14.07
辽宁	12.21	7.89	11.7	8.99	8.82	8.55	8.55	9.20	11.96	9.49	12.36
吉林	10.63	7.38	9.25	10.13	9.98	9.91	10.19	11.11	11.85	12.16	12.28
黑龙江	9.98	6.93	9.41	9.46	10.10	10.92	11.57	12.18	11.52	11.07	11.65
上海	24.36	16.59	22.88	26.17	25.33	27.30	30.9	30.84	32.34	39.08	34.42
江苏	7.21	4.99	6.28	7.13	7.62	8.21	9.50	10.73	12.99	13.71	18.92
浙江	7.74	5.00	6.76	6.33	6.31	7.21	9.07	9.91	12.22	12.34	10.02
安徽	6.44	4.02	6.69	7.29	7.90	7.84	7.56	8.07	9.85	8.53	10.36
福建	7.11	4.06	6.24	5.87	5.97	6.06	6.68	7.10	7.88	8.13	7.02
江西	7.84	4.42	6.14	6.05	6.26	6.63	7.09	7.61	7.13	7.77	7.50
山东	6.71	4.49	6.70	6.25	6.59	6.74	7.11	7.74	7.27	7.50	6.71
河南	7.35	4.62	6.22	6.76	7.16	7.02	7.11	7.29	7.14	7.37	7.07
湖北	6.94	4.28	6.20	6.51	6.93	7.29	7.15	8.09	9.85	7.80	10.49
湖南	8.69	5.37	6.97	7.09	7.54	7.43	7.17	7.66	8.02	8.27	3.20
广东	10.39	5.85	10.78	9.29	9.82	11.50	13.05	14.64	14.60	15.87	12.76
广西	7.62	4.93	5.88	7.03	7.57	8.24	8.71	9.93	9.70	10.10	9.92
海南	7.35	6.70	7.70	8.90	8.35	8.17	8.30	10.19	9.49	11.42	14.42
重庆	–	–	–	7.00	7.59	8.83	8.78	9.08	9.59	10.60	12.57
四川	7.74	4.80	7.62	8.41	8.72	8.94	9.05	9.18	9.41	8.75	9.12

续表

年份	1994	1995	1996	1997	1998	1999	2000	2001	2002	2003	2004
贵州	11.40	8.48	10.58	11.44	12.85	12.93	12.8	13.40	14.09	14.39	15.53
云南	27.70	20.81	22.09	21.93	22.93	22.42	21.79	20.11	23.29	19.65	23.74
西藏	2.32	7.16	6.38	6.68	6.53	6.70	6.79	6.30	6.07	5.97	5.89
陕西	9.21	5.91	8.39	9.40	10.23	10.22	10.76	11.79	13.65	12.18	15.18
甘肃	13.23	8.50	10.31	10.76	10.27	9.92	10.00	10.63	13.75	11.95	14.17
青海	10.19	6.97	8.3	8.90	9.13	8.99	9.65	9.97	12.37	9.67	11.98
宁夏	10.31	7.04	10.05	11.17	12.03	11.77	11.57	11.71	11.81	11.98	13.11
新疆	7.87	5.35	8.92	9.38	10.19	10.51	10.94	11.93	12.41	12.40	14.02

资料来源：根据《中国统计年鉴》、《中国税务年鉴》相关资料计算得到。

注：此表未含港澳台地区。

（2）各省（市、区）税收协调系数存在差异。我国各省（市、区）的税收现实表明，GDP 比重高的省（市、区），其税收比重却不高，税收协调系数小于1；相反，GDP 比重低的省（市、区），其税收比重却较高，税收协调系数大于1。总体而言，大部分省份的税收协调系数都小于1，税收比重小于 GDP 比重，只有北京、上海、天津、云南等省（市）税收协调系数在1.5~3之间（如表5-2、表5-3所示），税收比重高于 GDP 比重。具体而言，1997 和 1998 年税收协调系数最高的是上海，分别达到 2.58 和 2.42，这两年税收协调系数最低的省份是西藏和江西，都是 0.6。1999 年以后，北京税收协调系数最高，2001 年最高达到 3.07，上海则退居第二位，1999 年最高达 2.46。除 2001 年以外，云南税收协调系数高于天津，位居第三，天津则位居第四。2004 年北京税收协调系数最高，已达到 3.21。

表 5 – 2 1997 ~ 2000 年我国各省（市、区）税收协调系数计算表

年 份	1997			1998			1999			2000		
地 区	税收比重（％）	GDP比重（％）	税收协调系数	税收比重（％）	GDP比重（％）	税收协调系数	税收比重（％）	GDP比重（％）	税收协调系数	税收比重（％）	GDP比重（％）	税收协调系数
北 京	5.65	2.36	2.39	5.81	2.44	2.38	7.07	2.48	2.85	8.32	2.55	3.26
天 津	2.52	1.61	1.57	2.44	1.62	1.51	2.57	1.65	1.56	3.13	1.69	1.85
河 北	3.41	5.15	0.66	3.41	5.16	0.66	3.19	5.21	0.61	3.25	5.24	0.62
山 西	1.94	1.93	1.01	1.94	1.80	1.08	1.63	1.72	0.95	1.67	1.69	0.99
内蒙古	1.16	1.43	0.81	1.18	1.45	0.81	1.10	1.45	0.76	1.35	1.44	0.94
辽 宁	5.30	4.66	1.14	5.12	4.71	1.09	4.77	4.76	1.00	3.69	4.80	0.77
吉 林	1.81	1.88	0.96	1.74	1.89	0.92	1.60	1.90	0.84	1.72	1.87	0.92
黑龙江	3.15	3.53	0.89	3.11	3.39	0.92	3.03	3.30	0.92	3.48	3.35	1.04
上 海	11.29	4.37	2.58	10.82	4.47	2.42	11.31	4.60	2.46	13.01	4.68	2.78
江 苏	6.53	8.70	0.75	6.66	8.73	0.76	6.82	8.78	0.78	7.54	8.83	0.85
浙 江	5.15	6.04	0.85	5.44	6.05	0.90	5.66	6.12	0.92	5.06	6.21	0.81
安 徽	2.49	3.48	0.72	2.51	3.40	0.74	2.29	3.32	0.69	2.12	3.13	0.68
福 建	2.95	3.91	0.75	2.97	3.98	0.75	3.02	4.05	0.75	2.42	4.03	0.60
江 西	1.35	2.23	0.61	1.34	2.24	0.60	1.23	2.24	0.55	1.31	2.06	0.64
山 东	6.57	8.66	0.76	6.70	8.68	0.77	6.57	8.74	0.75	5.62	8.79	0.64
河 南	3.42	5.31	0.64	3.48	5.28	0.66	3.12	5.22	0.60	3.38	5.29	0.64
湖 北	2.73	4.49	0.61	2.79	4.49	0.62	2.66	4.40	0.60	2.83	4.40	0.64
湖 南	2.68	3.90	0.69	2.67	3.78	0.71	2.46	3.79	0.65	2.45	3.80	0.64
广 东	13.41	9.52	1.41	13.21	9.60	1.38	14.35	9.65	1.49	11.66	9.94	1.17
广 西	1.68	2.37	0.71	1.69	2.31	0.73	1.59	2.23	0.71	1.65	2.11	0.78
海 南	0.48	0.53	0.91	0.43	0.53	0.81	0.39	0.54	0.72	0.04	0.53	0.08
重 庆	1.20	1.76	0.68	1.23	1.73	0.71	1.28	1.69	0.76	1.29	1.63	0.79
四 川	3.12	4.32	0.72	3.09	4.34	0.71	2.94	4.23	0.70	3.35	4.13	0.81
贵 州	1.12	1.03	1.09	1.20	1.02	1.18	1.14	1.04	1.10	1.18	1.02	1.16
云 南	4.46	2.14	2.08	4.57	2.17	2.11	4.03	2.12	1.90	3.94	2.01	1.96
西 藏	0.06	0.10	0.60	0.07	0.11	0.64	0.07	0.12	0.58	0.07	0.12	0.58

年 份	1997			1998			1999			2000		
地 区	税收比重（%）	GDP比重（%）	税收协调系数	税收比重（%）	GDP比重（%）	税收协调系数	税收比重（%）	GDP比重（%）	税收协调系数	税收比重（%）	GDP比重（%）	税收协调系数
陕 西	1.57	1.69	0.93	1.62	1.67	0.97	1.52	1.70	0.89	1.65	1.71	0.96
甘 肃	1.02	1.02	1.00	0.98	1.05	0.93	0.90	1.06	0.85	0.91	1.01	0.90
青 海	0.23	0.26	0.88	0.22	0.27	0.81	0.21	0.27	0.78	0.24	0.27	0.89
宁 夏	0.30	0.27	1.11	0.31	0.28	1.11	0.29	0.28	1.04	0.28	0.27	1.04
新 疆	1.23	1.37	0.90	1.27	1.35	0.94	1.19	1.33	0.89	1.38	1.40	0.99

注：此表未含港澳台地区。

表 5-3　2001～2004 年我国各省（市、区）税收协调系数计算表

年 份	2001			2002			2003			2004		
地 区	税收比重（%）	GDP比重（%）	税收协调系数	税收比重（%）	GDP比重（%）	税收协调系数	税收比重（%）	GDP比重（%）	税收协调系数	税收比重（%）	GDP比重（%）	税收协调系数
北 京	9.29	2.67	3.48	8.84	2.73	3.24	8.68	2.70	3.21	8.40	2.62	3.21
天 津	3.06	1.72	1.78	2.99	1.75	1.71	3.36	1.81	1.86	3.12	1.80	1.73
河 北	3.23	5.22	0.62	3.42	5.21	0.66	3.07	5.24	0.59	3.65	5.37	0.68
山 西	1.70	1.67	1.02	1.73	1.72	1.01	1.90	1.81	1.05	2.18	1.86	1.17
内蒙古	1.17	1.45	0.81	1.41	1.49	0.95	1.20	1.59	0.75	1.75	1.66	1.05
辽 宁	3.62	4.71	0.77	4.15	4.48	0.93	3.19	4.43	0.72	3.91	4.21	0.93
吉 林	1.76	1.90	0.93	1.75	1.91	0.92	1.72	1.86	0.92	1.67	1.81	0.92
黑龙江	3.39	3.34	1.01	2.95	3.30	0.89	2.75	3.27	0.84	2.84	3.25	0.87
上 海	11.93	4.64	2.57	11.51	4.60	2.50	13.68	4.61	2.97	11.79	4.56	2.59
江 苏	7.97	8.91	0.89	9.09	9.05	1.00	9.56	9.19	1.04	13.40	9.44	1.42
浙 江	5.22	6.32	0.83	6.27	6.63	0.95	6.49	6.93	0.94	5.18	6.89	0.75
安 徽	2.07	3.08	0.67	2.30	3.02	0.76	1.90	2.93	0.65	2.29	2.95	0.78
福 建	2.36	3.98	0.59	2.43	3.98	0.61	2.38	3.86	0.62	1.95	3.71	0.53
江 西	1.29	2.04	0.63	1.15	2.09	0.55	1.23	2.09	0.59	1.21	2.14	0.57
山 东	5.71	8.84	0.65	5.05	8.98	0.56	5.22	9.17	0.57	4.78	9.49	0.50
河 南	3.21	5.28	0.61	2.90	5.25	0.55	2.91	5.20	0.56	2.87	5.40	0.53

年　份	2001			2002			2003			2004		
地　区	税收比重（%）	GDP比重（%）	税收协调系数	税收比重（%）	GDP比重（%）	税收协调系数	税收比重（%）	GDP比重（%）	税收协调系数	税收比重（%）	GDP比重（%）	税收协调系数
湖　北	2.94	4.37	0.67	3.02	4.11	0.73	2.36	3.99	0.59	3.04	3.87	0.79
湖　南	2.38	3.73	0.64	2.19	3.52	0.62	2.15	3.42	0.63	0.83	3.44	0.24
广　东	12.17	9.97	1.22	11.28	9.99	1.13	12.11	10.05	1.20	9.41	9.83	0.96
广　西	1.73	2.09	0.83	1.57	2.09	0.75	1.55	2.02	0.77	1.51	2.03	0.74
海　南	0.43	0.51	0.84	0.37	0.51	0.73	0.43	0.49	0.88	0.51	0.47	1.09
重　庆	1.24	1.64	0.76	1.24	1.68	0.74	1.34	1.66	0.81	1.54	1.63	0.94
四　川	3.17	4.14	0.77	3.02	4.15	0.73	2.67	4.03	0.66	2.75	4.02	0.68
贵　州	1.14	1.02	1.12	1.10	1.01	1.09	1.09	1.00	1.09	1.14	0.98	1.16
云　南	3.26	1.94	1.68	3.42	1.90	1.80	2.71	1.82	1.49	3.23	1.81	1.78
西　藏	0.07	0.13	0.54	0.06	0.14	0.43	0.06	0.14	0.43	0.06	0.13	0.46
陕　西	1.70	1.73	0.98	1.89	1.79	1.06	1.64	1.77	0.93	2.01	1.77	1.14
甘　肃	0.89	1.00	0.89	1.05	0.99	1.06	0.87	0.96	0.91	1.02	0.95	1.07
青　海	0.23	0.28	0.82	0.28	0.29	0.97	0.21	0.29	0.72	0.26	0.29	0.90
宁　夏	0.27	0.28	0.96	0.26	0.28	0.93	0.26	0.28	0.93	0.28	0.28	1.00
新　疆	1.38	1.39	0.99	1.31	1.36	0.96	1.30	1.39	0.94	1.42	1.35	1.05

注：此表未含港澳台地区。

（3）东、中、西三大经济区税收收入总量不等，增速快慢不一。从绝对量上看，东部地区税收收入远远大于中、西部地区，在全国占绝对优势，税收收入总量从1994年的2775.7亿元上升至2004年的18321.12亿元。西部地区税收收入经历了一个先降后升的过程，自2000年起，西部地区税收收入连年大幅度增长，2000~2004年各年税收收入分别为1848亿元、2146亿元、2381亿元、2737亿元和3463亿元。从税收比重上讲，1995年，东、中、西地区分别占60%、23%、17%，东部地区承担了全国60%的税收，而中部、西部两个地区共同承担了全国40%的税收。而且以后各年，东部地区承担的税收比重在逐年增长，至2003年，东部地区税收比重高达69.7%，中部、西部两地区税收比重合计为30.3%。2005年，

东部地区税收收入比重为 70.7%，中、西部地区税收收入比重分别为
15.6%、13.7%。从增长速度上讲，东部地区年均增长速度明显快于中、
西部地区，2000~2004 年，东部地区税收收入年均增长率为 24.7%。中部
地区税收增幅比较稳定，1994~2004 年，年均增长 12.1%，高于西部地
区，低于东部地区。2000~2004 年，西部地区税收收入年均增长 15.6%。
2005 年，东、中、西部地区税收全面增长，比上年分别增长 19.2%、
22.4%、21.7%，中、西部地区增长快于东部地区。

（4）东、中、西三大经济区税负不平等。就宏观税负而言，区域税负
呈现出东西高、中部低的特点。东部地区宏观税负高于全国宏观税负，特
别是自1999 年起，东部地区宏观税负超过了西部地区，而且呈直线上升趋
势，中、西部地区宏观税负则呈平稳态势，全国宏观税负的上升主要受东
部宏观税负上升的影响。1999 年，东、西、中部地区宏观税负分别为
12.0%、11.3%、8.0%，到 2004 年，分别增长至 18.5%、12.6%、
9.1%。三大经济区中，东部地区的税负最高，但是东部地区经济发达，
五大经济特区、14 个沿海开放城市都集中在东部地区，税负的承受能力
强，相应地多纳税符合税收量能负担的原则；西部地区经济相对落后，税
负却高于中部地区，有悖于税负公平原则。

（5）东、中、西部地区税收协调系数存在差异。依据1997~2004 年我
国各省（市、区）税收协调系数计算表，计算出我国东、中、西部地区税
收协调系数（如表5-4 所示）。计算结果表明，我国东、中、西部地区税
收协调系数存在明显差异。西部地区税收协调系数集中在 1 附近，略有小
幅度波动，表明该地区税收比重与 GDP 比重基本一致，税收与经济基本协
调；东部地区税收协调系数均高于1，集中在 1.10~1.15，表明该地区税
收比重高于 GDP 比重，而且高出 10%~15%，税收与经济不协调，税基
小，税收大；中部地区税收协调系数均低于1，集中在 0.69~0.75 之间，
表明该地区税收比重低于 GDP 比重，而且低出 25%~31%，幅度颇大。
比较而言，东、中、西部地区中，中部地区税收与经济最不协调，税基
大，税收小。

表 5 - 4　1997 ~ 2004 年我国东、中、西部地区税收协调系数计算表

地　区	东部地区			中部地区			西部地区		
年　份	税收比重（%）	GDP 比重（%）	税收协调系数	税收比重（%）	GDP 比重（%）	税收协调系数	税收比重（%）	GDP 比重（%）	税收协调系数
1997	64.94	57.88	1.12	20.73	28.18	0.74	14.31	13.96	1.03
1998	64.70	58.28	1.11	20.76	27.72	0.75	14.56	13.99	1.04
1999	67.31	58.81	1.14	19.12	27.34	0.70	13.57	13.84	0.98
2000	65.39	59.40	1.10	20.31	27.03	0.75	14.29	13.57	1.05
2001	66.72	59.58	1.12	19.91	26.86	0.74	13.35	13.55	0.99
2002	66.97	60.00	1.12	19.40	26.41	0.73	13.63	13.59	1.00
2003	69.72	60.50	1.15	18.12	26.16	0.69	12.15	13.34	0.91
2004	67.61	60.42	1.12	18.68	26.38	0.71	13.71	13.21	1.04

5.1.2　税收收入弹性系数分析

税收弹性是指税收收入增长对经济增长的反应程度，税收弹性系数是税收收入增长率与经济增长率之比。通过 1994 年以来我国税收弹性系数的研究，可以从纵向了解我国税负升降趋势，并从经济的角度对其高低做出一个合理判断与解释。为此，本文依据税收弹性系数计算公式，计算出 1994 ~ 2004 年我国各省（市、区）税收弹性系数（如表 5 - 5 所示），其结果表明，无论是各省（市、区）之间，还是东、中、西三大经济区之间，税收收入弹性差异较大。

表 5 - 5　1994 ~ 2004 年我国各省（市、区）税收弹性系数

地　区	1994	1995	1996	1997	1998	1999	2000	2001	2002	2003	2004
北　京	0.87	1.73	1.39	4.72	1.44	5.15	1.90	2.17	1.01	1.10	1.05
天　津	0.71	1.85	0.65	1.50	0.86	2.34	2.44	1.27	1.39	1.67	0.66
河　北	0.27	1.15	0.64	2.29	1.39	0.90	0.90	1.86	2.63	0.34	1.91
山　西	0.42	2.15	1.43	1.62	1.16	-3.14	0.89	2.44	1.57	1.35	1.65

续表

地 区	1994	1995	1996	1997	1998	1999	2000	2001	2002	2003	2004
内蒙古	0.24	0.82	1.39	1.54	1.38	1.43	1.33	0.29	3.14	0.00	3.00
辽 宁	0.37	1.35	1.27	1.90	0.77	0.56	1.00	2.06	7.79	−0.68	3.39
吉 林	0.36	1.62	0.68	2.28	0.74	0.90	1.32	1.87	1.70	1.24	1.07
黑龙江	0.48	2.13	1.46	1.37	2.27	3.37	1.54	1.61	0.35	0.68	1.32
上 海	1.26	1.32	1.58	2.59	0.63	1.90	2.16	0.97	1.57	2.55	0.26
江 苏	0.46	1.04	0.73	2.26	1.96	2.20	2.52	2.32	3.00	1.38	2.99
浙 江	0.22	1.29	0.59	3.66	2.61	3.04	3.32	1.87	2.74	1.06	−0.14
安 徽	0.31	1.97	1.97	2.55	2.36	0.79	0.15	1.89	3.96	−0.25	2.24
福 建	0.24	1.49	0.68	2.79	1.13	1.19	2.09	1.80	2.21	1.30	−0.01
江 西	0.34	0.82	0.93	0.79	1.56	66.77	1.92	1.93	0.44	1.67	0.82
山 东	0.44	1.42	1.90	2.71	1.68	1.34	1.53	1.94	0.42	1.21	0.47
河 南	0.32	1.23	1.28	1.92	2.03	0.58	1.12	1.29	0.76	1.25	0.80
湖 北	0.12	1.32	1.27	1.93	1.99	2.31	0.79	2.58	5.96	−0.68	3.39
湖 南	0.37	1.51	0.94	1.53	1.47	0.77	0.64	1.94	2.23	1.30	−2.53
广 东	1.10	1.67	2.50	3.86	1.35	3.66	2.08	2.31	0.97	1.63	−0.30
广 西	0.10	0.98	0.26	2.02	1.53	4.43	2.20	2.74	0.74	1.40	0.90
海 南	−0.21	1.02	6.00	4.30	0.06	0.69	1.14	5.59	0.21	2.85	3.05
重 庆	−	−	−	−	−	5.76	0.92	1.37	1.50	1.85	2.20
四 川	0.25	1.54	1.46	0.75	1.18	1.70	1.16	1.16	1.26	0.34	1.25
贵 州	0.09	1.72	1.61	1.84	3.11	1.08	0.88	1.55	1.61	1.17	1.53
云 南	1.04	0.55	1.12	1.12	1.55	0.34	0.45	−0.34	3.24	−0.65	2.25
西 藏	0.17	−3.78	0.55	2.46	1.49	1.20	1.12	0.53	0.74	0.87	0.90
陕 西	0.38	1.73	1.45	2.40	2.44	0.99	1.50	1.97	2.29	0.13	2.47
甘 肃	0.51	0.69	1.29	1.89	0.57	0.49	1.16	1.76	4.84	−0.20	2.14
青 海	0.63	1.30	0.13	1.73	1.40	0.79	1.77	1.27	3.05	−0.74	2.48
宁 夏	0.43	2.03	1.04	3.08	2.08	0.63	0.81	1.11	1.09	1.10	1.58
新 疆	0.59	2.58	3.94	1.96	2.50	1.71	1.29	2.10	1.58	0.99	1.90

资料来源：税收增长率根据各年税收收入计算而得，GDP增长率直接引用《中国统计年鉴》提供的增长率。在获得这两项数据后，依据税收弹性系数公式计算得到表中资料。

（1）各省（市、区）税收收入弹性系数差异大。各省（市、区）税收弹性系数完全不同，大部分省（市、区）税收弹性系数集中于0～2，各年都存在一些特殊点，如江西省1999年税收弹性系数为66.77，其形成原因是在经济几乎没有增长的情况下，税收增长了6.02%，说明江西省此年税收收入增速远超经济增长；1999年山西省税收弹性系数为－3.14，其形成原因是虽然经济增长8.08%，税收收入却减少了4.37%，致使其税收弹性出现负值。2004年各省（市、区）税收弹性系数差距变小。

（2）东、中、西三大经济区税收弹性系数差异大。从总体上讲，东部地区税收弹性系数高于中西地区，我国东、中、西部地区税收增长率由高到低的排序是东、西、中部，而经济增长率的排序是东、中、西部，税收弹性系数的排序是东、西、中。东部地区经济发展速度快，税收弹性系数也相对较高，西部地区经济发展速度慢，但税负却重于中部地区。具体而言，1995、1996年，东、中、西三大经济区税收弹性系数均小于1，表明税收增长慢于GDP增长；自1997年起，东部地区税收弹性系数大于1，且东部地区税收弹性系数明显高于中部地区，表明东部地区税收收入增长快于GDP增长；中、西部地区税收弹性系数则在1附近呈现出较大幅度的波动（如表5-6），这表明中、西部地区税收收入由其经济增长保证的程度不高，税收收入增长与其GDP增长之间的关系不稳定。

表5-6 1995～2004年我国东、中、西部地区税收差异

地区及分类指标		1995	1996	1997	1998	1999	2000	2001	2002	2003	2004
东部地区	税收增长率（%）	18.33	15.85	30.77	11.12	12.36	29.11	29.08	17.87	19.50	25.30
	经济增长率（%）	26.73	18.11	12.24	7.87	7.27	11.98	10.19	11.20	16.00	20.50
	宏观税负（%）	9.80	9.60	11.20	11.50	12.00	13.90	16.70	17.30	17.60	18.50
	税收比重	0.60	0.60	0.64	0.63	0.65	0.69	0.71	0.72	0.73	0.71
	税收弹性	0.69	0.88	2.51	1.41	1.70	2.43	2.85	1.60	1.12	1.23

续表

地区及分类指标	1995	1996	1997	1998	1999	2000	2001	2002	2003	2004
中部地区 税收增长率（%）	19.08	16.07	17.60	11.23	2.26	11.14	19.92	11.49	13.70	26.90
经济增长率（%）	28.74	20.80	12.89	5.70	4.31	10.10	9.15	9.50	13.00	21.50
宏观税负（%）	7.80	7.50	7.80	8.20	8.00	8.10	8.90	9.10	9.12	9.10
税收比重	0.23	0.23	0.21	0.21	0.20	0.18	0.17	0.17	0.16	0.15
税收弹性	0.66	0.77	1.37	1.97	0.52	1.10	2.18	1.21	1.05	1.06
西部地区 税收增长率（%）	13.36	16.44	8.86	13.73	2.06	9.15	15.45	13.59	11.10	26.50
经济增长率（%）	24.60	18.09	11.88	7.41	5.03	8.83	9.60	9.80	13.70	19.30
宏观税负（%）	11.40	11.20	10.00	11.60	11.30	11.30	11.90	12.30	12.00	12.60
税收比重	0.17	0.17	0.15	0.15	0.14	0.13	0.12	0.11	0.11	0.14
税收弹性	0.54	0.91	0.75	1.85	0.41	1.04	1.61	1.39	0.81	1.37

资料来源：根据《中国统计年鉴》、《中国税务年鉴》和《中国税收季度报告》整理。

5.1.3　税负差异系数分析

税负差异系数法的最大优点是能较方便地以一个数值来反映税负差异的总体情况，便于税负差异的国际比较和动态分析。本文利用前面设计的税负差异系数公式，计算出 1994～2004 年我国各省（市、区）税负差异系数。此处仅列示 2004 年我国各省（市、区）间税负差异系数计算表，其他年份计算表备索。

（1）根据 2004 年各省（市、区）税收收入、国内生产总值计算出各省（市、区）税收比重和 GDP 比重（此处可直接使用表 5 - 2、表 5 - 3 中的税收收入比重和 GDP 比重资料），并将前面计算的 2004 年各省（市、区）宏观税负由小到大的顺序重新排序（如表 5 - 7 所示）。

（2）计算累计税收比重 $U_i = \sum_{i=1}^{n} t_i$ ，$V_i = U_{i-1} + U_i$ ，$S = \sum_{i=1}^{n} y_i \times V_i$ ，计算结果如表 5 - 6 所示。

（3）计算税负差异系数 $G = \dfrac{10000 - S}{10000} = \dfrac{10000 - 7084.98}{10000} = 0.2915$。

表 5 – 7　2004 年我国各省（市、区）税负差异系数计算表

地　区	税　负（%）	税收比重 i_i	GDP 比重 y_i	累计税收比重 U_i	$V_i = U_{i-1} + U_i$	$y_i \times V_i$
湖　南	3.20	0.83	3.44	0.83	0.83	2.86
西　藏	5.89	0.06	0.13	0.89	1.72	0.22
山　东	6.71	4.78	9.49	5.67	6.56	62.25
福　建	7.02	1.95	3.71	7.62	13.29	49.31
河　南	7.07	2.87	5.40	10.49	18.11	97.79
江　西	7.50	1.21	2.14	11.70	22.19	47.49
河　北	9.06	3.65	5.37	15.35	27.05	145.26
四　川	9.12	2.75	4.02	18.10	33.45	134.47
广　西	9.92	1.51	2.03	19.61	37.71	76.55
浙　江	10.02	5.18	6.89	24.79	44.40	305.92
安　徽	10.36	2.29	2.95	27.08	51.87	153.02
湖　北	10.49	3.04	3.87	30.12	57.20	221.36
黑龙江	11.65	2.84	3.25	32.96	63.08	205.01
青　海	11.98	0.26	0.29	33.22	66.18	19.19
吉　林	12.28	1.67	1.81	34.89	68.11	123.28
辽　宁	12.36	3.91	4.21	38.80	73.69	310.23
重　庆	12.57	1.54	1.63	40.34	79.14	129.00
广　东	12.76	9.41	9.83	49.75	90.09	885.58
宁　夏	13.11	0.28	0.28	50.03	99.78	27.94
新　疆	14.02	1.42	1.35	51.45	101.48	137.00
内蒙古	14.07	1.75	1.66	53.20	104.65	173.72
甘　肃	14.17	1.02	0.95	54.22	107.42	102.05
海　南	14.42	0.51	0.47	54.73	108.95	51.21
陕　西	15.18	2.01	1.77	56.74	111.47	197.30
贵　州	15.53	1.14	0.98	57.88	114.62	112.33
山　西	15.58	2.18	1.86	60.06	117.94	219.37

续表

地　区	税　负 （％）	税收比重 i_i	GDP 比重 y_i	累计税收 比重 U_i	$V_i = U_{i-1} + U_i$	$y_i \times V_i$
江　苏	18.92	13.40	9.44	73.46	133.52	1260.43
天　津	23.12	3.12	1.80	76.58	150.04	270.07
云　南	23.74	3.23	1.81	79.81	156.39	283.07
上　海	34.42	11.79	4.56	91.60	171.41	781.63
北　京	42.65	8.40	2.61	100.00	191.60	500.08
合　计	–	100.00	100.00	–	–	7084.98

注：此表未含港澳台地区。

将本文计算的 1994～2004 年我国各省（市、区）税负差异系数列为表5－8，其结果表明，由于不同地区税负水平的不同造成我国税负差异系数在 0.2～0.3 之间变动，税负差异较大，各年虽有波动，但总体上呈上升之势。各省（市、区）税负差异的客观存在及其不断扩大趋势的形成有其客观原因，但这一问题必须引起我们的足够重视。

表 5 – 8　1994～2004 年我国各省（市、区）税负差异系数

年份	1994	1995	1996	1997	1998	1999	2000	2001	2002	2003	2004
差异 系数	0.1985	0.2130	0.2127	0.2280	0.2213	0.2461	0.2472	0.2548	0.2510	0.2768	0.2915

5.2　不同产业之间税负差异分析

产业结构是税源结构的基础，它决定了税收收入的规模，若无先进的产业结构则难以形成优化的税源结构，也就谈不上税收收入规模的扩大；同时，税收又对产业结构有巨大的反作用力，税收可以调整收入规模、以优化的税源结构支持和促进产业结构的合理化。改革开放以来，我国经济呈现出前所未有的快速增长，与此同时，我国的产业结构也发生了巨大变化，产业结构走过了传统的"一、二、三"格局，完成了"二、三、一"

格局的演变，正在向"三、二、一"格局升级，第三产业增加值占 GDP
比重虽然低于世界平均值61%，但其在 GDP 中的比重已由20 世纪80 年代
初期的 21.4% 上升至 2005 年的 40.2%。产业结构的升级使我国传统意义
上的税源结构出现新的变化，不同产业之间税负产生了新的不平衡。

5.2.1　产业税收差异分析

新税制改革后，我国不同产业承担的税收呈现出明显的差异。

三次产业税收收入比重不同。我国目前对第一产业实行低税，对第三产
业实行轻税，对第二产业实行重税的政策，各产业之间税收收入、税收收入
比重存在较大差异，第二产业承担了我国税收的主要任务。从总体上讲，第
二产业税收收入比重最高，始终在54% 以上，是我国税收收入的主体；第三
产业税收收入比重在40% 上下波动，是我国税收收入的重要组成部分；第一
产业税收收入比重最低，在3% ~5% 之间小幅度变化（如表5-9所示）。

表5-9　1996~2004 年我国三次产业税收收入及比重

年 份	第一产业		第二产业		第三产业		总　计	
	税收收入（亿元）	比重(%)	税收收入（亿元）	比重(%)	税收收入（亿元）	比重(%)	税收收入（亿元）	比重(%)
1996	369.46	5.35	3882.06	56.18	2658.30	38.47	6909.82	100
1997	397.48	4.83	4449.41	54.04	3387.15	41.14	8234.04	100
1998	398.80	4.31	5490.74	59.28	3373.26	36.42	9262.80	100
1999	423.50	3.96	6112.29	57.22	4146.79	38.82	10682.58	100
2000	465.31	3.70	7100.71	56.44	5015.49	39.86	12581.51	100
2001	513.75	3.45	8204.90	55.03	6192.03	41.53	14910.68	100
2002	717.85	4.07	9858.54	55.90	7060.06	40.03	17636.45	100
2003	871.77	4.36	11844.20	59.17	7301.34	36.48	20017.31	100
2004	4.72	0.02	15002.52	59.56	10181.55	40.42	25188.80	100

资料来源：1996~2001 年数据来源于《中国统计年鉴2002》及国家税务总局统计
司统计数据；2002~2004 年数据来源于《中国统计年鉴2005》及国家税务总局统计司
统计数据。税收收入为全部税收，包括农税和海关代征"两税"，不包括出口退税。

三次产业税收收入比重变化趋势不同。第一产业税收收入比重呈现出缓慢下降之势，由 1996 年的 5.35% 下降至 2001 年的 3.45%，5 年共下降 1.9 个百分点，年均下降 0.38 个百分点；2002 年以后，第一产业税收收入比重略有回升，由 2002 年的 4.07% 上升至 2003 年的 4.36%。第二产业税收收入比重在经过 1998 年小幅度上升之后，呈现出较慢长的下降之势，由 1998 年的 59.28% 逐步下降至 2001 年的 55.03%，3 年下降 4.25 个百分点，年均下降 1.42 个百分点；2002 年以后，第二产业税收收入比重有明显上升之势，由 2002 年的 55.90% 上升至 2003 年的 59.17%，上升了 3.27 个百分点。与第二产业税收收入比重变化相反，第三产业在经历了 1998 年小幅度下降之后，呈现出持续上升之势，由 1998 年的 36.42% 持续上升至 2001 年的 41.53%，3 年上升 5.11 个百分点；此后第三产业税收收入比重有所下降。从我国三次产业税收收入比重变动趋势上看，随着经济发展水平的提高和产业结构的调整，来自第三产业的税收收入将成为税收收入的主要来源。这也与我国鼓励第三产业发展，实行轻税负政策及产业结构发生变化的趋势相吻合。

5.2.2 产业税负差异分析

新税制改革以来，三次产业税负都呈上升之势。第一产业税负远远低于宏观税负，而且差距在扩大，二者差距已由 1996 年的 7.5% 扩大至 2003 年的 12.0%。第二产业、第三产业税负都高于宏观税负，而且第三产业税负高出宏观税负要更多一些。由此看来，近年来税收负担水平的提高，除经济、征管力度加强等原因外，还与第三产业税负上升、取得较多的税收收入等因素密切相关。

具体而言，第一产业税负虽呈上升之势，但却非常缓慢，从 1996 年的 2.67% 上升至 2003 年的 5.10%，7 年仅上升 2.43 个百分点，年均上升 0.35 个百分点。第二产业税负持续上升，由 1996 年的 11.55% 上升至 2003 年的 19.33%，7 年上升 7.78 个百分点，年均上升 1.11 个百分点，上升速度较快。第三产业税负在经历了 1998 年小幅度下降之后，呈现出较快增长之势，由1998年的13.4%上升至2001年的19.76%，3年上升6.36个百分点，年均上升2.12个百分点，2001年以后第三产业税负又出现缓慢下降之势（如表5－10所示）。

表5－10　1996～2003年我国三次产业税负差异　单位:%

产业 \ 年份	1996	1997	1998	1999	2000	2001	2002	2003
第一产业	2.67	2.80	2.74	2.93	3.27	3.30	4.45	5.10
第二产业	11.55	11.95	14.22	15.07	15.61	17.21	18.61	19.33
第三产业	13.01	14.71	13.40	15.34	16.89	19.76	19.57	18.78
宏观税负	10.18	11.06	11.82	13.02	14.06	15.72	16.77	17.05

5.2.3　产业税收弹性差异分析

总体而言，我国总体税收弹性系数基本在1.2～3.2之间波动，三次产业税收弹性系数基本在0.7～3.7之间波动，总体税收弹性波动幅度小于三次产业税收弹性系数的波动幅度。总体税收弹性系数在1999年达到最高3.23，表明此年税收收入增长快于经济增长2.23倍；在2003年达到最低1.16，表明税收收入增长仍快于经济增长16%。

具体而言，第一产业税收弹性系数变化较大，波动剧烈，1998年和2004年低于1，表明这两年第一产业税收收入增长慢于经济增长；其余各年均大于1，2002年则高达16.9①，表明第一产业税收增长率高于经济增长率。第二产业税收弹性表现出较稳定的变化趋势，除1998、2004年大于2外，其他各年均在1.39～1.99之间小幅度变动，表明第二产业税收收入增长快于经济增长不足1倍。第三产业税收弹性系数，除1998、2002年小于1外，其他年份均大于2.73，2004年最高达至3.40，第三产业税收收入正以超过经济增长2～3倍的速度增长，致使第三产业税负提高较快

---

① 这反映了农业受自然因素影响、"靠天吃饭"的现象还很严重。由于收付实现制的实行，使得农业的丰歉对当年及下一年的税收收入都会产生影响。

（如表 5 - 11 所示）。

表 5 - 11　1997 ~ 2004 年我国三次产业税收弹性系数

年　份	第一产业	第二产业	第三产业	总　体
1997	1. 94	1. 39	2. 93	1. 98
1998	0. 84	2. 63	0. 26	2. 40
1999	2. 21	1. 40	3. 37	3. 23
2000	4. 11	1. 68	2. 88	1. 97
2001	3. 71	1. 99	2. 73	2. 46
2002	16. 90	1. 71	0. 71	1. 89
2003	8. 76	1. 60	3. 08	1. 16
2004	- 0. 71	2. 35	3. 40	1. 25

资料来源：根据《中国统计摘要 2004》、《中国税收报告》和《中国税务报》有关数据整理所得。

5.3　不同所有制经济之间税负差异分析

在传统的计划经济体制下，我国在税收制度的设计及税收政策的制定上，一般是根据不同所有制经济成分实行区别对待的税收优惠政策，即对国家鼓励发展的所有制经济成分实行低税率和税收优惠政策，对国家限制发展的所有制经济成分则采取较高税率，甚至是歧视性的税收政策。这种状况在改革开放之后虽有所纠正，但却走向了另一个极端，即对鼓励发展的非国有企业主要采取减税让利的方式，使税收负担在不同所有制经济成分之间产生新的不平衡。

5.3.1　国有企业税负高于非国有企业税负

改革开放以来，我国国有企业虽然经历了放权让利等利润分配制度的改革，但其经营机制并没有发生实质性的变化，国家办企业、企业办社会等问题仍严重存在着，导致国有企业经济效益低下。而在此期间，为了鼓励非国有制经济的发展，政府在税收政策上给予他们许多优惠条件，形成不同所有制企业之间的税收差别待遇。非国有企业从各种税收优惠中获得了国有企业所无法得到的商业利润和超额利润。这种以直接减少国家税收收入为代价的税收优惠政策，致使非国有制经济的税收负担大大低于国有制经济。

国有企业税收负担高于非国有企业。以2003年工业企业为例，国有及国有控股企业税负①最高达24.99%，比股份有限公司的18.39%高出6.6个百分点，比非国有制经济中税负最低的港澳台投资企业的11.61%高出13.38个百分点，国有企业税负大大高于非国有企业。

国有企业负担我国税收收入的主体地位在下降。根据《中国税务年鉴》的相关数据，我们可以计算出我国不同企业类型税收收入及其比重（如表5-12所示），其表明我国不同企业类型负担的税收收入、比重及其变动趋势。具体而言，20世纪90年代后期，我国国有企业始终是我国税收收入的主要提供者，其税收收入比重虽然呈现出下降之势，但仍占50%以上；21世纪初，我国国有企业税收收入比重持续下降，至2004年已下降至27.2%，曾是税收收入重要提供者的集体经济的税收收入比重也呈现出下降之势，而国有企业、集体企业之外的内资企业——股份合作企业、联营企业、有限责任公司、股份公司和私营企业的税收收入比重却在较快地上升，至2004年已上升至43.1%。

表5-12　1996~2004年我国不同企业类型税收收入及比重

年　份	税收收入（亿元）	内资企业税收收入比重（%）				涉外企业税收收入比重（%）	个体企业税收收入比重（%）
		全部	国有企业	集体企业	其他		
1996	5893.55	83.6	60.5	15.8	7.3	10.8	5.6
1997	8225.51	82.3	58.6	15.5	8.2	12.1	5.6
1998	9092.99	80.5	55.2	14.1	11.2	12.1	5.9

---

①　企业税负＝税收收入/增加值×100%。

续表

年 份	税收收入（亿元）	内资企业税收收入比重（%）				涉外企业税收收入比重（%）	个体企业税收收入比重（%）
		全部	国有企业	集体企业	其他		
1999	10314.98	80.6	51.8	13.9	14.9	13.5	5.9
2000	12661.41	78.4	43.6	10.6	24.2	16.0	5.6
2001	1490.67	74.5	48.3	9.6	16.6	19.3	6.2
2002	16633.02	73.0	42.3	7.7	23.0	21.0	6.0
2003	19991.79	73.4	40.1	6.2	27.1	21.4	5.2
2004	25188.80	73.9	27.2	3.6	43.1	21.3	4.8

5.3.2 内资企业税负高于外资企业税负

按照企业投资方式的不同，可以将全部税收收入分为内资企业税收收入和外资企业税收收入，外资企业主要包括港澳台投资企业和外商投资企业两类，内资企业包括除外资企业以外的所有企业类型。

从内、外资企业税收收入比重看，内资企业税收收入是我国税收收入的主体，虽然在 20 世纪末 21 世纪初呈现出下降之势，但仍在 73% 以上；外资企业税收收入比重较小，虽然已呈现出缓慢上升之势，但最高年份只占 21.4%，相当于同年内资企业税收收入比重的 29%（如表 5 - 13 所示）。

表 5 - 13　1999~2003 年我国内、外资企业税收收入比重与税负　单位:%

年 份	内资企业税收收入比重(%)	外资企业税收收入比重(%)	内资企业税负(%)	外资企业税负(%)	内资企业税收弹性	外资企业税收弹性
1999	78.4	16.0	15.05	7.34	1.72	5.56
2000	76.5	17.5	15.57	8.63	1.79	3.13
2001	74.5	19.3	16.28	10.57	1.50	3.06
2002	73.0	21.0	15.51	10.76	0.89	2.00
2003	73.4	21.4	14.99	9.64	1.82	1.95

资料来源：税收收入比重、税收弹性资料来源于《中国税务年鉴2004》第 744 页；企业税负资料来源于孙玉栋著的《中国税收负担问题研究》第 143 页。

从内、外资企业税负看，内资企业税负远远高于外资企业税负，在 20 世纪末 21 世纪初，内资企业税负最高年份 2001 年高达 16.28%，比同期外资企业税负的 10.57% 高出 5.71 个百分点。从平均值上看，内资企业税负高出外资企业税负 6.1 个百分点，内资企业税负是外资企业税负的 1.65 倍。

从内、外资企业税收收入对经济增长的弹性看，内资企业的税收弹性基本上是大于 1 的，并保持平缓变动，说明内资企业税收收入增长率与经济增长率基本同步，经济每增长 1%，内资企业税收增长 1.27%（按平均弹性计算）；外资企业税收收入对经济增长的弹性大大高于 1，最高年份 1999 年高达 5.56，外资企业税收收入增长快于其经济增长。

5.3.3 股份制企业税收增长迅速

1998 年以来，股份制企业税收收入逐年提高，2003 年股份制企业税收收入增长 33.2%，高于全国平均增幅 13.0 个百分点。在全国税收收入增长 20.2% 之中，股份制企业税收贡献最大，贡献率达 43.1%，比国有企业、私营企业分别高出 27.3 和 29.9 个百分点，拉动全国税收收入增长 8.7 个百分点，并且全国 31 个省（市、区）中有 18 个地区的股份制企业税收对当地税收增长的贡献率达到 50% 以上[①]。如 2003 年云南省股份制企业的税收增幅达 181.3%；东北老工业基地股份制改革初见成效，辽宁、吉林和黑龙江三省股份制企业对三省税收收入增长的贡献率达 72.8%。

5.4 税收负担差异的经济因素分析

税收负担差异的实证分析表明，我国税负差异存在而且较大，不仅表现为各省（市、区）之间、三大经济区之间税负差异，而且表现为产业税

---

① 张伦俊：《税收与经济增长关系的数量分析》，中国税务出版社 2006 年版，第 202 页。

负差异、所有制税负差异。正如前面分析的影响税负变动的因素包括经济因素、政策因素和征管因素，这些因素同样影响着税负差异。本文重点进行税收负担差异的经济因素分析和制度因素分析。

5.4.1　经济发展水平差异的影响

税收负担差异是由多方面原因造成的，其中区域经济发展水平差异是首要的。在经济发展的不同阶段，经济增长对税收增长的贡献是不同的，经济发展水平高，可提供的社会剩余产品价值就多，税源就充分；如果经济主体是以低投入高附加值的形式进行生产的，税源就比较充足，税收量就相应较大，所以地方的经济发展水平决定着地区税收规模。

从区域经济发展的绝对量看，各省（市、区）之间、三大经济区之间差距巨大。由于 GDP 是用来衡量某一地区在一定时期内创造的产品及服务的价值尺度，因此，利用人均 GDP 差异就可表明不同地区的生产力存在差别，因而我们利用现有的统计资料，计算各省（市、区）人均 GDP，并计算省（市、区）之间人均 GDP 差额。其结果表明，我国人均 GDP 最高省（市、区）与最低省（市、区）差距很大，仅就 2004 年和 2005 年而言，人均 GDP 最高的上海分别是 46338 元和 51583 元，人均 GDP 最低的贵州分别为 4317 元和 5222 元，上海人均 GDP 是贵州人均 GDP 的 10.73 倍和 9.88 倍。按照我们划分的东、中、西三大经济区而言，三个地区处于不同的发展阶段。仅以 2003 年为例，我国东、中、西部地区人均 GDP 分别为 20109.72 、8292.33、6203.18 元，东部地区分别是中部、西部地区的 2.43、3.24 倍。按照 2003 年的实际汇率计算，东、中、西部地区人均 GDP 分别是 2428、1001、748 美元，按照世界银行最近的划分标准，西部地区仍处于低收入阶段。

从区域经济增长率看，经济增长速度的差距加大了经济总量差距，进而加大了税收收入差距。我国不同时期的东、中、西部地区经济增长率存在较大差异：1979～1986 年，东部地区的经济增长率比中部地区高出 0.71 个百分点，比西部地区高出 0.63 个百分点。1987～1996 年，东部地区的经济增长率比中部地区高出个 2. 55 百分点，比西部地区高出 3. 02 个百分点，经济增长率的差异在两个时期呈现出不断扩大的趋势。1997～2003年，东部地区的经济增长率为 10. 23%，中部地区的经济增长率为 9. 04%，西部地区的经济增长率为 9. 44，相比而言，东部地区的经济增长率比中部地区高出 1. 19 个百分点，比西部地区高出 0. 79 个百分点，地区经济增长率的差距有所缩小。值得注意的是在这一期间，西部地区的经济增长率比中部地区平均高出 0. 4 个百分点，这主要得益于国家西部大开发战略的实施。

5. 4. 2 经济运行质量差异的影响

发达地区人均收入水平高，个人所得税的纳税人数多，在累进税率制度下，发达地区个人所得税增长速度高于欠发达地区。国民收入分配差异的影响，城镇居民收入差距悬殊。1998 年全国城镇居民人均家庭收入 5 485. 34 元，排前三名的是广东、上海和北京，分别为 8904. 83 元、8825. 26 元和 8520. 61 元；居末三位的是甘肃、山西和宁夏，分别为 4034. 26 元、4117. 79 元和 4146. 0 元；前者是后者的两倍以上。2005 年，全国城镇居民人均家庭收入 11 320. 77 元，排前三位的是上海、北京和浙江，分别是 20602. 9 元、19533. 33 元和 17877. 36 元；居末三位的是贵州、海南和新疆，分别为 8385. 08 元、8670. 15 元和 8693. 67 元。收入差距直接影响个税税基，进而影响到整体税负的均衡。

资本平均有效税负差异大。东部地区资本平均有效税负①最高，中部地区的资本平均有效税负最低，我国区域经济展现的要素禀赋结构是东部地区资本具有比较优势，中西部地区劳动力具有比较优势，东部地区企业资本密集程度高于中西部地区，因而税收主要来源于资本这种生产要素，使得资本的平均有效税负较高。

此外，发达地区商品增加值高于欠发达地区，从而使发达地区增值税

---

① 资本平均有效税负是对资本的实际征税所得与资本存量之比，其目标是分析资本平均承受的税收负担，体现的是资本税收对资本收益的影响。

及增长弹性高于欠发达地区。依据收入法，GDP 等于固定资产折旧、劳动者报酬、生产税净额和营业盈余之和，劳动者报酬占比重高的地区，GDP 增值能力弱，纳税能力低；营业盈余占比重高的地区，GDP 质量高，纳税能力强。所谓"GDP 是总税源"也包含这层意思。

5.4.3 产业结构差异的影响

产业结构水平客观上决定了产业税负水平。不同产业具有不同的生产力水平和不同的劳动生产率，生产力水平和劳动生产率较高的产业往往具有较强的税收负担能力，按公平税负原则，税收负担能力与实际负担能力相匹配。在三次产业中，农业所固有的低效率决定了其产业税负的绝对值一般较低，因而第一产业产值比重的高低必然严重影响整体税收负担水平。随着产业结构的升级，来自第二、第三产业的增加值迅速增加，基于"土地收益递减规律"以及农业技术进步相对较慢等原因，农业报酬率的提高要低于工业，此时政府只能对农业采取低税政策，农业的绝对税负更低，第二、第三产业的负税能力大大高于农业，税收主要来自于产业报酬率较高的第二、第三产业。因此，第二、第三产业在产业结构中所占比重越高，经济的总体税收负担水平也越高。

随着市场经济的需求变化，我国三次产业结构发生了根本性转变，传统的轻重工业倒置关系也得到了扭转，但东、西部产业结构调整并不均衡。在我国三大经济区中，东部地区集中了大量的第三产业及高质量的第二产业，农业比重低，如东部的江苏、辽宁等地的农业比重多在 20% 以下，整体上产业结构优于中、西部地区；而广大中、西部地区则农业比重较高，西部的贵州、内蒙古、云南、四川等省（市、区）的农业比重均在30% 以上，第三产业不发达。现行生产型增值税的特征是对企业购进固定资产价值不允许扣除，这就很容易造成固定资产投资较大的重工业税负增加，轻工业税负相对减少。在税负转嫁条件限制下，西部地区重工业等基础产业比重大，产业结构为低附加值，不仅税负重而且税收收入增长慢；而东部地区产业结构多属高附加值，增值税进项税额大，税负转嫁比较容易，税收收入增长快。因此，从产业结构上看，东、西部地区税负差异在相当时间内难以根本扭转。总之，产业结构的差异及各产业税收贡献率的大小造成了东、中、西部地区税收差异，并呈现出差异程度加大之势。

5.4.4 所有制结构差异的影响

我国东、中、西部地区企业所有制结构不同。我国国民经济在所有制结构上最大特征就是多种所有制经济共同发展，体现在税收上就是收入来源的多元化。改革以来，我国非国有经济所占比重逐年上升，而国有经济税负高于非国有经济。国有经济比重大、税负高致使我国不同所有制经济成分税收贡献率不同，非国有经济税收贡献率远低于国有经济，而且在地区上存在显著差别。东部地区非国有经济发展很快，其提供的税收收入占比提高较快，占总收入的比重也不断提高；而在中、西部地区，尽管非国有经济提供的税收收入占比也有提高，但总体上还是国有经济为主体。这就是对不同所有制采取不同的税收政策导致税收负担在三大地区之间差异逐年扩大的深层原因之一。

5.4.5 国家价格政策的影响

在我国国民经济的发展过程中，我们采取了两项基本的价格政策以促进工业经济体系的建立：一是工业产品与农业产品之间的价格"剪刀差"，农产品价格偏低，工业品价格偏高，以牺牲农业利益去促进工业经济的迅速发展；二是工业加工产品与资源采掘业产品之间的价格"剪刀差"，加工工业产品的价格偏高，资源采掘业产品的价格偏低，以牺牲资源采掘业的利益去促进加工工业的迅速发展。国家为了解决由于价格政策导致行业间利润分配不均的矛盾，采用流转税加以调节：对加工工业的产品征收较高的流转税，对资源采掘产品征收较低的流转税，以平衡利润分配，结果形成不同行业间流转税负担水平不同。

政府对限制生产或消费的商品，往往实行高税政策，通过征收高额流转税去配合商品的销售价格，抑制消费规模来实现其宏观产业政策。如国家对烟草加工业和酒制造业生产的卷烟和酒产品征收较高的税收，使产品销售价格随之提高，从而在烟草加工业和酒制造业形成较高的税收负担水平，当然也就形成了行业间税收负担水平的不同。

5.5　税收负担差异的制度因素分析

税收负担差异形成的税收制度性影响因素不外乎税收制度和税收政策两个方面，而这两个方面对税收负担差异产生作用又主要是通过税收优惠来实现的。税收优惠作为税收制度对某些纳税人和征税对象给予的鼓励和照顾的一种特殊规定，恰恰是对税制本身的统一性和固定性的一种必要的灵活补充。与财政支出相比，税收优惠更加快捷和方便纳税人享受国家制度的各项税收政策，使国民经济与社会发展中针对某些产业、地区、行业和社会群体及个人给予的政策性鼓励和照顾措施能够及时有效地落实到位。

5.5.1　我国税收优惠政策存在的问题

我国现行税收优惠政策，尤其是涉外税收优惠政策的大规模制定与实施始于 20 世纪 70 年代末 80 年代初，是随着改革开放的逐步深入和经济体制的转化而逐渐推行和深化的。我国目前主要的税收优惠政策有以下特点：涉及税种多，以所得税优惠为主；税收优惠方式多样，以直接优惠为主；实行区域化、产业化的税收优惠，以区域化的税收优惠为主；税收优惠面向各类型经济，以外向型税收优惠为主。几十年来，税收优惠对加快我国经济发展、推动社会主义市场经济的建立，对吸引外资、促进经济增长，对促进高新技术产业的发展、推动科技进步，对国家阶段性政策目标的实现发挥了巨大的、历史性的积极作用，并为下一步政策目标的实现奠定了基础。但是随着市场经济体制的逐步完善，我国的税收优惠政策也显露出了许多问题。

1. 税收优惠的范围过宽、过大

从理论上说，任何国家的税收制度都包括基准与非基准两个部分，并以基准部分为主、非基准部分为辅。如果非基准税收制度成为税收制度中的主要组成成分，就要对整个税收制度进行一次大的改革，以便把非基准税收制度转换为基准税收制度。事实上，所有法律制度比较健全的国家，在税收制度中基准税收制度始终占绝对主导的地位，非基准税收制度只是一些特殊的规定。我国现阶段，税收制度中由税收优惠构成的非基准税收制度已经从辅助地位上升到重要地位：从政策目标看，税收优惠的政策目标几乎涵盖了经济、社会及政治、军事、外交的各个领域，与基准税收制度的作用领域完全相同；从政策手段看，无论是直接税还是间接税，在承担取得收入任务的同时，都承担着实施税收优惠的任务；从具体方式看，非基准税收制度的各项具体规定几乎渗透到了基准税收制度的所有要素，以至于不了解非基准税收制度就无法了解整个税收制度；从人们的税收观念看，几乎所有的组织与个人在思考税收问题时，首先不是去了解基准税收制度和由此规定的纳税义务，而是去了解非基准税收制度和可能获得的税收免除或减少。

2. 税收优惠的政策目标不清晰

清晰的税收优惠政策目标首先要明确划分优惠项目与不优惠项目，形成此消彼长的政策导向。我国现行的税收优惠政策具有普遍优惠的特点，没有将优惠项目与不优惠项目清晰地区别开，没有形成此消彼长的政策导向。具体表现为：在产业政策方面，第一产业、第二产业与第三产业均有税收优惠，并且，第一产业内部，农、林、牧、渔各业均有税收优惠；第二产业内部，原材料工业、能源工业和部分加工工业均有税收优惠；第三产业内部，除了娱乐业外，所有其他行业均有税收优惠。在区域政策方面，东部沿海地区有税收优惠，中部地区和西部地区也有税收优惠。

在多个政策目标同时存在并具有交叉关系时，清晰的税收优惠政策目标要求排出不同政策目标的先后顺序，否则，在多个政策目标同时发生作用时，就会出现某一政策不给予优惠而其他政策给予优惠的状况。我国现行的税收优惠政策具有产业结构的、区域经济的、技术进步的和利用外商投资、扩大出口的多项目标，经常出现根据某一政策不给予税收优惠，而根据其他政策却给予税收优惠的现象。诸如，按照产业政策的要求，第二产业，特别是其中的加工工业税收优惠最少，但根据技术进步、利用外资和扩大出口的要求，第二产业，特别是其中的加工工业却享受较多的税收优惠。再如，根据区域经济发展的要求，中西部地区应该享有较多的税收优惠，但根据鼓励外商投资的要求，在外商投资更多地集中于东部沿海地区的情况下，却使东部地区享有更多的税收优惠。

3. 税收优惠的政策手段结构失调

税收优惠的政策手段包括直接优惠与间接优惠两大类，直接优惠的具体方式主要是免税、减税和退税，其特点是简单明了，具有确定性；间接优惠的具体方式主要是税收扣除、加速折旧等，其特点是具有弹性。一般情况下，直接优惠对纳税义务人争取或骗取税收优惠的激励作用大，间接优惠对纳税义务人调整生产经营活动的激励作用大。因此，在选择税收优惠的政策手段时，主要应当运用间接优惠，尽可能少用直接优惠。一些税收优惠制度比较健全的国家，也都是以间接优惠为主、直接优惠为辅。我国现行的税收优惠，按照优惠的项目计算，95%以上的项目属于直接优惠，间接优惠项目所占的比重不足5%，是一种绝对以直接优惠为主的税收优惠制度。

4. 缺乏税收优惠的成本收益分析和预算制度

税收优惠是一种特殊形式的政府支出，要提高税收优惠的效率，必须对税收优惠进行成本收益分析。我国现阶段没有税收优惠的成本收益分析，在设置税收优惠项目时，未考虑税收优惠的有效性及效应大小，未考虑税收优惠的成本构成与成本大小，其结果是：一些凭借主观意向设置的税收优惠，很可能在实践中只有成本而没有任何收益，给国家的经济利益造成重大损失。

税收优惠属于政府支出，应当实行预算管理，从而发挥公众对税收优惠的监督作用与控制作用。我国现阶段的税收优惠没有实行预算管理，公众不知道税收优惠的规模与结构，更无法对税收优惠进行有效的控制。

5. 税收优惠的管理不规范

税收优惠的管理权，不仅应当在中央与地方之间进行合理划分，而且应当在同级政府的立法机关、行政机关与税收职能部门之间进行合理划分。我国现阶段，税收优惠的管理权绝大部分集中在中央政府，地方政府基本上没有税收优惠管理权。为了解决必须由地方政府解决的特殊问题，地方政府不得不越权制定税收优惠政策。从横向看，在中央政府内部，由立法机关管理的税收优惠只有1%左右，其余绝大部分均由行政机关管理，并且在事实上主要由税收职能部门管理。此外，还有一部分税收优惠，是由政府的其他经济管理部门管理的。

5.5.2 目标宽泛、管理松弛的税收优惠产生的负面影响

太多太滥的税收优惠减少了我国的税收收入。目前我国的税收优惠政策目标宽泛，而且多采用直接税减免、优惠税率等形式，以政府直接放弃和让渡部分税收收入为代价；同时，这种税收优惠和减免政策，往往又使税制的规范性遭到破坏，产生许多制度上的漏洞，导致税收流失。管理松弛的税收优惠政策破坏了税收制度的规范性，使得一些没有税收优惠减免权的地方和部门也制定出一些违反税法统一规定的税收优惠政策，造成任意减免和越权减免，导致税收收入流失。目标宽泛、管理松弛的税收优惠政策还为各种利用税制不规范造成的漏洞进行偷逃税和避税提供了条件，打开了方便之门，税收优惠政策已成为税收流失的一个重要渠道。

税收优惠政策的差别性抑制了资源优化配置。在我国税收优惠政策差别性的引导下，资源的流向与国家鼓励投资向中西部地区转移、向基础产业转移的政策存在一定的扭曲。我国以优惠减免政策吸引的外资企业主要集中于东部沿海的广东、江苏、福建、上海、山东五省（市），而且主要集中于一般加工工业和劳动密集型产业，投资于我国急需发展的农业、交通运输业、科研及技术服务业的比重很小。这些税收优惠政策未能充分体现我国的产业政策的要求，抑制了资源优化配置。

税收优惠政策的差别性导致税负不公平。在市场经济条件下对某些市

场参与者给予特殊的税收优惠和减免，实际上是对其他市场参与者的一种税收歧视，从而形成税收优惠享受者与非税收优惠享受者之间的不公平。目前我国的税收优惠政策中许多地域性优惠减免政策，使得东西部地区之间、沿海与内地之间、各省（市、区）之间出现税负不公现象，从而使各地区相互攀比，与中央政府讨价还价，竞争各种优惠政策，助长了地方主义；根据企业不同经济成分制定的税收优惠减免政策，促使企业之间因经济成分不同而可能导致税负不同，特别是内、外资企业所得税在税收优惠减免方面，外资企业享受多种优惠减免，外资企业的所得税实际负担率低，内资企业实际负担率高，内、外资企业无法展开公平竞争，抑制内资企业的快速发展。

5.5.3　我国的税收政策影响了税负差异

我国的税收政策导致了地区税负差异。现行税制设计上在强调税制统一性的同时，对民族地区、落后地区照顾不够，使发达和不发达地区之间实际上处于税负不平等的地位，其表现在：（1）资源税率偏低。西部地区自然矿产资源十分丰富，但由于资源税率太低，税收贡献上不去。例如，西部的绿松石资源产品市场价格每吨10万元以上，按现行资源税管理条例，资源税额才0.5元。加之资源产品的价格管制，资源优势难以转为西部地区的经济和财政优势。（2）在消费税方面，东部地区人均收入和消费水平较高，但由于征收范围偏窄，不能对较高消费人群进行有力的调节，以增加富裕地区对全国财政的贡献度，这也是导致东、西部税负不平衡的原因之一。（3）证券交易印花税。据统计，截止2000年11月，证券市场开户投资者突破5 500万户，股票市值超过4.6万亿元。与此同时，证券交易税连年大幅度增长，至2000年猛增到478亿元，比1999年增长95.2%。但都要交给上海、深圳，再由中央与上海、深圳按88：12的比例进行分配。其他各省（市、区）则无权支配，这对平衡地区税负差异不利。（4）税收返还制度的影响。财政包干基数以收入较好的1993年为基数，作为中央财政对地方的税收返还。这在承认地区差异的同时，又因各地扩张基数能力的不同，进一步扩大了地区财力差别。东部地区经济增长潜力大，从超基数收入中得到的财力也更多。西部地区经济增长潜力小，扩张基数能力较弱。为了解决财政紧张，保证返还基数，只好采取"以支定收"办法千方百计应收尽收。有的地方盲目追加税收指标弄虚作假收"过头税"，造成了经济发展的虚假现象，加重了企业税收负担。

我国的税收政策导致了产业税负差异。近年来，我国实行的对第一产业的"低税"政策以及对第三产业的"轻税"政策，是与我国产业政策相吻合的，并且对促进我国产业结构的升级，解决就业，稳定和促进经济发展起到了重要的作用。然而，我们在利用税收优惠政策促进产业结构升级的同时，却形成了税收与税源不匹配、税收负担在产业间畸重畸轻的局面。我国实行的是第一产业轻税，第二、三产业含税量较高的税收政策，这种税收政策对产业结构不同的三大区域税收收入影响较大，税收负担水平较低行业的相对集中会使该地区的税收负担水平偏低；相反，税收负担水平较高行业的相对集中会使该地区的税收负担水平偏高。

我国的税收政策导致了不同所有制经济的税负差异。我国现行企业所得税对内资企业除实行33%的基本税率外，还有18%和27%两档优惠税率，主要照顾规模较小的非国有企业，这对以国有中小企业和乡镇企业比较多的东部地区来说，客观上也享有比西部地区更有利的税收政策。而且，我国内、外资企业分别适用于内、外两套所得税制，外资企业优惠多于内资企业，合资企业和外资企业则主要集中在东部地区，对外资企业的优惠政策主要是东部地区享受。

第六章

税收的效率及其影响因素分析

我国现行税制是 1994 年税制改革以后建立起来的，从其发展进程看，现行税制尤其是流转税和所得税的税收效率前进了一大步。税收在组织财政收入、吸引外资、刺激产品出口、促进国民经济快速增长等方面都发挥了不可替代的作用。在充分肯定税收效率有很大提高的同时，我们也必须看到当前税收效率存在的问题。这些问题既有经济效率方面的问题，也有行政效率方面的问题。经济效率方面的问题主要表现在税收与经济发展的一些不协调上，行政效率方面的问题着重表现在行政管理成本上。

6.1　税收经济效率分析

税收的经济效率要求精简、有效，减少税收的额外负担，使税收分配对经济运行和资源的配置产生正面影响，它主要考察如何使征税所造成的税收额外负担最小。由税收额外负担的计算公式可看出，影响税收额外负担主要因素（应税商品需求弹性、征税前用于该商品的支出额及税率）都与税收额外负担呈正向变动，随着税率的提高，税收的额外负担以更大的比例增加。并非所有的征税都能产生经济效率的损失，征收所得税只能减少消费者可能购买的商品总量，不会影响消费者在商品 X 和商品 Y 之间的选择，因而不会造成经济效率的损失；而对某种商品征收消费税，不仅减少了可以购买的商品总量，而且改变了消费者在商品 X 和商品 Y 之间的选择，从而造成经济效率的损失。在现实条件下，各国在税收的经济成本与经济效率方面还不能用数据来直观体现，缺乏计算税收额外负担的数据资料和可行方法，本文对我国税收经济效率进行总体定性分析，重点研究我国税收经济效率方面存在的问题，旨在找出提高税收经济效率的有效途径。

6.1.1　税收宏观调控效率偏低

税收宏观调控能力的大小取决于税收收入占国内生产总值 GDP 比重，即宏观税负的大小，仅就税收宏观调控能力而言，税负越高其调控能力越强，调控效率就越高；反之，税负越低其调控能力越弱，调控效率越低。

1. 就税收宏观调控能力而言，我国税负偏低

本文计算的我国宏观税负变动趋势表明，1986～1996 年 10 年间税负下降了 10% 左右，近年来税负水平虽逐年有所增加，2004 年达到 17.66%。但与国际宏观税负水平相比仍有一定差距。有资料显示，经济发达国家宏观税负水平一般为 35%～45%，平均水平为 38.7%；发展中国家一般为 20%～30%，平均水平为 26.5%。我国与国际上的数字并不完全可比，但仅就税收的宏观调控能力而言，我国的宏观税负偏低，表明国家通过税收方式集中的财力少，国家课税水平低。而政府非税收入的长期存在是造成税负偏低的重要原因。在不考虑政府非税收入的前提下，我国税收占 GDP 的比重偏低，一是导致政府履行经济职能、社会职能的经济实力不足，使许多关系国家和人民利益的重大问题无法得到及时的解决，可能影响经济的持续、稳定、健康发展和社会的安定团结。二是税收调控经济运行和调节收入分配的功能弱化。税收参与 GDP 的份额过低，一方面，政府难以有效地通过课税来影响纳税人的经济决策，难以通过课税来引导投资方向、调整产业结构、产品结构；另一方面，政府通过课税调节收入分配的广度、深度和力度不够，也使个人收入分配的差距继续拉大。三是税收占 GDP 的比重低，国家通过规范性的税收取得的收入偏少，非规范性财政收入比重偏高，易造成财政收入不稳定和国家债务负担加重。

2. 税收的宏观调控目标存在一定程度的偏失

税收的宏观调控主要是对产业、产品结构的调控出现了与预期调控目标截然相反的结果，使运行的产业、产品结构逆向变化。限制发展的高税率产业、产品反而发展快，如烟、酒等；鼓励发展的低税率甚至免税的产业、产品发展却较慢，如能源、运输、原材料工业等一些基础性产业和产品。其结果是：一方面，国家试图通过高税率限制的部分产业、产品过快增长，造成生产能力过剩；另一方面，国家力求通过低税率、各种减免税优惠政策鼓励发展的基础性产业发展滞后。

6.1.2　税收增长与经济增长不相适应

税收经济效率旨在考察税收对经济资源配置和经济机制运行的影响状况，经济效率方面的问题主要表现在税收与经济发展的一些不协调问题上，税收增长与经济增长不相适应是其不协调的重要表现。税收增长与经济增长不相适应主要表现在与经济结构变化不相适应、与经济增长的关联度差两个方面。

1. 税收增长与经济结构变化不相适应

经济结构对税收增长的影响主要是由于产业结构、所有制结构和国民收入分配结构的急剧变化，导致经济税源重新排列，但税收政策未能及时调整以适应经济结构变化的新情况。

从产业结构看，1978～2004 年，我国第一产业占国民经济比重由 28% 下降到 15.17%，第二产业由 48.16% 上升至 52.89%，第三产业由 23.7% 上升到 31.94%，产业结构发生了较大变化。但截止 2004 年，我国产业税收比重，第一产业为 0.02%，低于产值比重 15.16 个百分点；第二产业为 59.56%，高于产值比重 6.67 个百分点；第三产业为 40.42%，高于产值比重 8.48 个百分点。由此可见，第一产业税收贡献率偏低，第二、第三产业税收贡献率偏高。在第二产业中，作为主体税源的仍然是纺织、食品、烟酒、石化、冶金、服装、普通机械制造等传统产业，而那些高附加值的新兴产业对国家税收的贡献率却一直徘徊于较低水平。

从所有制结构看，经济改革过程中出现的一种普遍现象是：公有制经济，尤其是国有制经济占国民经济的比重逐年下降，经济效益也呈下降趋势；其他经济成分比重急剧上升，潜在的税源不断扩大。但由于税收政策和税收管理方面的原因，使个体、私营、外商投资企业和外国企业的税收负担始终处于较低水平，使税收重负仍然压在日显乏力、税源日趋萎缩的国有企业身上。

从国民收入的分配结构上看，这些年来，我国国民收入呈现出向居民个人倾斜、向非生产性领域倾斜的态势，导致居民个人所得、非生产性行业的收入占国民收入的比例越来越高。由于税收政策调整不及时，依然采取重企业税收、轻个人税收，重生产性税收、轻非生产性税收，使税收收入增长难以与国民收入增长同步。

2. 税收增长与经济增长的关联度差

税收以经济为依存，税收的增长以经济的增长为前提，而筹集税收收入的目的是为了促进经济的发展。一方面，税收收入必须随着经济的发展而不断增长，以适应因社会发展而日益扩大的国家职能范围和日益庞大的财政开支的需要；另一方面，税收增长的规模是有限的，不能将社会增加值全部拿走，税收的增长必须以不妨碍经济增长为原则，换言之，税收应与经济协调增长。当经济增长较快时，税收可适当地提高宏观税负水平，多收税以适应经济的发展；当经济发展缓慢时，税收应采取适当的减税政策降低税负，以促进经济的增长。只有这样，政府才能通过税收对经济运行状况进行调解，以修正市场缺陷，保证国民经济的持续、稳定发展。但从我国近年来税收增长与经济增长状况来看，当经济发展较快时，税收的宏观税负水平并未发生太大的改变，税收收入也没有太快的增长，在经济增长最快的 1980～1997 年间，税收弹性系数的算术平均值一直在 0.6 左右；而近几年，经济增长趋缓，但税收的宏观税负水平不但没有下降，反而趋于增长，税收连年超千亿。这种现象难以体现税收增长与经济的应有关联度，既不能在经济增长较快时，多筹集财政资金，也不能在经济趋缓时休养生息，影响了长远的经济效益。

6.2　税收行政效率分析

据我国税务机关报告，1994 年我国税收的实际征收率略高于50%，到 2003 年，实际征收率已提高上升至70% 以上。在 10 年间，我国税收的实际征收率提升了 20 个百分点[①]。我国税收实际征收率的提高应归功于我国税收行政效率的提高，因而我们有必要对我国新税制改革后税收行政效率进行深入系统的研究。本文采用征管成本率、人均征税额和税收成本收入弹性三个指标对税收征管机构效率、纳税遵从效率进行实证分析。

6.2.1　税收征管机构效率分析

由于数据收集的困难，准确地描述我国政府税收行政效率的现状很难，因此，本文只能根据收集到的有关数据对我国政府现行税收行政效率做一个粗线条的分析，从中找出其发展规律，为政府决策和相关学术研究提供一点有益的参考。本文仅以谢芬芳发表在《湖南商学院学报》2006 年第 6 期的《政府税收行政效率的现状分析》中正式公布的某省、某县国税系统和地税系统的税收统计资料为原始资料，进行税收征收成本和税收成本收入弹性分析；以《中国税务年鉴》各年公布的税收收入、税务人员数为原始资料，进行人均征税额变动分析。

1. 征收成本率、税收成本收入弹性分析

依据某省、某县国税系统和地税系统提供的税收统计资料，计算出税收征收成本率和税收成本收入弹性（如表6 – 1和表6 –2所示）。

---

① 高培勇：《中国的税负到底重不重》，载《经济》，2006 年第 5 期。

表6-1　某省税收成本率、税收成本收入弹性

年份	国税系统				地税系统			
	税收收入 （千万元）	税收成本 （千万元）	税收成本 率（%）	税收成本 收入弹性	税收收入 （千万元）	税收成本 （千万元）	税收成本 率（%）	税收成本 收入弹性
2001	2118	166	7.83	—	985	153	15.50	—
2002	2234	199	8.90	3.628	1088	170	15.64	1.062
2003	2486	171	6.89	-1.247	1264	189	14.95	0.691
2004	3353	185	5.50	0.130	1549	193	12.44	0.094

表6-2　某县税收成本率、税收成本收入弹性

年份	国税系统				地税系统			
	税收收入 （万元）	税收成本 （万元）	税收成本 率（%）	税收成本 收入弹性	税收收入 （万元）	税收成本 （万元）	税收成本 率（%）	税收成本 收入弹性
2000	2674	699	26.14	—	2092	407	19.46	—
2001	2920	710	24.32	0.171	2261	448	19.81	1.247
2002	3142	822	26.16	2.075	2196	529	24.09	-6.289
2003	3676	849	23.10	0.193	2454	511	20.82	-0.290
2004	4810	947	19.69	0.374	2730	539	19.74	0.487

　　从我们计算的结果看,无论是省级税务部门还是基层征收机关,21世纪初期的税收征收成本率均高于分税制实施前的水平。若仅就税收征收成本率而言,我国政府税收行政效率不但没有提高,反而有一定程度的下降,可见,我国征管效率的提高主要归功于人均征税额的提高。

　　2. 人均征税额分析

　　依据各年度《中国税务年鉴》提供的国税系统、地税系统税收收入、税务人员数,计算出人均征税额及其增长率(如表6-3所示),并根据2005年各省(市、区)国税系统、地税系统的税收收入、税务人员资料,计算出各省(市、区)国税系统、地税系统人均征税额(如表6-4所示)。计算结果表明,我国新税制改革以来人均征税额具有以下两个特点:

　　(1)人均征税额持续上升。无论是国税系统还是地税系统,新税制改革

以来人均征税额都呈现出持续上升之势。总体来说，国税系统人均征税额始终高于地税系统，至2005年，国税系统人均征税额为387.63万元，而地税系统却为313.91万元，国税系统高出地税系统73.72万元。具体而言，1995~2005年间，国税系统人均征税额从85.47万元增长至387.63万元，10年增长了302.16万元，增长了3.54倍，2002年增长最快，比上年增长了36.93%；地税系统人均征税额从55.39万元增长至313.91万元，10年增长了258.52万元，增长了4.67倍，2002年增长最快，比上年增长了52.24%。从人均征税额指标看，我国税务征管机构效率在逐年提高。

表6-3 新税制改革以来我国人均征税额及其增长

年份	国税系统				地税系统			
	税收收入（万元）	税务人员（人）	人均征税额（万元）	人均征税额增长率（%）	税收收入（万元）	税务人员（人）	人均征税额（万元）	人均征税额增长率（%）
1995	37514124	438933	85.47	–	16343087	295053	55.39	–
1996	40003904	444511	90.00	5.30	22550161	332377	67.85	22.49
1997	50475875	449956	112.18	24.65	27868820	400261	69.63	2.63
1998	55820726	450697	123.85	10.40	31575393	351540	89.82	29.00
1999	63838409	450217	141.79	14.49	35366418	355558	99.47	10.74
2000	81342467	444605	182.95	29.03	39916312	356195	112.06	12.66
2001	91421618	490402	186.42	1.90	50325468	399634	125.93	12.38
2002	100859859	395135	255.25	36.92	66489967	346809	191.72	52.24
2003	116738381	393803	296.44	16.14	80186953	346374	231.50	20.75
2004	131527356	392205	335.35	13.13	100224833	345758	289.87	25.21
2005	179910915	464125	387.63	15.59	122474294	390157	313.91	8.29

注：1994年以前没有分国税、地税系统统计的税收收入、税务人员数据，本表从1995年开始统计，表中税务人员数指实有正式职工。

（2）人均征税额地区差异较大。首先，2005年全国人均征税额为323.61万元，在全国各省（市、区）中，国税系统高于平均水平的只有10个省（市），分别是北京、上海、天津、江苏、广东、云南、浙江、山西、黑龙江和新疆，约占全国省份的32.26%；而低于全国平均水平的有21个省（市、区），约占67.74%，绝大部分省份国税系统人均征税额较低。地税系统高于全国平均水平的只有7个省（市、区），分别是上海、北京、江苏、浙江、天津、广东和重庆，约占全国省份的 22.58%；而低于全国平均水平的却有 24 个省份（西藏虽未有统计，但也不会高于平均水平），约占全国省份的 77.42%，绝大部分地税系统人均征税额也较低。其次，无论是国税系统还是地税系统，北京、上海的人均征税额都很高，北京国税系统人均征税额最高达到 2 261.02 万元，是同期人均征税额最低的青海省（93.74 万元）的 24.12 倍；上海地税系统人均征税额最高 2 593.70 万元，是同期人均征税额最低的黑龙江（114.92 万元）的 22.57 倍，可见，我国各省（市、区）人均征税额差异巨大。最后，我国人均征税额高于全国平均水平的省（市、区）大多数是经济发达或税源相对集中的地区，低于全国平均水平的省（市、区）大多是经济欠发达地区或税源不够集中的地区，这类地区一般是第一产业占有较大比重、第二产业不够集中、第三产业发展较慢的地区。

表 6-4　2005 年我国各省（市、区）人均征税额计算表

地　区	国税系统			地税系统		
	税收收入（万元）	税务人员（人）	人均征税额（万元）	税收收入（万元）	税务人员（人）	人均征税额（万元）
北　京	16779002	7421	2261.02	8384057	7709	1087.57
天　津	7189915	5463	1316.11	2096529	4234	495.17
河　北	6006345	28690	209.35	4586360	24369	188.20
山　西	4799781	14396	333.41	2262423	17084	132.43
内蒙古	2943882	12949	227.34	2647810	13457	196.76
辽　宁	5323327	25157	211.60	5031996	15571	323.16
吉　林	2820658	13930	202.49	1248050	10791	115.66
黑龙江	5424997	16362	331.56	1739626	15138	114.92
上　海	20455299	10192	2007.00	11152903	4300	2593.70
江　苏	14291300	23578	606.13	13154256	19308	681.29
浙　江	6321055	17724	356.64	10198844	19445	524.50
安　徽	3145267	16619	189.26	3303245	14078	234.64
福　建	2817728	11232	250.87	2823729	10461	269.93
江　西	1853920	13615	136.17	1394352	11001	126.75

续表

地区	国税系统			地税系统		
	税收收入（万元）	税务人员（人）	人均征税额（万元）	税收收入（万元）	税务人员（人）	人均征税额（万元）
山　东	8852723	27743	319.10	5170806	23206	222.82
河　南	4800891	23336	205.73	3076592	19369	158.84
湖　北	4577960	29135	157.13	4065723	24845	163.64
湖　南	3940228	21318	184.83	1994617	14846	134.35
广　东	16599647	35709	464.86	10282671	27638	372.05
广　西	2290368	13539	169.17	1643608	11907	138.04
海　南	587972	2636	223.05	759119	3496	217.14
重　庆	1920681	7459	257.50	2191884	6187	354.27
四　川	4078716	22367	182.35	3483581	22000	158.34
贵　州	2027902	8868	228.68	1137342	7731	147.11
云　南	5018099	12420	404.03	3115626	13095	237.92
西　藏	155105	1411	109.93	—	—	—
陕　西	3099648	13592	228.05	2493704	11342	219.86
甘　肃	1495191	9241	161.80	1149613	6436	178.62
青　海	397647	4242	93.74	383795	2131	180.10
宁　夏	477146	3182	149.95	306356	2064	148.43
新　疆	2762930	8502	324.97	1134539	6599	171.93

注：此表未含港澳台地区。

3. 综合分析：征管效率提高

吕冰洋等人根据 DEA 分析方法，计算出我国各省（市、区）1996~2004 年税收征管效率提高值[1]，本文对此研究结果进行排序（如表 6-5 所示），其结果表明，1996~2004 年各省（市、区）平均税收征管效率提高值为 9.3%，高于平均值的省（市、区）有 16 个，低于平均值的省份 15

---

[1] 吕冰洋，樊勇：《分税制改革以来税收征管效率的进步和省际差别》，载《世界经济》，2006 年第 10 期，第 74 页。

个。除西藏税收征管效率有所下降外，各省份税收征管效率都有明显提高，且幅度较大。征管效率提高较大的地区集中在浙江、广东、江苏和上海等东部经济相对发达地区，其他大部分中西部地区税收征收效率平均提高值也在 6% 以上，只有云南、青海和甘肃等省税收征管效率提高较小。我国税收征管效率普遍较大的提高，对税收增长产生了极大的促进作用。

表 6 – 5　1996 ~ 2004 年我国各省（市、区）税收征管效率平均提高值

地　区	平均提高值	地　区	平均提高值	地　区	平均提高值
浙　江	19.3	河　南	10.1	重　庆	6.5
广　东	19.1	江　西	9.8	山　西	6.0
江　苏	19.0	海　南	9.7	内蒙古	5.6
上　海	16.9	四　川	9.5	宁　夏	5.5
山　东	14.6	吉　林	9.4	黑龙江	4.2
北　京	13.2	辽　宁	8.2	甘　肃	2.7
福　建	12.6	贵　州	8.1	青　海	1.5
湖　北	12.6	广　西	8.0	云　南	0.5
安　徽	12.1	天　津	7.5	西　藏	-0.6
河　北	11.7	新　疆	7.5	全国平均	9.3
陕　西	10.6	湖　南	6.8		

注：此表未含港澳台地区。

4. 比较与判断

目前评价一国税收成本是高还是低，更主要的还是运用经验数据通过横向比较来说明。对我国税收征管效率的纵向分析表明，我们的税收征管效率显著提高；但与较发达国家相比，我们的税收征管效率尚待提高。

（1）我国税收成本率较高。税收成本在西方发达国家被普遍重视，据统计，1960 ~ 1990 年的 30 年间，美国、加拿大、英国和日本的征收成本率分别是 0.4% ~ 0.6%、0.7% ~ 1.2%、1% ~ 2%、0.8% ~ 1.9%，在四国的征收成本中，美国始终最低，日本在 20 世纪 60 年代最高达 1.9%，但从 20 世纪 70 年代中期以来迅速下降。目前发达国家的税收成本率一般在 1% ~ 2%。据美国国内收入局 1992 年年报统计，当年税收征收成本为

65 亿美元，占税收收入总额 11 207 亿美元的 0.58%，新加坡、澳大利亚、日本和英国的征收成本率分别为 0.95%、1.07%、1.13% 和 1.76%[①]。1996 年，美国、加拿大、英国和日本的征收成本率分别是 0.6%、1.6%、1.23% 和 0.8%。我国税收成本率为 4.73%[②]，远远高于西方发达国家。21 世纪后，我国的税收征收成本率虽然下降，但仍然较高，英国 2003 年征收成本率已降至 0.68%，而我国为 3.24%[③]。

（2）我国人均征税额有待提高。据统计，1995 年，我国人均征税额为 66.05 万元，而同期美国、加拿大人均征税额分别达到 1 000 万美元和 350 万加元[④]，远远高于我国人征税额；2003 年，我国人均征税额增长至 240.88 万元，而同期英国人均征税额达到 500 万美元，仍旧大大高出我国人均征税额。

6.2.2　纳税遵从效率分析

纳税成本又称税收奉行成本或税制遵从成本，指纳税人为履行纳税义务、依法缴纳税款所支付的各种费用。本文按纳税人办理涉税环节，从税务登记、发票购买两个方面，估算各环节纳税遵从成本中的直接成本，进而测算纳税遵从效率。

1. 税务登记成本收入率

由于我国设立两套税务机构，国税、地税之间多年来一直是分别办理税务登记，致使相当一部分纳税人要办理两次税务登记。按着国家税务总局有关文件规定，我国税务登记证每 3 年全面换发 1 次，税务登记证件工本费每个 40 元。但 1998 年以来，为了减轻纳税人负担，一直以年检的形式代替换证，纳税人不需要承担工本费。2005 年，国家税务总局规定，全国统一换发税务登记证，并要求国税、地税部门联合办证，对同时属于两

---

① 郭烈民：《提高我国税收征管效率的思考》，载《税务研究》，1999 年第 6 期。
② 《1997 年全国税收理论研讨会文集》，中国税务出版社 1998 年版。
③ 卢民勇：《英国高效税收征收的成因及其借鉴》，载《涉外税务》，2005 年第 7 期。
④ 《1997 年全国税收理论研讨会文集》，中国税务出版社 1998 年版。

家税务部门管理的纳税人，只办理一次税务登记。

按 2004 年统计数据，全国各类纳税人有 2 400 万人，纳税人发生税务登记成本约 9.6 亿元，占 2004 年税收收入 24 165.68 亿元的 0.397‰。2005 年，山东省国税、地税部门之间就税务登记进行对比，发现双方共管户占登记总户数的比重近 40%。若按此比重推算，国税、地税系统分别换发登记证，纳税人多承担成本 3.84 亿元，税务登记成本收入率为 0.556‰，比统一换发方式高出 0.159‰。

2. 发票成本收入率

根据 21 世纪初各年增值税发票用量及价格计算出增值税发票费用，其中发票用量按某省各年发票用量占全国发票用量比重推算；其他普通发票费用根据各年发票用量与发票价格计算，其中发票用量按某省 2004 年专用发票与国税、地税普通发票用量比重推算，二者比例按经验定为 1∶30。按上述方法计算出 2001～2004 年我国发票成本，并与相应年份的税收收入相比较，得出我国发票成本收入率测算值（如表 6-6 所示）。

表 6-6　2001～2004 年我国发票成本收入率测算值

年　份	2001	2002	2003	2004
增值税专用发票费用（万元）	21163	25220	30307	36462
其他普通发票费用（万元）	135266	161080	193573	232884
发票费用合计（万元）	156328	186300	223880	269346
发票费用增长率（%）	—	19.17	20.17	20.31
税收收入（亿元）	15301.38	17636.45	20017.31	24165.68
税收收入增长率（%）	—	15.26	13.50	20.72
发票成本收入率（%）	1.02	1.06	1.12	1.11

从我们的测算结果可以发现，近几年来我国发票费用不断上涨，年均增长 19% 以上。发票成本收入率呈现出先升后降之势，2003 年达到最高点，之后下降，2004 年达到 1.11%。

6.3　税收行政效率的影响因素分析

从对我国税收行政效率评价指标的测算结果来看，分税制改革以来我国人均征税额持续提高，发票成本收入率呈现出下降之势，这表明我国税收行政效率在提高；但测算结果同时也表明我国税收征收成本率、税务登记成本收入率较高，缩减了我国税收行政效率的提高程度。行政效率提高与否都有其客观影响因素。

6.3.1　促使税收行政效率提高的因素分析

我国税收征管效率之所以逐步提高，经济税源的持续扩大、税源集中化程度的提高、税收征管模式的改变都起了主导作用。

1. 经济税源的持续扩大，增加了税收收入

经济决定着税收，一个地区的经济规模决定了该地区的税收总量，经济结构也影响了 GDP 的税收含量。经济发展水平主要是通过影响税收收入来影响税收效率，经济税源的持续扩大，增加了税收收入总量。由于我国经济体制改革的逐步推进，社会主义市场经济体制的逐步完善，经济长期保持持续、快速稳定增长，为税收增长奠定了坚实的基础。据统计，1994年，我国 GDP 只有 46 759 亿元，到 2005 年 GDP 达到 182 321 亿元，11 年间增长了 2.9 倍；相应地，我国税收收入由 1994 年 5 127 亿元增长到 2005年的 28 775 亿元，11 年间增长 4.6 倍。而且，本文的税收收入影响因素分析也表明，1994 年以来，在促进税收收入增长的因素中，经济增长因素占50% 左右。

2. 税源集中化程度的提高，减少了征管成本

理论上讲，税源集中化程度越高，征管相对容易，征管成本相应减少；相反，税源集中化程度越低，征管相对困难，征管成本相应增加。在我国经济发达地区，如东部沿海地区，特别是长江三角洲和珠江三角洲地

区，城市经济发达，第二产业和第三产业特别是高科技产业迅猛发展，税源集中，单位税收成本征收的税收额高，每个税务人员人均征税额大，减少了税收征管成本。

3. 税收征管模式的改变，提高了征管效率

我国现行的税收征管模式是从计划经济体制下的"管户制"逐步演变而来的，其间经历了 1991 年的"征管查"分离模式，1995 年我国提出"自行申报、集中征收、重点稽查"的新征管模式，并从 1997 年起在全国逐步推行。这一模式的推行，抛弃了 1994 年以前"一员进厂、各税通管"的专管员管户制度。现行税收征管模式借鉴了发达国家在信息化管理方面的经验，确定了税收征管信息化的改革目标。经过多年的努力，我国税务信息化水平迅速提高，目前全国 60% 以上的县级税务机关、75% 以上的纳税人、75% 的税款已纳入计算机网络管理，信息化管理覆盖了税收征管、发票稽核、出口退税以及税源监控等各个方面，从而促进了税收收入的增长，提高了税收征管效率。

6.3.2 抑制税收行政效率提高的因素分析

抑制我国税收征管效率提高的因素，表现为个别税收制度还不够完善、征管模式尚未到位、税务信息化水平偏低，以及财税管理体制不够合理、税收法制化程度低等方面。

1. 现行税收制度不够完善，增加了税收成本

我国目前还未开征社会保障税，税收的稳定社会功能因而难以发挥。在所得税上，内资企业和外资企业所得税分别适用不同的所得税法，税种设置重复。由于商品劳务税比重偏高抑制了所得税和其他税种功能的发挥和发展，使税制缺乏弹性，导致税制的整体合力不够，在一定程度上必然导致税收额外负担的产生，使经济发生扭曲，增大税收成本。

在目前的税制结构中，流转税所占比重超过 70%，而所得税比重只占 22% 左右，其中个人所得税只占 7%。从流转税上看，1994 年我国的税制改革，在税制设计上，主要考虑税收收入、税收宏观调控能力和税收公平

问题，对税收成本考虑较少，具体表现在以下三个方面。

（1）增值税存在的问题。首先，由于实行生产型增值税，对资本密集型企业和科技含量较高的企业发展形成障碍。除财政收入目标基本实现外，由于对固定资产的重复征税以及因进项税金抵扣不足引发的重复征税仍然存在，纳税人负担相对较重，并没有消除原来产品税的弊端。其次，增值税在制度设计上烦琐，抵扣、退税政策复杂，一般纳税人要配备防伪税控设备，加大了税务部门的征税难度，提高了征税成本；同时，严格的税款抵扣制度和抵扣程序又加大了纳税人申报纳税的人力、物力，也增加了纳税人的税收遵从成本。最后，对不同行业或不同经营行为区别对待，对交通运输业、建筑业、金融保险业、邮电通讯业等没有纳入增值税征收范围，那么链条的中断不仅存在税款抵扣不充分或抵扣过多造成重复征税和税负畸轻畸重问题，而且破坏了增值税的自动稽核机制，使链条约束失效，导致真票假开、虚开代开等违法行为的产生，严重地弱化了专用发票的内在约束作用。

（2）消费税存在的问题。首先，征税范围界定不科学，把一些生活必需品（如普通化妆品）纳入消费税项目，同时却把一些高档消费如娱乐排斥在外，使得消费税和营业税、增值税之间产生摩擦，弱化了税收调节作用，加大了税制总成本。其次，现行消费税的纳税环节确定在生产环节，虽可减少税收征管难度，但却带来了企业消费税避税严重及对企业生产不利等问题，使得消费税在扭曲纳税人经济决策的同时大大减少了政府税收，提高了税收成本率。最后，消费税采取价内税的形式，以含税价格为税基，混淆了税收与价格的界限，扭曲了生产者与消费者之间以及生产者、消费者与政府之间的经济关系。在增值税实行价外税、以不含税价格为税基的条件下，造成价内税与价外税并存，给会计核算和经济统计带来不便，增加了税收成本。

（3）所得税存在的问题。首先，我国的个人所得税对工资薪金及个人承包经营规定税率档次过多，边际税率过高，加之其他所得税率缺少协调，给纳税人通过调节不同税目收入进行偷税以可乘之机。同时，近年来我国人均收入水平大幅度提高，而各所得项目的扣除额并未相应调整，个人税负过重，为了避税，个人收入趋于多样化、隐蔽化，给税收征管带来困难，增加了税收成本。其次，我国实行内外有别的企业所得税，对同类型的企业适用不同的法规，而且外资企业有更多的优惠，使外资企业税负低于内资企业，这既不符合税收公平原则，又使税制复杂化，增加了征管难度，提高了税收成本。另外，企业所得税按企业隶属关系和经济性质划分中央税和地方税，增加了征管的难度，加大了税收成本。

2. 税收优惠政策过多，减少税收收入的同时增加了税收成本

国家出台的税收优惠政策过多过滥，主要以低效率的减免税为主，以致这些优惠政策的实施效果并不明显。首先，税收优惠政策本身就是税收收入的减少，在税收征管成本不变的前提下，收入不足就意味着税收征管效率的降低和税收成本的相对增加。其次，由于税收优惠过多和不规范导致税收制度复杂化，使税务机关和纳税人花费大量的时间和精力完成征纳任务，增加了税收成本。再次，税收优惠过多引发的税收制度复杂化和差异性很容易产生税收漏洞，为纳税人避税提供了机会，税务部门为此需要加大堵漏力度，增加了税收征管成本。最后，由于我国现行的税收优惠政策偏重于临时性照顾，对促进受益者提高经济效率作用不大，造成税收机会成本过大。

3. 现行税收征管模式滞后，制约了税收征管效率的提高

现行税收征管模式要求税务人员和办税地点相对集中，但在实践中，由于没有及时处理好"管户"与"管事"的关系，导致税源管理弱化。首先，征管模式中的集中征收，实质上是征税信息集中，但在实践中必然涉及地域集中，基础建设投入较大。1994 年税务机构分设，需要投入大量的资金进行办公等基础设施建设；同时为了改善征管手段也加大了财力投入，近几年的设备购置支出几乎以每年翻一番的速度增长，使税收征管成本上升。其次，由于缺乏专管员体制下税务部门直接获取第一手税源信息的渠道，税务人员对税源的了解大都局限于纳税人的申报资料，对纳税人申报资料的真实性、合理性缺少有效的稽查办法，虚假申报控管乏力；征、管、查各部门之间分工不明、职责不清、衔接脱节、管理缺位、信息传递及反馈和共享不到位。上述问题的存在，导致税务部门与纳税人之间

信息不对称状况加剧，税源底子不清，漏征漏管严重，抑制税收收入的增长。

4. 征管技术手段落后，致使税收成本居高不下

良好的技术设备是提高税收效率的基础，税收电子化可以降低征税成本和纳税成本。尽管我国税务系统计算机的配置已较多，但严密的计算机监控网络尚未形成，计算机的运用效率不高，软件的开发还不够，且缺乏统一规划，存在各地重复开发、各自为政现象，造成资金、人力浪费。软件的开发功能交叉，大多互相不能匹配，信息不能共享，造成税收征管的应用程度不高。计算机网络建设不够，单机操作的结果是大量工作需人工完成，计算机交叉稽核、数据共享等任务都未完全实现。个体工商户和交通不便地区的税收征管方式则更为落后，仍靠"人海战术"，耗费大量的人力、物力、财力，致使税收成本居高不下。此外，纳税申报表、发票管理办法等也过于繁杂，不利于操作，增加了税收征管成本。

5. 财税管理体制不尽合理，加大了税收成本

财政对税收的需求状况影响税收运行成本的状况，在经济税源一定的情况下，政府公共财政对税收的需求量越大，税收收入的任务越重，税收征管的难度就越大，投入的人力、物力就会比较多，税收征管成本就会相对较高；相反，在财政压力不大的情况下，税收收入任务较轻，税收征管成本可能会相对低些。此外，有些地方政府为鼓励税务部门多收，还制定了超收奖励和稽查提成等办法，这些政策性的诱导措施，也是引发我国税收成本居高不下的因素。

分设国家税务局和地方税务局两套税务机构，增加了征管成本和纳税成本。从其运行情况看，机构分设后，由于职能明确，各级政府积极性都被调动起来，中央和地方的税收收入持续大幅度增长。但随着社会法制环境的完善，依法治税局面的逐步形成，税务机构分设的弊端逐渐显现出来。首先，增加了征收成本，降低了税收征管机构效率。在任何一处设置税收征管机构的地方，都有对应的两套机构在运作，税收队伍迅速扩大，使人头经费迅速增加。而且，为保证两个税务系统独立运作，必须要有独立运作的物质条件的保障，除办公设施外，征管信息化建设、办公自动化

建设、征收设施建设都必须独立进行。这种浪费在农村，特别是偏远农村征管机构尤为突出。其次，增加了纳税成本，降低了纳税遵从效率。由于机构分设，使绝大多数纳税人都必须面对两个税务机关，必须履行两个纳税程序，办理两次纳税，承担两次纳税义务，协调两个部门的关系，甚至接受重复的教育或培训，接受国税、地税的例行检查，增加了纳税人的工作量和纳税成本。

第七章

实现合理税负的政策建议

实证分析表明，我国税收收入持续增长，小口径宏观税负和大口径宏观税负都呈现出先降后升之势，大口径宏观税负变动幅度更大些，如果再加上具有税收性质的其他收费收入等，我国实际的宏观税负水平是比较高的；我国省际间、东中西部地区间、产业间以及不同所有制经济之间都存在着较大的税负差异，特别是省际间税负差异系数已由1994年的0.1985上升至2004年的0.2915，税负差异较大；我国的税收经济效率偏低，税收行政效率总体上呈提高之势，其中税收成本率却在上升，只是人均征税额的持续快速增长起了主导作用，税收行政效率仍有待于提高。针对这种状况，本文提出实现税负适度、实现税负公平以及提高税收效率的建议。

7.1　促进税收与经济协调发展，实现税负适度

既然税负是税收收入与GDP之比，那么税收收入就等于税负与GDP之积，因而要达到税收收入增长的途径只有两条：一是提高税负；二是增加GDP。而提高税负却受税负适度原则的严格限制，那么，我们可选择的最佳途径便是增加GDP，扩大税基。随着GDP的增长，税基扩大，税收与经济协调发展，才有利于实现我国税负适度的目标。

7.1.1　适度降低我国宏观税负

实证分析表明，我国小口径宏观税负已接近我国目前的最优税负水平。这说明从促进经济增长的角度看，在考虑财政支出对经济增长的正向作用后，我国目前不存在提高税负的理由。也就是说，如果我们把促进经济增长作为财政政策的首要目标，那么在目前情况下，我们就应当把税收负担控制在最适水平范围内。大口径宏观税负高于小口径税负约九个百分点，主要源于计算大口径宏观税负的政府收入，它不仅包括财政收入，而且包括预算外收入、社会保障基金收入和制度外收入等。可见，我国企业的税费总负担很重，费的部分占了较大比重，因而从理论上讲，减轻企业负担的另一个重要途径应该是通过清理整顿税外的乱收费，即"费改税"，清费立税，取消不必要收费，确保我国企业乃至国民经济健康运行。

取消一切不合理收费和乱收费。在各级政府越权设置的各种收费中，虽然也有部分是合理的，但相当一部分是巧立名目的不合理收费和乱收费，增加了企业负担，因而应当取消一切不合理收费和乱收费。但部分具有等价补偿性质的"规费"应当保留，因为这部分"规费"是政府机关按照某种特定服务的实际成本收取的等价补偿，不但具有市场行为特征，而且是一种准商品的货币关系，具有一定的自愿性和平等性，这种收费在世界各国也都普遍存在。

规范政府部门征收的基金，并逐步将基金改为税收。对各级政府及其所属职能部门从其实际情况出发、经国务院批准征收专项用于经济建设和某项事业发展的基金，由于其已具有特定目的和专项用途，立即取消既有难度也不现实。对于这部分基金，原则上暂予以保留，但要规范管理，专户存储，纳入财政预算管理轨道，待时机成熟时将这部分基金逐步改为税收。

在清理整顿各种收费项目的基础上，改费为税。进行清理归并，将具有固定性、无偿性的收费分期、分批改为税收或由税务部门征管。如为教育部门收取使用的城市教育费附加、农村教育事业附加、地方教育附加以及学校各种收费近十项，这些收费性质相同或相近，用途类似，可以归并在一起征收教育税。

在逐步实行费改税的基础上，进一步规范分配秩序，理顺分配关系。一是把现行政府支配的预算外资金纳入预算内管理，因为这部分预算外资金是过去计划经济体制和高度集中财政体制下的产物，现在已实行分税制财政体制，实无存在的必要。二是把政府部门分散管理的各种基金和收费，根据实际情况分别纳入国家预算，不应再有未纳入国家预算管理的财政性收支存在。三是在清理、整顿各种性质收费的基础上，把那些经常性的、带有税收性质的收费改为地方税种，进一步完善地方税体系，以充实和完善地方预算管理功能，同时也减轻纳税人的非税负担。

7.1.2 增强可持续税源建设

我国税收收入结构呈现出非常明显的资源性特征，我国目前对税收收入贡献最大的是与自然资源关联度极高的采掘、制造或其关联行业。而我国资源浪费问题却比较严重，且许多资源都是不可再生资源，因而，珍惜、保护资源和合理开发利用资源已迫在眉睫。然而，现行资源税制改革及税源建设滞后又影响了资源税聚财和调节功能的发挥，不利于保护国家资源和有效配置资源，更不利于将资源优势转化为经济优势和财政优势。为解决资源浪费问题，除国家行政强制手段外，最有效、最直接的经济手段就是税收杠杆调节，国家通过征税或减税获取一定限度的资源价值补偿，同时运用税收杠杆来调节资源经济，促进国家资源有效配置和合理开发利用。资源型税源是指所有的不同类型的资源产生的税源或者说带来的税源，也就是说，国家将各类资源纳入资源税的征收范围，在资源的开发利用过程中，把各类资源变为税源。资源型税源建设应当遵循普遍征收原则、保护资源原则和清费立税原则，确立资源税课征的主体税种和完善资源税控管办法。

（1）确立资源课征新的主体税种。设置资源税税种要充分表达出政府对资源的所有权和管理权，以实现保护资源和限制资源开采的意图，将资源开采的可持续成本内在化，以利于资源的可持续开发利用。我国现行资源税仅对矿产品和盐类资源课税，征收范围过窄，基本上只属于矿藏资源占用税。新的资源税的征税对象和范围应当扩大到所有的矿藏资源和非矿藏资源。

（2）尽快建立和完善资源税税种。随着资源开发利用规模的扩大、课征范围的拓宽，资源税收入必然快速增长，资源税很可能成为国家的主体税种。因此，要尽快建立和完善资源税制，分类界定资源税课征范围，科学合理地确定新的资源税计税依据和税率。将资源税计税依据由按应税资源产品销售数量或自用数量计征改按销售额计征，并视不同的资源类别设立高低不等的税率，使之充分有效地调节资源的级差收益，使国家有限的资源得到充分利用和补偿，有效遏制资源浪费。

（3）强化资源税的征收管理。由于资源税是一种行为税，是对开发利用资源的行为进行征税，资源税征收管理的难度很大；随着广域的资源税建设，资源税征收范围的扩大，课税对象更加复杂，将给资源税的征收管理带来更大的困难。因此应强化资源税的征收管理：一是对资源税实行源头控管，控制资源开发源头，对资源开发利用情况和资源税纳税义务人或扣缴义务人进行全面监控；二是强化相关职能部门的工作协调配合，建立资源信息共享和监控机制；三是完善行业税收管理办法，针对各类不同的资源，结合各地实际，因地制宜地制定切实可行的行业税收管理办法，强化资源行业税收的管理。

7.1.3　加强跨区域税收合作

跨区域税收合作是区域经济一体化的必然。当今世界，随着市场经济的不断完善，市场机制日益发挥配置资源的基础性作用，经济全球化和区域经济一体化成为经济发展的潮流。我国经济的区域格局在经历了二十多年地方政府主导型经济模式的发展之后，市场主导型的区域经济发展迈出了实质性步伐，我国开始从省份经济真正迈向区域经济发展阶段，区域经济整合将成为推动我国新一轮改革开放的支柱之一。经济决定税收，税收反作用于经济，经济的合作必然促使税收的合作，而广泛的税收合作必将更好地服务于经济的共同发展。因此，跨区域税收合作是区域经济一体化的必然结果，加强跨区域税收合作，促进经济共同发展，其具体体现在以下几个方面：

（1）构建一个跨区域税收合作与交流平台，建立长效协作机制。跨区域税收合作大体上划分为制度性合作和功能性合作，制度性合作是跨区域税收的基础性合作，功能性合作则是跨区域税收的具体合作，两种合作相辅相成，缺一不可。既然制度性合作是整个跨区域税收合作的基础和前提，那么，目前跨区域税收合作的首要问题就是构建一个合作与交流的平台，建立长效的协作机制。初步设想是以"组建一个领导机构、设立一个固定机构、创建一个论坛"为基本框架的合作平台，实现跨区域税收合作的长效领导机制、协作机制和理论先导机制。

（2）以跨区域税收合作为切入点，以区域间政府为经济服务协作为纽带，共同构建区域间税收合作的良好环境。地方政府在跨区域税收合作中起桥梁和纽带作用。区域经济一体化是市场经济发展的客观必然，各级地方政府在区域经济一体化形成中起桥梁和纽带作用，没有地方政府间的经济服务合作与交流，跨区域税收合作也就没有发展的空间，因为政府是跨区域税收合作制度的制定者和实施者，而且有能力和责任协调跨区域税收合作中出现的矛盾和利益冲突，是跨区域税收合作中的最佳协调者。

（3）建立合理的税收利益分配协调机制。统一、规范、合理的税收利益分配协调机制的建立，有利于及时纠正和杜绝有害的税收竞争，防止税收流失；有利于消除区域内各方潜在的矛盾，推动跨区域税收合作向纵深发展。

（4）深化跨区域税收合作，推进依法治税水平。相互交流在查处重大涉税案件方面的经验和做法，协调开展跨区域税收联合稽查的步骤、方法，提高依法行政的能力；学习、交流在行政案件的审理、复议、应诉等方面的经验和做法，必要时对跨区域税务行政案件组成联合应诉工作组，共同维护整体诉讼利益；开展税收执法检查，推行税收执法责任制方面的经验交流，推进税收队伍规范化管理，加大税收执法监督力度，全面贯彻依法治税方略。

（5）要着眼于与我国开展经济合作的国家和地区，特别是国际区域性组织成员国。通过主动、积极、有前瞻性地开展国际税收协调研究，从发展战略上考虑未来我国税制改革模式，寻找与东盟国家合作的最佳方式，以消除关税壁垒和税收分歧，促进区域内各成员国之间生产要素的合理流动，同时充分利用我国的资源、市场、区位等经济发展优势，既保持我国经济持续健康的发展势头，又保证国家财政收入不蒙受损失。

7.2 促进税收结构平衡发展，实现税负公平

我国宏观税负不但存在地区差异，而且存在产业差异和所有制经济差异，这些差异的存在有悖于税负公平原则。而优化税制结构，则可缩小税负差异，实现税负公平。优化税制结构的内在要求是兼顾税收效率与税收公平，我们的结构性减税政策兼顾了公平与效率的要求。

7.2.1 结构性减税的必然与可行

税收结构不合理限制了税收公平调节功能的发挥，并且存在强化收入不均等的趋向。从我国税收结构来看，"十五"期间，流转税和所得税收入占全部税收的比重分别达到68.2%和23.2%，两者收入比重相差45个百分点。主要发挥收入调节作用的个人所得税收入占到税收收入比重近7%，占GDP比重1%，占的份额相当小。而不同的税收结构对收入分配的调节以及收入公平的实现则有很大差异，以所得税为主的税收结构，其基本特征是以所得税为主体税种和主要税收收入来源，所得税收入一般占税收总收入的60%以上，流转税收入一般不超过税收总收入的20%，此税制结构有利于体现税收的社会公平，对调节社会收入分配和校正经济扭曲具有良好的效果。比较而言，我国目前的以流转税为主体的税制在充分发

挥收入功能、保障税收大幅度增长的同时，由于其适用税率的比例性，在收入分配的调节上具有累退性，且流转税易转嫁，其比重越大，收入分配的差距就越大，对收入分配易产生扭曲作用。

个人所得税制度设计上的不规范制约了税收公平调节功能的发挥。个人所得税与其他调节收入分配的相关税种相比，是调节收入分配能力最强的税种，在实现收入分配职能方面发挥着其他税种难以替代的作用。但由于现行个人所得税本身缺乏科学性和合理性，导致其收入公平性的实质与其调节功能的有效发挥存在很大差距，并在很大程度上背离了公平原则。由于征管水平的限制，又缺少一个很好的纳税人收入管理系统，目前我国的个人所得税制度对高收入者的调节力度是很不够的。同时，个人所得税65%左右的收入来源于工资薪金所得，工薪阶层成了实际上的最主要的纳税人，工薪阶层纳税额所占份额远高于高收入阶层，我国的个人税收对居民收入分配差距具有一定的扩大效应。

税收调节体系不健全，各税种缺乏调节整合力，影响了税收公平调节功能的发挥。调节社会公平的再分配功能，单个税种的力量是脆弱的，必须着眼于整个税制体系的建设，综合运用各种税收手段。我国个人所得税税制与一些发达国家个人所得税税制相比，无论从发展历史还是个人所得税占全部税收收入的比重来看，都属于起步阶段。即使是个人所得税比重较高的西方国家，也非常注重各税种的整体配合，特别是注重消除流转税的累退性。但是我国目前这种有效调节收入分配、调节贫富不均的税收政策体系尚未形成，影响税收整体作用的相互弥补、协调发挥。

面临世界性的减税浪潮，我国目前税收政策的操作思路应当实行有增有减的结构性税收政策调整。首先，我国改革开放以来实行的减税让利政策，客观上优化了我国的经济结构，明显地促进了经济发展。对不同的税种进行减税，尽管它们之间有着不同的功能特点，但具有扩张效应是共同的。其次，我国企业和国民经济的总体税负偏重，存在着结构性减税的空间。最后，减税不会必然造成财政收入减少，因为一定时期政府的税收收入取决于税基、税率和征收率三方面的共同作用，税率的降低并不一定就意味着税收收入的减少，从发展的角度看，减税一方面可以优化经济结构，提高经济效益，刺激经济增长，扩大税基；另一方面也可以减少偷逃税的动机，提高征收率，最终增加税收收入。

当前我国实行结构性减税政策是可行的。首先，税收连年的快速增长为实行减税政策提供了现实的财力支持。近年来，我国税收增幅很大，财政有能力拿出一部分资金支持税制改革，从而形成"经济—税收—经济"的良性循环。其次，辅助性的增收减支措施为深化税制改革提供了可操作的财力空间。增值税征税范围的扩展，外资企业所得税负担的提高，所得税税收优惠政策的减少，消费税部分税目的增加和税率的提高，以及遗产税与赠予税、证券交易税等地方税系重要税种的开征，都是为了保证减税政策顺利实行采取的增税政策。加强税收征管，缩小名义税负与实际税负之间的差距，增加税收收入还有相当大的空间；转变政府职能，调整财政支出结构，压缩财政支出规模还是有一定潜力的。最后，财政政策的转型为结构性减税提供了外部的政策支持。财政与税收是无法分割的统一整体，很多情况下，税收政策必然需要财政政策的支持。从 2005 年开始，我国财政政策由积极财政政策转向稳健型，并积极支持新一轮的税制改革，表明了我国目前财政状况的好转和政策导向的转变，这无疑为减税政策的实施提供了极大的可能。

7.2.2 优化税制结构

一般而言，直接税和间接税的不同组合可形成三种税制结构：以间接税为主体的税制结构，以直接税为主体的税制结构，间接税与直接税并重的双主体税制结构。不同的税制结构调节的侧重点不同，服务于政府的社会经济目标也不同。一般而言，直接税通常以调节和解决公平收入分配问题为首要目标，而间接税更能体现政府的效率目标，双主体的税制结构则致力于实现经济效率与社会公平之间的平衡。我国当前的以间接税为主、直接税为辅的税制结构现状是与我国经济转轨时期"效率优先、兼顾公平"的发展原则和税收征管水平的现状相辅相成的，有其合理性。但当社会主义市场经济走到今天时，这种税制结构的负面影响开始逐渐显现出来。由于直接税特别是累进的个人所得税、社会保障税以及遗产税和赠予税具有较强的收入再分配功能，直接税收入比重过低，尤其是来自所得税类的比重过低，必然会影响税制公平收入分配功能的正常发挥，影响我国社会经济全面、协调、可持续发展的进程。因而，优化我国现行税种结构、提高我国直接税收入比重、降低间接税收入比重，已成为促进税收结构平衡发展、实现税负公平的重要任务之一。

进一步改革和完善个人所得税制度。在税收政策中，个人所得税是调节居民收入分配差距的主要手段。为了更好地发挥个人所得税对收入分配的调节功能，提高个人所得税在税收收入中所占比重，应当适当地考虑家庭负担和经济发展水平，提高工资和薪金所得的税前扣除标准，创造条件实行分类与综合相结合的计征模式；降低最高边际税率水平，减少税率级次，降低税率的累进程度。

搞好个人所得税源监控。首先，加强垄断收入的监管。行政性垄断行业收入高于非垄断行业，相差多倍，但至今尚未从源头上，从初次分配环节解决垄断利润的产生和分配问题。因此，必须从政策的层面加以规范并加大征管力度。其次，积极推行存款实名制，并逐步创造条件实行金融资产实名制，限制非法收入。可借鉴国外先进做法，在全国范围内建立统一的纳税身份证制度，并与税务机关联网，使纳税人的每一笔收入都在税务机关的直接监控之下；在全社会范围内建立个人信用体系，将每位公民的诚信活动记录在案；逐步实现个人财产透明化、合法化，建立个人收入信息报告制度，建立个人财产评估机制。最后，对黑色收入、腐败收入、灰色收入及钻各种政策空子所得的非常收入，要联合采取有效手段加以打击和取缔。加大对涉税犯罪案件的曝光力度，震慑犯罪分子，预防并遏制涉税犯罪案件发生。同时，要做好代扣代缴工作，加强对高收入行业和个人的征收管理。

尽快开征社会保障税。从公平收入分配和优化税制结构的角度看，将我国的社会保障费改为社会保障税是非常必要的。这有利于加大征缴力度，提高征收率；也有利于降低征收成本，节省开支。更重要的是，社会保障税作为直接税的主力税种，可以大大提高我国直接税的比重，有利于税制结构的优化。从国际上看，社会保障税是以纳税人的工资和薪金所得作为征税对象的一种税收，是实施社会保障制度的主要资金来源，是实现公平收入分配的有力工具。社会保障税作为社会保障基金体系重要组成部分，在一定程度上可为因城市化建设过程中的失地农民、农村经济发展过程中剩余劳动力转移的生存保障和再就业的技能训练等提供必要的物质基础，使农民的养老、医疗、教育等后顾之忧得到有效解决。第一步是将进城务工的农民纳入城镇社会保障体系，农民工依法缴税的同时，招用农民工的单位也必须承担为农民工缴纳社会保障税的责任，使农民工先行一步，融入城镇社会保障体系；第二步是在条件成熟之后，探讨将全部农民纳入社会保障体系的政策措施，逐步建立起覆盖全国的社会保障体系，统筹城乡发展，建设社会主义新农村。

开征遗产税与赠予税。开征遗产税和赠予税主要不是出于财政收入的考虑，而是协助个人所得税和社会保障税对当期财富流量的调节，调节存量财富的分配，防止财产过度集中，促进社会公平，因此，应该采取高起征点和高累进税率。从目前我国的税收征管水平出发，遗产税应采用总遗产税制。关于遗产税与赠予税的配合模式，我们认为应采取遗产税与赠予税分设模式。但无论如何，开征遗产税与赠予税都会增加直接税收入，从而提高直接税收入比重。

开征房地产税。随着我国房地产市场的持续高速发展，把房地产原有环节的税收合并，开征统一规范的房地产税已是当务之急。理论上讲，开征房地产税不仅能够增加政府财政收入来源，调节房地产市场的收益公平分配，而且能减少房地产投机、遏制房价疯涨、减少房地产市场的非理性行为、保证房地产市场持续稳定发展。仅从税收收入结构上讲，开征房地产税会增加直接税收入，提高直接税比重，优化税种结构。

7.2.3 优化地区税负结构

城乡税制不统一也是造成地区税负差异的重要原因，因为各地区城乡产值比重不同；我国现行区域税收优惠政策仍存在缺陷与问题，最终导致了税负差异，形成我国税负不公平。本文重点从完善城乡税制一体化、完善区域经济税收优惠政策两个方面着手，探讨缩小我国地区税负差异的途径，从而实现税负公平。

1. 完善城乡税制一体化

长期以来，我国实行城乡二元经济结构，与此相适应的税收制度，在农村实行以农业税为主体的农业税制，在城镇实行以流转税及所得税为主体的工商税制，形成了城乡二元税制结构，农民除了直接负担农业税外，还直接或间接承担着工商税制的负担，造成城乡居民税负不公。当今世界上大多数国家都没有专门对农业设立单独的税种，而是把对农业的征税分别列于城乡统一的税制之中。我国虽已初步实现城乡税制的统一，但还不可能实现农业与工业一样、农民与城镇居民一样缴税。完全的城乡税制一体化需随着经济发展、城乡差距的缩小逐步实现。完善城乡税制一体化的总体目标是：一是统一城乡税制结构，所有税种适用范围做到城乡统一；二是加大对农业税收优惠的力度，减轻农民负担，支持农业发展；三是各项涉农税收政策都要适应市场经济发展的要求。完善城乡税制一体化要重点抓好以下六方面的改革。

（1）统一城乡土地税收制度。我国目前对使用城镇土地征收城镇土地使用税，对占用农村耕地征收耕地占用税，未达到加强土地管理、合理利用土地资源、保护农用耕地的目的，而且由于税负偏低，征地时对失地农民补偿很少，严重损害了农民的利益。因此，应尽快改革和统一城乡土地税收制度。第一步，先提高耕地占用税税额，改一次性征收为按年征收，大幅度增加耕地占用税来支持农业和保护农民利益。第二步，在条件成熟时，将耕地占用税和城镇土地使用税合并征收统一的土地使用税。将其中耕地使用税以及城镇土地使用税的增量部分用于农业的综合开发。

（2）统一城乡房地产税收制度。根据当前房地产市场发展和统一税制的要求，统一实行新的房地产税或开征物业税，将城乡居民住宅纳入征税范围，区分住宅性质分别征税。但对农民住房应继续给予优惠，对农民出租房屋的租金收入可规定在一定期限内暂免征税。

（3）将城市维护建设税改为城乡维护建设税。目前我国城市维护建设税征收后只用于城市的建设和维护，虽然广大农民既是城市维护建设税的实际负担人，又有一部分是城市维护建设税的纳税人，承担了纳税义务，但未享受到相应的权益，农村的公共设施建设和维护仍要农民通过缴费或出工方式来承担，这是不公平的。应通过这项改革，加大城市对农村的支持，将征收税款统筹用于城乡维护建设，逐步缩小城乡差距。

（4）进一步完善个人所得税制度。按照现行所得税法规定，农民也是个人所得税的纳税人，从完善城乡税制一体化来看，在个人所得税征税项目中应增加个体农户生产经营所得和承包所得，并根据实际情况，明确给予农民特殊优惠。

（5）完善增值税涉农优惠政策。从我国农民收入水平较低的实际情况出发，进一步解决农民购进农业生产资料所含增值税款不能抵扣的补偿办法，即对农产品实行零税率，近期可采取增加粮食补贴或化肥补贴等办法给予直接补偿，进一步减轻农民税收负担；将来可采取退税的办法。由于我国农村相当部分农产品要通过农村经纪人收购出售，建议将对农业生产者销售自产初级农产品免征增值税的优惠政策扩大到农村经纪人，以防止经纪人通过压低收购价格来转移税负，增加农民负担。

（6）完善企业所得税涉农优惠政策。现行企业所得税制中，有些涉农税收政策带有计划经济色彩，明显不适应市场经济发展的要求，应尽快调整。具体而言，应将对国有农业企业免征企业所得税的优惠政策，扩大到其他所有制农业企业，以促进生产要素向农业流动。国家对城镇职工再就业有一定的税收优惠政策，对农村剩余劳动力的转移，特别是失地农民的就业也应给予支持，对失地农民经商就业，可给予一定期限的减免所得税；对非征用土地的企业为失业农民提供就业岗位的，可参照下岗职工给予一定的减免企业所得税优惠。此外，为了大力支持农村生产力发展，对贫困地区新创办的村办企业，在企业所得税方面也应给予较多优惠。

2. 完善区域税收优惠政策

我国现行区域税收优惠政策取得了重大成效，较好地促进了我国经济增长与税收增长的良性循环，促进了我国对外开放，为吸引外资做出了积极贡献，西部大开发、振兴东北老工业基地等税收优惠政策促进区域经济均衡发展，初见成效。但是，我国现行区域税收优惠政策仍存在缺陷与问题：首先，现行区域税收优惠政策涉及的区域多，政策比较分散，不利于落后地区经济发展；其次，区域税收优惠政策没能很好地反映全方位开放格局下地区经济协调发展的目标，导致地区间经济发展的不平衡；最后，我国实行沿海地区优先发展战略，区域税收优惠政策是按"经济特区——沿海经济开发区——内地一般地区"这样从低到高设计梯级税率的，对外资企业给予了超国民待遇，削弱了内资企业的竞争力。

完善区域税收优惠政策应当坚持以下原则。第一，贯彻东部地区税收优惠政策国民待遇化原则。调整改进区域税收优惠政策要继续保持东部地区经济率先、快速发展，发挥引领全国经济发展的引擎作用。应维持目前已有对东部地区的税收优惠政策不变，保持东部地区优先发展势头不变。应及时将东部地区所享受的一系列减免税政策惠及全国所有区域，实现地区间税收优惠政策国民待遇化。第二，实行以"特惠制"取代普惠制原则。在东部地区税收优惠政策国民待遇化之后，还应以合理的"特惠制"取代普惠制，把对中西部地区的照顾作为今后税收优惠政策的重点，设计一些只在落后地区实行的特惠制税收优惠政策，采取向中西部地区倾斜的优惠政策，在中西部地区营造比东部地区更加优惠的税收环境，吸引资金流入中西部地区和东北地区，缩小地区经济发展的差距。第三，突出国家产业政策。根据国家产业发展序列要求，对农业、能源、交通运输、原材料等基础产业和基础设施建设，对高新技术产业、先进技术和产品出口给予不同程度的优惠，缩小税收政策的梯度差，使全国产业结构趋于合理。第四，坚持直接优惠与间接优惠相结合的原则，并以间接优惠为主的原则，更多地采用加速折旧、投资减免、专项费用扣除、延迟纳税等方式，体现对不同行业的鼓励、扶持和引导，使税收调节经济的职能作用得到充分发挥。

完善区域税收优惠政策建议。第一，对西部地区实行适度的轻税政策。支持经济落后地区开发的减免税收是国际上通用的做法。法国政府为促进西部欠发达地区的经济发展，规定对参与欠发达地区发展相关的所有经济活动，包括创办工业和第三产业，视情况可享受全部或部分税收优惠，具体有行业税、劳工税、不动产转让税等等。一是对西部地区实行低税率；二是对西部老工业基地和资源萎缩型企业转型期间给予必要的税收倾斜；三是对西部金融机构实行优惠的流转税政策，鼓励更多的金融机构在西部设立分支机构，可考虑对设在西部地区的金融机构的营业税减半征收的政策；四是个人所得税的优惠。关于个人收入的免征额，可提高到 3000 元左右，以吸引更多的人才到西部创业；对技术成果转让、技术服务所得税减按 10% 的税率征税。第二，调整部分税种的收入分成比例。现行的税收分成比例全国一刀切，加剧了西部地区的财政困境，应根据西部实际情况调整税收分成比例。一是适当提高增值税的地方分成比例，将增值税分享比例由目前的 25% 提高到 40% 左右，甚至可以考虑"五五"分成。增值税增量返还系数还应适当调整。二是全额上缴的消费税在西部地区应改为共享税，分成比例确定为"三七"或"五五"。第三，在中西部地区实行消费型增值税的改革试点，在中西部地区选择若干当地具有比较优势、有发展潜力的产业率先实行消费型增值税的改革试点，刺激中西部地区经济发展。第四，改革完善地方税制，强化国税管理，完善地方税体系。地方税主要以企业所得税、个人所得税、资源税为三大主体，辅之以其他现有地方税种：一是在西部将营业税纳入国税管理的试点，以完善增值税的管理链条，强化增值税的管理。同时确定合理的分成比率，这样地方政府征收成本减少，而中央可以增加分成，对中央、地方政府来讲是双赢的；二是建议在西部地区率先合并重复设置或性质相近、征收有交叉的税种。将内资企业所得税与外商投资企业所得税合并为统一的企业所得税或法人所得税，并将所得税归口地方税收管理，将契税并入印花税，车船使用税与车船使用牌照税、房产税与城市房地产税也应内外合一；三是修改印花税税目、扩大征收范围，对西部地区上市公司的证券交易印花税，由当地证券交易机构代征代缴，收入由征收地区与中央财政分成，车船使用税与车船使用牌照税内外合一之后，应适当提高税率，增加收入规模。

7.2.4 优化产业税负结构

从税负实证分析看，在"十五"及今后一段时期，有必要继续坚持实行第一产业低税负、第三产业轻税负及力求第二产业税负适中的政策原则。

1. 工业反哺农业

我国已进入工业反哺农业发展阶段。从世界现代史来看，无论哪个国家，一般来说，在工业化发展初期，农业在国民经济中居主导地位，为了创造更多的物质财富，促进整个国民经济发展和提高人民生活水平，需要用农业积累支持工业发展；当工业化发展到一定阶段，工业成为国民经济的主导产业时，也就是工业产值大幅度超过农业总产值，并有相当盈余，利润向资本转化时，要实现工农业协调发展。除了发挥市场机制的作用外，国家还必须加强对农业的扶持和保护，实现由农业支持到工业反哺农业的转变。许多国家的经验表明，当工业化、城市化进程加快，国民经济发展到工业对农业反哺期时，如果及时加强农业建设，积极反哺农业，整个国民经济就会协调发展，顺利实现工农业现代化；反之，如果继续忽视农业，就会出现农业萎缩、贫富差距悬殊、城乡和地区差距扩大，加剧社会矛盾，甚至会出现社会动荡和倒退。从现在起的今后若干年，我国已经处在人均 GDP 从 1000 美元到 3000 美元的发展新阶段，进入了工业化、城镇化和现代化加速发展的重要时期。面对工农业剪刀差客观存在的事实、不重视农业生产后续环节生产所造成的农产品"相对过剩"，已经到了工业反哺农业的最佳时机。工业反哺农业，客观上是支援了农业，实际上是支援了工业，因为工业的更好更快发展需要农业作为基础支撑。

随着农业税在全国范围内正式取消，农民作为一个社会阶层，是生产者也是消费者，与社会其他成员一样在不同领域还要承担着流转税等税收负担，仍须研究进一步减轻农民税收负担、反哺农业的措施。我国在工业反哺农业时期的税制改革的内容可归及两个方面：一是在全国取消农业税之后，把涉农税收，分别纳入城镇征税制度之中，首先实现城乡税制的统一和规范。应该明确，建立城乡统一的一元化税收制度，把对涉农的征税分列于各相关税种之中，并不等于对农民的实际征收；二是按照工业反哺农业发展阶段大背景的要求，同时研究制定对农民不征反补、减轻农民税收负担的配套政策，大胆设想对涉农税收的优惠政策措施。

采取涉农税收优惠政策引导和扶持农业发展，国外经验丰富。美国、欧盟国家对本国农业生产给予了大量的补贴，产生了农产品的规模效应，在世界贸易市场上形成了极大的优势。借鉴国外经验，结合我国国情，采取切实可行的涉农税收优惠政策。第一，对农民在农业生产中的中间投入品实行增值税抵扣。对农产品加工企业增值税实际税负超过2%的部分，实行即征即退政策。提高农产品的增值税出口退税率，加大对涉农产业的税收优惠力度，降低农业生产成本，制定税收优惠政策引导资金流入农村。实行零税率和高额补贴，将农民购买生产资料负担的税收，通过年终填表等方式进行返还，在国家经济实力允许的情况下，农民还可获得高额补贴。凡为"三农"直接服务的项目，要实行税收优惠，促进其加快技术改造、更新固定资产，扶持以农产品为原料的加工企业的发展。第二，对农民在生产中的所得实行税收优惠政策。落实增加农民收入的税收优惠政策，将销售水产品、畜牧产品、蔬菜、果品、粮食等农产品的个体工商户的增值税起征点提高到月销售额5000元。对进入各类市场销售自产农产品的农民取得的所得不征个人所得税。对农民取得的农业特产所得和从事种植业、养殖业、饲养业、捕捞业的所得不征收个人所得税。第三，对城乡劳动力交流给予税收优惠政策。对失地农民在城镇非农产业就业给予税收优惠，吸纳农民工就业的城市产业部门也应该有相关优惠政策的支持。实行鼓励城镇劳动力向农村、农业领域流动的税收政策。第四，积极运用农业科技创新方面的税收优惠政策，促进农业科研机构、高等院校积极参与研究开发农业优良品种和农业生产技术，鼓励生产优质高效无公害绿色产品，大力发展生态农业，鼓励农产品加工企业引进国外先进技术和设备，提升企业生产技术水平。第五，将外资农业企业的税收优惠政策合并到国内农业企业税收政策上来。加大财政转移支付力度，在保持原有支持项目不变的情况下，以转变农业生产方式为主要支持和投入对象，大力支持农业产业化、集约化，增强农产品初加工、深加工，提升农业生产要素禀赋，形成稳固、可靠、持久的工业反哺农业的"内哺"模式。

2. 促进高新技术产业发展的税收政策

当前世界已进入知识经济时代，科学技术的发展已成为促进国家经济发展的关键，各国的产业化调整正呈现高科技化的趋势，我们应当通过税收政策促进高新技术产业的发展，不断提升高科技产业在国民经济中所占的比重，支持产业结构升级。借鉴美国、法国、日本等发达国家和印度等发展中国家的经验，结合我国实际，我们应当实施以下税收政策，促进高新技术产业的发展。第一，改革增值税：一是改革增值税的试点方式，以减少税收对整个社会资源分配的扭曲，鼓励产业重点向技术密集型和资本密集型产业转移，避免加剧区域发展不平衡；二是对企业购入和自行开发的科技成果费用中所含的税款，比照农产品或交通运输费的规定，按照一定的比例扣除进项税额，减轻高科技企业的税收负担；三是规定对企业当期购进存货增值税进项税额可全额抵扣，促进企业流动资金使用效率的提高；四是将货物批发、零售和修理修配业务改纳营业税，增值税只在生产环节征收。第二，完善科技税收优惠政策，对于基础性的科研开发活动，宜选择事前税收扶持政策，而对应用性技术研究开发，宜选择事后鼓励的税收政策：一是完善与高新技术产业发展有关的税收法律体系，对科技税收政策实施单独立法，消除现行税法中的矛盾、重复和混乱现象，加强科技税收优惠政策的规范性、透明性和整体性；二是将目前对高新技术产品生产与销售环节的税收优惠，转向对科研技术开发补偿与中间试验阶段给予税收优惠；三是完善税收对促进人力资本投资的政策。四是调整对高新技术产业的税收优惠方式，做到税基减免、税额减免和税率优惠三种方式的协调配合，注重加速折旧、投资抵免等税基式优惠手段的应用。

3. 促进第三产业发展的税收政策

大力发展第三产业对于扩大就业、增加居民收入、提高社会消费倾向、促进宏观经济协调发展都具有重要的意义。要促进第三产业的发展，税收应在以下几方面发挥积极作用：一是对那些投资少、就业成本低、就业容量大的行业，如新开办的服务、餐饮等行业实施减免所得税、提高营业税起征点等优惠措施，加快其发展；二是发展多种所有制的服务业，采取减免税等政策支持、鼓励和引导个体、私营企业大力创办服务业，特别是在税收征管和纳税服务等方面给予支持；三是对社会上专门提供就业培训的机构提供减免税优惠；四是对依法设立的各种劳务输出公司给予定期减免所得税和营业税的优惠政策。

7.3 强化税收征管，提高税收行政效率

实证分析表明，我国税收行政效率总体上有所提高，但仅就税收成本率而言，即使是较低的省级国税系统仍在 5.5% 以上，而目前发达国家的税收征收成本率一般在 1% ~2% 。相比之下，我国税收成本较高，还存在许多抑制税收征管效率提高的因素，征管模式尚待完善，缺乏科学、高效的税收征管体系，税收法制化程度较低。因此，我们有必要和可能通过强化税收征管各方面的工作，不断提高税收征管效率。

7.3.1 转变税收管理理念

从世界税收征管改革的实践看，纳税服务已经成为世界各国现代税收征管的主流发展趋势，自 20 世纪 90 年代开始，西方发达国家税收征管改革的方向几乎不约而同地都从"监督打击型"向"管理服务型"转变，最典型的就是美国和新加坡，他们通过各种方式，为纳税人提供周到、便利的服务，树立了良好的社会形象。从我国现实看，随着社会经济的发展，政府最重要的职责之一就是面向公众，为公众服务。从中央到地方，各级政府都提出了建设服务型政府的要求，税务机关是政府组成部门之一，建设服务型税务理所当然地成为其自身建设的目标之一，加强税务服务体系建设，为社会公众及广大纳税人提供纳税服务正是体

现时代的要求。纳税服务以"聚财为国、执政为民"为宗旨，其目标就是"为纳税人服务，让纳税人满意"。因此，我国税收管理念必须由"监督打击型"向"管理服务型"转变，通过纳税服务引导纳税遵从，创立税收征管工作的新秩序。

1. 税收要为经济服务

税收来源于经济，经济和社会的发展才是国之根本。作为国家的经济活动，税收必须为经济建设服务，为构建社会主义和谐社会发挥应有的职能作用。第一，强化税收职能，确保税收收入增长。税收的最基本职能就是为政府筹集财政资金，解决经济发展中存在的问题，促使经济持续、协调发展。为此，必须强化税收的组织收入职能。一定时期内可供政府分配的社会剩余产品是不变的，税收职能的强弱就体现为税收在政府各种收入中的比重。目前我国政府收入可分为预算内收入（主要是税收收入）、预算外收入和制度外收入，后两项即人们通常所谓的"收费"。因此，强化税收职能，就在于压费保税，扩大税收可分配份额；根据税收与经济相互关系的原理，合理确定宏观税负；严格税收征管，加大组织税收收入力度，应收尽收。第二，当好参谋助手，促进财源建设。地方财源建设必须密切关注中央的宏观政策，把握税制变化的走向，只有这样，才能在正确的轨道上加速地方经济的发展，从而促进全国经济的全面发展。我国税收政策变化总的特点或基本走向是：处理政企关系，越来越注重税收的宏观调控作用；处理中央与地方的关系，更加强调制度的统一、规范；处理企企关系，重点在于营造公平竞争的市场环境。第三，发挥税收内在稳定器功能，促进经济协调发展。税收作为宏观调控的重要工具，具有内在稳定器功能，国家可根据不同时期的经济形势，制定相机抉择的税收政策来减弱经济的波动程度，促进经济协调发展。

2. 税务部门为纳税人服务

以管理服务取代"以征代纳"。随着国民经济迅速发展，纳税人数量急剧增加，税务干部人均管户达到几百户，"以征代纳"的工作方式难以完成税收征管工作；而且在"以征代纳"实践中，有些执法人员随意扩大执法权力，抑制纳税人生产经营活动，甚至侵害纳税人权利。因而，以管理服务取代"以征代纳"已成必然。事实上,管理与服务客观上具有主体性,征税人依法征税,纳税人依法纳税,这在客观上是平等的,都处于主体地位,不存在管与被管、主动与被动之分。管理与服务在目的上具有同一性,征税人依法征税的目的是"取之于民、用之于民",而纳税人依法纳税的目的是为了促进经济、社会和人的全面发展,两者的目的是统一的。在科学发展观下,税务部门必须搞好纳税服务,最大限度地体现和维护最广大人民群众的根本利益。

以人为本的税收管理理念。税收管理作为一个以行使国家职能为主要手段的极为特殊的管理形式,更需要确立以人为本的管理理念,其体现在:第一,要尊重纳税人。纳税人是创造社会财富的主要群体,是社会大生产中最重要、最活跃、最有潜力的组成要素,在他们当中蕴藏着巨大的力量,尊重纳税人有利于激发他们创造社会财富的积极性和热情。一要尊重纳税人的劳动,不能因劳动形式或生产规模、纳税数量的不同,在税收管理上产生歧视,否认其劳动意义和对社会的贡献;二要尊重纳税人的创造和创新。尊重创造意味着人的价值得到了尊重,尊重创新,则意味着塑造创新意识;三要尊重纳税人的合法利益和合法财产,要严格区分正当利益和不正当利益、合法财产与非法财产,严禁滥用税收保全和强制执行措施;四要尊重纳税人的人格,在法制社会里,每个人的人格都是平等的。第二,税收立法要充分体现民意,尤其是纳税人的意愿,国家在税收立法过程中应当开辟一定的渠道,让纳税人直接或者间接地参与税收立法活动,让他们有机会表达自己的心声,反映自己的意愿;同时也让他们了解国家征税的意图和目的,最终让他们接受和认可,从而充分体现以人为本的税收立法理念,提高纳税人依法纳税的遵从度。第三,要确保纳税人充分享有法律赋予的权利。纳税人权利是纳税人在依法履行纳税义务时可以或应当得到法律的确认、保障与承诺,以及当纳税人的合法权益受到侵犯时而获得的救济与补偿。作为税收法律关系中的另一主体税务机关和征收人来说,必须在税收管理的活动中,依法保障纳税人享有法律赋予的权利,严禁对纳税人合法权益的侵害和税务不作为行为。

以纳税人满意为标准的服务理念。提供优质的纳税服务不仅方便纳税人履行纳税义务，保障纳税人充分享受纳税权利，而且有利于降低纳税成本，提高纳税人依法纳税的遵从度。因此，各级税务机关都要树立让纳税人满意为标准的服务理念，将为纳税人提供优质税收服务作为税务机关应达到的最高境界，这就要求税务机关做到：第一，要不断强化为纳税人服务的意识，改变"重管理、轻服务"甚至是"只管理、不服务"的思想，寓管理于服务之中；第二，拓展服务渠道，形成全方位、立体化的现代纳税服务体系，实现纳税服务由被动向主动、由大众化向个体化、由浅层次向深层次的转变；第三，创新以服务为主要内容的管理方式，积极推行限时办结制、首问责任制、"一站式"公开办税制，进一步搞好纳税申报"一窗式"管理，开辟多渠道、多元化、网络化以及其他方便易行的纳税申报方式，简化办税程序，减少办税时间；第四，积极开展对纳税人的税收知识培训，提高纳税人依法纳税的技能和水平，免费为纳税人提供纳税咨询和各种与纳税有关的信息资料。

3. 税务部门为税务人员服务

税务部门应为税务人员服务，充分调动税务人员的积极性和创造性。第一，关心税务人员。上级领导要时刻关心每一个税务人员，真正做到政治上信任、工作上放手、生活上关怀。要经常了解税务人员的思想情况、工作情况和生活情况，及时帮助他们解决后顾之忧，鼓励他们战胜困难和挫折，从而创造全新的工作业绩。第二，激励税务人员。有研究表明，在一般情况下，人的潜能可以发挥20%～30%，而受到充分激励后则可以发挥至80%～90%[1]，激励作用巨大，作为一个管理者应抓住激励时机，建立一种能驱动税务人员自觉发挥积极性、主动性和创造性的激励机制，对他们的积极行为给予肯定和表扬，并使这种行为得到巩固和保持。一要将收入与业绩挂钩，从多角度强化税务人员的工作欲望，全身心投入工作；二要树立榜样，选择具有感召力和震撼力的典型作为榜样来激励税务人员的上进心，营造一种学先进、赶先进、超先进的竞争氛围，从而形成自我

---

[1]　刘孟全：《树立以人为本的税收管理理念》，载《税收研究资料》，2006年第10期，第9页。

进取的良性循环；三要鼓励所有税务人员积极参与管理，参与决策，增强
大家的主人翁责任意识，以此产生强大的向心力和发展合力。第三，培养
和锻炼税务人员。一要通过培养使每一个税务人员的身心、能力、知识和
业务水平得以全面提升和发展，可借鉴国外的做法，将对税务公务员的培
养列入法律规定，对在职的税务公务员定期培训；二要使税务人员在锻炼
中成长，要善于发现人才和使用人才，并根据每个人的不同特点分配其合
适的工作岗位，为他们提供施展才能的广阔平台，特别是对那些勇于表达
自己观点、敢于坚持原则、具有鲜明个性的人才，要善于发挥他们的聪明
才智。

7.3.2　严惩偷逃骗税行为

与加大服务相对应，各国都始终强调执法的刚性原则。美国、英国、
法国、日本等国都将纳税人的权利和义务写进宪法，包括国家元首在内的
任何人偷、逃税都会受到严厉制裁。澳大利亚税法规定，对偷税者的罚款
最低比例是所偷逃税款的20%，最高为200%；对情节特别严重者，税务
当局会起诉到法院。对偷税者的税务代理机构，也视其情节轻重，给以相
应的法律处罚。美国对偷漏税者也有非常严厉的处罚措施。

我国税务机关和税务人员代表国家履行职能，并依法行使征税权力，
必须严格执行国家制定和颁布的一系列税收法律法规和规章，严格照章征
税，切实落实各项税收优惠，应收尽收，决不允许徇私舞弊，以确保税法
的公平、公正和高效，这是以人为本的税收管理理念的基本要求。与此同
时，对各种偷逃骗税行为要严惩治不贷。

税务部门在税收征管活动中，必须规范税收执法行为，严格、公正、
文明执法，营造良好税收环境，支持和促进经济发展；进一步整顿和规范
税收秩序，打击涉税违法行为，保护纳税人合法权益。

建立健全日常评估与重点稽查相统一的执法体系。一是扩大日常评估
的覆盖面，发挥纳税评估的综合职能。通过对纳税人、扣缴义务人纳税申
报的真实准确程度的评价，发现日常税收征管的薄弱环节，及时采取改进

措施，提高税收征管质量；通过对有意和无意涉税违法嫌疑人的筛选和区分，发现重大涉税违法问题，为稽查办案提供线索，提高稽查针对性；通过对纳税申报信息的核对和对行业财务指标的分析，为纳税人提供涉税辅导和建议，帮助其提高财务管理水平，自觉纠正错误行为，提高申报纳税的准确率。二是加大重点稽查的办案力度，发挥稽查的威慑力。在全面评估的基础上，通过计算机稽查选案系统和民众举报，锁定重点稽查对象，集中人力、物力，提高办案的成功率。建立国税、地税稽查信息交流和传换制度，加强税务稽查部门与公、检、法职能部门之间的协作与配合，建立联合办案制度，形成统一的执法合力。加大对涉税违法行为的处罚力度，通过曝光降低信誉度、提高处罚率、建立黑名单数据库等手段，震慑不法行为，提高税收遵从度和征纳效率。

7.3.3　构建科学高效的税收征管体系

科学技术是第一生产力。税收的现代化离不开科技手段的支撑，税收效率的提高必须借助于科学技术，构建科学高效的税收征管体系。

将税收信息化作为税收现代化的突破口，加大建设力度，推进科技兴税。税收管理信息化建设要讲究成本、效率观念，既要有利于简化广大税务人员日常繁琐劳动，节约时间，提高工作效率，提高税收征收率，降低征税成本；又要有利于纳税人节省纳税费用，降低纳税成本。建立税务与社会相关部门信息系统相互依托的网络体系。一是巩固和完善内部信息管理服务系统，加快对成熟的系统功能的推广和应用。鼓励纳税人网上申报纳税，提高纳税效率；对税务人员应用信息管理服务系统的基本技能和专业技能进行培训，提高征、管、查的效率；动用数据库、数据挖掘和多维分析等技术，强化对数据的分析、管理和利用，提高决策、创新的效率。税务系统内部信息化的建设和应用，无疑是提高纳税服务和管理质量与效率的最有效的支撑手段。二是建立和促进与外部信息系统的联通，拓宽数据获得的渠道和信息共享的程度。搭建税务系统与财政、工商、银行、海关、统计、技术监督、社保、房地产、公安等部门以及大企业之间的信息网络，为控制税源、加强税收征管、降低税收成本奠定坚实的社会基础。此外，还可以通过市场化运作方式，与专业公司、权威机构等联网，及时索取或购买数据，促使税务部门更全面准确地掌握税源状况和申报缴税的现实差异，提高管理和服务的水平与效能。

采用先进的日常管理手段，节约征税费用。第一，合理设置机构人员。打破行政区划的限制，按税源状况设置税务机构的密度和税务人员定额，从整体上控制机构膨胀和人员增长过快问题。实行扁平化管理，扩大管理幅度，减少管理层次，最大限度地消除因管理层次过多造成的信息和效率的衰减。同时，根据各地区信息化程度的高低和税收政策的取向，合理配置人、财、物等资源，统筹协调、内外结合、上下联动，达到精简、统一、效能的目的。第二，建立绩效管理考核机制。提高员工的工作效率，激发个体和组织的潜力、活力与创造力，促进员工个人职业生涯的发展和组织的整体战略目标的顺利实现。制订计划、分解任务、确定指标、监控过程、考核流程、运用成果等动态管理构成绩效考核的主要内容。同时，确定员工培训需求、辅助员工进行职业生涯规划、建设和涵养税务文化对绩效管理考核目标的实现起着重要的支撑作用。有效地激励各级工作人员自觉完成既定目标，在为组织创造价值的过程中实现个人价值的提升，最终促进整个行政管理效率的提高。

完善职能性服务与社会化服务结合的服务体系，降低征纳成本。一是拓展税收宣传、政策咨询和税法普及的服务。除重点宣传外，通过相对固定的广播、电视节目以及学校开设课堂普及税法知识，在公共场所放置和发布税收政策法规等信息资料，向公众宣传税法，告知税法，向办税能力较弱的纳税人群体进行无偿援助，减少因无意识涉税违法行为引起的征税成本。二是建立科学简便的纳税人自行纳税申报体系和与之相适应的税款缴库方式。根据税源分布状况，提供电话或电子申报、邮寄申报、直接上门申报等多元化纳税申报方式。根据纳税人规模和办税条件，推行财税库行联网，实行"税款预储账户"或信用卡等，提供上门完税、银行完税、邮寄完税、电话完税、电子支付和网上完税等多种缴税方式，方便纳税人，提高征纳效率。三是推行税务代理，健全协税护税网络。一方面引导纳税人委托社会中介机构代理申报缴税、税务筹划合理节税，提高纳税的准确性和及时性；另一方面对税务代理机构等实行业务指导和监督，促使其建立自我管理、自我约束、自我服务和自负盈亏的风险自律机制。同时，发动社会力量对零散税源、难点税种实行代扣代缴和委托代征，缓解征管力量不足的矛盾，相应地减少税收成本。

主要参考文献

[1] 安体富，孙玉栋：《中国税收负担与税收政策研究》，中国税务出版社 2006 年版。

[2] 安体富，曾飞，岳树民：《当前中国税收政策研究》，中国财政经济出版社 2001 年版。

[3] 邓子基：《税种结构研究》，中国税务出版社 2000 年版。

[4] 蒋萍：《社会经济统计学》，中国统计出版社 2001 年版。

[5] 刘佐：《中国改革开放以来税收制度的发展（1978～2001）》，中国财政经济出版社 2001 年版。

[6] 刘溶沧等：《中国财政理论前沿》，社会科学文献出版社 1999 年版。

[7] 刘普照：《宏观税负与经济增长相关性研究》，经济科学出版社 2004 年版。

[8] 刘飞鹏：《税收负担理论与政策》，中国财政经济出版社 1995 年版。

[9] 刘金山：《宏观经济数量分析——方法与应用》，经济科学出版社 2005 年版。

[10] 刘军，郭庆旺：《世界性减税改革理论与实践研究》，中国人民大学出版社 2001 年版。

[11] 李丽，陆颖：《宏观税收负担的数量分析模型》，中国税务出版社 1997 年版。

[12] 李友志：《政府非税收入管理》，人民出版社 2003 年版。

[13] 梁朋：《税收流失经济分析》，中国人民大学出版社 2000 年版。

[14] 马国强：《税收政策与管理研究文集》，经济科学出版社 2000 年版。

[15] 马栓友：《税收政策与经济增长》，中国城市出版社 2001 年版。

[16] 孙玉栋：《中国税收负担问题研究》，中国人民大学出版社 2006 看版。

[17] 王陆进：《发展税收研究——我国经济发展中的税收理论与实践》，中国财政经济出版社 1998 年版。

[18] 王保安：《转型经济与财政政策选择》，经济科学出版社 2005 年版。

[19] 王伟：《中国税收宏观调控的数理分析与实证研究》，中国财政经济出版社 2003 年版。

[20] 夏杰长：《经济发展与财税政策》，中国城市出版社 2002 年版。

[21] 许善达：《中国税收负担研究》，中国财政经济出版社 1999 年版。

[22] 许建国：《中国经济发展中的税收政策》，中国财政经济出版社 1998 年版。

[23] 岳树民：《中国税制优化的理论分析》，中国人民大学出版社 2003 年版。

[24] 张馨，杨志勇等：《当代财政与财政学主流》，东北财经大学出版社 2000 年版。

[25] 张伦俊：《税收与经济增长关系的数量分析》，中国经济出版社 2006 年版。

[26] 国家统计局：《中国统计年鉴》，中国统计出版社。

[27] 国家税务总局：《中国税务年鉴》，中国税务出版社。

[28] 安体富：《如何看待近几年来我国税收的超常增长和"减税"争论的几个问题》，载《税务研究》，2002 年第 8 期。

[29] 安体富：《当前世界性减税趋势与中国税收政策取向》，载《经济研究》，2002 年第 2 期。

[30] 安体富：《税收收入的快速增长为下一步税制改革奠定了物质基础》，载《税务研究》，2004 年第 2 期。

[31] 安体富，岳树民：《我国宏观税负水平的分析判断及其调整》，载《经济研究》，1999 年第 3 期。

[32] 安体富，王海勇：《公平优先 兼顾效率：财税理念的转变和政策的调整》，载《税务研究》，2006 年第 2 期。

[33] 安福仁：《中国宏观税负水平透视与政策调整取向》，载《财贸经济》，2005 年第 8 期。

[34] 邓子基等：《论科学发展观下税收理念的完善》，载《税务研究》，2006 年第 1 期。

[35] 邓力平：《国际税收竞争与合理调整税负——兼议积极财政政策的可持续性》，载《福建税务》，2002 年第 1 期。

[36] 邓力平：《现代世界市场经济、西方税收理论发展与国际税收研究》，载《涉外税务》，2000 年第 1 期。

[37] 邓力平：《国际税收竞争的不对称性及其政策启示》，载《税务研究》，2006 年第 5 期。

[38] 高培勇：《税收的宏观视野（上、下）》，载〈税务研究〉，2002 年第 2 期、

第 3 期。

[39] 高培勇：《扩大抵扣范围不是税收优惠政策》，载《中国税务报》，2006 年 4 月 26 日。

[40] 郭庆旺，吕冰洋：《税收增长对经济增长的负面冲击》，载《经济理论与经济管理》，2004 年第 8 期。

[41] 郭庆旺，匡小平：《最优课税理论及对我国税制建设的启示》，载《财政与税务》，2001 年第 9 期。

[42] 郭庆旺，赵志耘：《论税收成本》，载《税务研究》，1993 年第 6 期。

[43] 何振一：《今后几年我国的税收收入依然是一个快速增长的趋势》，载《税务研究》，2004 年第 2 期。

[44] 胡鞍钢等：《提高税收占 GDP 比重大有潜力》，载《财政研究》，1999 年第 5 期。

[45] 贾康等：《怎样看待税收的增长和减税的主张》，载《中国经济快讯周刊》，2002 年第 17 期。

[46] 贾康：《怎样看待税收的增长和减税的主张——从另一个角度的理论分析与思考》，载《管理世界》，2002 年第 7 期。

[47] 靳东升，陈俐：《90 年代中国宏观税负的国际比较研究》，载《财政研究》，2003 年第 5 期。

[48] 寇铁军等：《关于增值税收入评价与预测方法的探讨》，载《税务研究》，2002 年第 10 期。

[49] 刘尚希：《我国税负不协调》，载《中国财经报》，2004 年 3 月 30 日。

[50] 刘佐：《经合组织国家税负水平变化分析》，载《海外税收》，2004 年第 8 期。

[51] 刘佐：《OECD 国家税负水平上升》，载《中国税务报》，2004 年 1 月 30 日。

[52] 刘溶沧，夏杰长：《论促进地区经济协调发展的财政政策》，载《财贸经济》，1998 年第 4 期。

[53] 刘溶沧，马栓友：《论税收与经济增长——对中国劳动、资本和消费征税的效应分析》，载《中国社会科学》，2002 年第 1 期。

[54] 刘新利：《关于宏观税负形成的数理分析》，载《税务研究》，2000 年第 8 期。

[55] 刘新利：《宏观经济均衡中的税收负担和税收收入决定因素》，载《税务研究》，2000 年第 2 期。

[56] 刘新利：《2003 年税收增长的启示》，载《税务研究》，2004 年第 3 期。

[57] 梁尚敏，马栓友：《论非税收入及其管理的规范化》，载《财政研究》，1998 年第 7 期。

[58] 林鲁宁：《我国宏观税收负担：实证分析与思考》，载《财经理论与实践》，2002 年第 6 期。

[59] 吕冰洋，樊勇：《分税制改革以来税收征管效率的进步和省际差别》，载《世界经济》，2006 年第 10 期。

[60] 马栓友：《政府规模与经济增长——兼论中国财政的最优规模》，载《世界经济》，2000 年第 11 期。

[61] 马栓友，杨之刚，徐佳蓉：《发展中国家税制改革比较》，载《税务研究》，2001 年第 1 期。

[62] 邱东：《从市场现实看应用统计方法研究的桥梁作用》，载《统计研究》，2001 年第 4 期。

[63] 乔宝云，王道树：《税收收入浮动率和税收收入弹性》，载《税务研究》，2005 年第 1 期。

[64] 任珑，欧阳进：《我国企业税负水平分析》，载《宏观经济研究》，2000 年第 12 期。

[65] 任晓辉：《税收增长的动态回归分析》，载《甘肃社会科学》，2004 年版第 2 期。

[66] 孙玉栋，安体富：《关于我国税收收入增长的辩证思考》，载《中国国情国力》，2004 年第 2 期。

[67] 王军平，刘起运：《如何看待我国宏观税负》，载《财贸经济》，2005 年第 8 期。

[68] 荆霞，郭庆旺等：《中国资本有效税收负担分析》，载《中国人民大学学报》，2006 年第 2 期。

[69] 荆霞，岳树民：《调整个税税率优于提高扣除标准》，载《中国经营报》，2005 年 9 月 12 日。

[70] 谢芬芳：《影响税收行政效率的经济因素分析》，载《湖南行政学院学报》，2006 年第 5 期。

[71] 夏杰长，尚铁力：《自主创新与税收政策理论分析、实证研究与对策建议》，载《税务研究》，2006 年第 6 期。

[72] 岳树民：《近年来税收政策手段运用的回顾与分析》，载《税务与经济》，

2005 年第 1 期。

[73] 岳树民，安体富：《加入 WTO 后的中国税收负担与经济增长》，载《中国人民大学学报》，2003 年第 2 期。

[74] 杨之刚，许善达等：《促进区域经济协调发展的税收政策》，载《改革》，1998 年第 4 期。

[75] 杨之刚：《深化税制改革适应经济社会发展》，载《财贸经济》，1999 年第 12 期。

[76] 杨之刚：《多视角看待中国当前的宏观税负水平》，载《税务研究》，2003 年第 4 期。

[77] 杨卫华：《降低税收成本 提高税收效率》，载《税务研究》，2005 年第 3 期。

[78] 杨晓华：《我国财政政策乘数效应的实证分析》，载《贵州财经学院学报》，2006 年第 2 期。

[79] 尤象都：《关于合理税收负担的基本分析》，载《税务研究》，1997 年第 7 期。

[80] 张培森：《我国当前经济运行与税收分配中需要认真研究的几个问题》，载《数量经济技术经济研究》，2006 年第 7 期。

[81] 张培森：《我国经济税源的产业与行业税负结构分析》，载《数量经济技术经济研究》，2003 年第 5 期。

[82] 张培森，潘亚岚：《中国税收成本与效率问题研究》，载《中国税收理论前沿》，中国税务出版社 2003 年版。

[83] 张伦俊：《地区经济发展与宏观税负水平的差异分析》，载《数量经济技术经济研究》，2001 年第 10 期。

[84] 张伦俊：《宏观税负与经济增长关系的影响分析》，载《数理统计与管理》，2005 年第 6 期。

[85] 张伦俊：《地区税收负担与经济发展的均衡分析》，载《统计研究》，2001 年第 9 期。

[86] 张伦俊：《区域经济发展与税收贡献的比较分析》，载《财贸经济》，2006 年第 2 期。

[87] 张富强：《我国个人所得税税收负担的国际比较》，载《财贸经济》，2003 年第 6 期。

[88] 张文春，刘宇：《我国不同地区宏观税负差异分析》，载《经济理论与经济管理》，2001 年第 3 期。

［89］郑京平，冯春平：《中国外贸进出口对税收的影响：理论与实证》，载《财贸经济》，2005 年第 4 期。

［90］财政部科研所课题组：《从另一个角度思考税收的超常增长和减税》，载《税务研究》，2002 年第 8 期。

［91］Arnold C. Harberger. Taxation and Welfare ［M］. Chiocago：University of Chichgo Press，1978.

［92］Andereas Haufler. Taxation in a Global Economy ［M］. Cambridge University Press，2001.

［93］Caragata，P. J. The Economic and Compliance Consequences of Taxation，Kluwer Academic Publishers，1998.

［94］Cheong，K. A. Symmetric Information，Capital and Ownership Structures Corporate Income Taxation ［R］. Working Paper No. 99 ~4，University of Hawaii at Manoa，August，1999.

［95］Coleman Ⅱ. W. J. Welfare and Optimum Dynamic Taxation of Consumption ［J］. Journal of Public Economics，2000：1 ~ 39.

［96］Devereux，M. and Griffith. R. The Taxation of Discrete Investment Choice ［R］. Working Paper Series 98/16，Institute of Fiscal Studies，1998：1 ~57.

［97］Dole，C. A. Optimal Taxation and the Stationarity of State Tax Rates ［J］. Journal of Macroecnocmics，2000，22 （3）：515 ~531.

［98］Feldstein，Martin S. The Transformation of Public Economic Research：1970 ~ 2000 ［J］. Journal of Public Economics，2002，86 （3）：319.

［99］Huber，B. Tax Competition and Tax Coordination in an Optimum Income Tax Model ［J］. Journal of Public Economics，1999，（71）：441 ~458.

［100］James Alm. What is an Optimal Tax System? Tax Policy in the Real World，Cambridge University Press，1999.

［101］M. Tuomala. Optimal Income Tax and Redistribution ［M］. Clarendon Press，1990.

［102］Mutti，John. Foreign Direct Investment and Tax Competition ［M］. Washington：IIE Press，2003.

［103］Rajiv Biswas. International Tax Competition：Globalization and Fiscal Sovereignty ［M］. Commonwealth Secretariat，2002.

［104］Stowhase S. A Symmetric Capital Tax Competition with Profit Shifting ［Z］. Mimeo, Ludwig – Maximilians – Universitat, Munchen, 2004.

[105] Harald Uhlig and Noriyuki Yanagawa. Increasing the Capital Income Tax may Lead to Faster Growth [J] . European Economic Review, 1996, (40): 1521 ~ 1540.

[106] Westerhout Ed W. M. T. The Capital Tax and Welfare Effects from Asymmetric Information on Equity Markets [J] . International Tax and Public Finance, 2002, 9 (3): 219 ~ 233.